Napoleon Hill
W. Clement Stone

ERFOLG DURCH POSITIVES DENKEN

Napoleon Hill
W. Clement Stone

ERFOLG DURCH POSITIVES DENKEN

ARISTON VERLAG · GENF

Andere Werke aus dem Programm des Ariston Verlages
finden Sie am Schluß dieses Buches verzeichnet.

SUCCESS THROUGH A POSITIVE MENTAL ATTITUDE
Original English language edition published by Prentice-Hall, Inc., Englewood-Cliffs, N. J., U. S. A.

Aus dem Amerikanischen übertragen von Dr. Wolfgang Maier

Deutsche und französische Ausgabe beim Ariston Verlag · Genf

Autorisierte Lizenzausgabe
Printed exclusively for and available only from
PITMAN INTERNATIONAL

Printed in Germany 1982
ISBN 3720510255

Dieses Buch sollten Sie lesen, als wären die Autoren Ihre persönlichen Freunde und hätten es nur für Sie allein geschrieben. Unterstreichen Sie Sätze und Worte, die für Sie von Bedeutung sind! Lernen Sie diese Stellen auswendig! Denken Sie immer daran, daß dieses Buch ein Ansporn zum Handeln sein soll!

Auch Sie nämlich können Ihr Denken, Ihre Talente, Ihr Wissen in Werkzeuge des Erfolgs, des Wohlstands, der Gesundheit und des Glücks umwandeln. Dieses Buch *spornt Sie an, sich in diesem Sinne ans Werk zu machen!*

Suchen Sie nach den Ratschlägen, die für *Sie* bestimmt sind! Und wenn Sie sie gefunden haben — dann *handeln Sie* danach!

DAS BUCH »ERFOLG DURCH POSITIVES DENKEN«
IST ZWEI PERSÖNLICHKEITEN GEWIDMET:

ANDREW CARNEGIE,

dessen Wahlspruch war:

»Was so wertvoll ist im Leben, daß man es besitzen sollte,
ist es auch wert, daß man nach ihm strebt!«

und

DEM WICHTIGSTEN HEUTE LEBENDEN MENSCHEN

Inhaltsverzeichnis

TEIL I

Hier beginnt der Weg zum Erfolg

KAPITEL 1

Lernen Sie den wichtigsten heute lebenden Menschen kennen

Irgendwo in diesem Buch werden Sie dem wichtigsten heute lebenden Menschen begegnen, plötzlich und unerwartet — und diese Begegnung wird Ihr Leben von Grund auf ändern! Sein Geheimnis wird sein: Er trägt einen unsichtbaren Talisman mit den Buchstaben PGH auf der einen und NGH auf der anderen Seite!

Dieser unsichtbare Talisman besitzt zwei Eigenschaften: Er kann wie ein Magnet Wohlstand, Erfolg, Glück und Gesundheit anziehen — oder sie abstoßen und Ihr Leben seines Wertes berauben. Die eine Kraft — PGH — trägt uns nach oben und sichert vielen für immer eine Spitzenposition. Die zweite dagegen — NGH — ist es, die andere Männer ihr Leben lang am Aufstieg hindert oder ihnen den Erfolg, dessen sie sich bereits sicher glaubten, wieder entreißt.

Die Geschichte von S. B. Fuller vermag das zu verdeutlichen.

»Wir sind arm — aber nicht, weil Gott es so will«

S. B. Fuller war eines von sieben Kindern eines Farbigen, der in Louisiana eine Farm gepachtet hatte. Mit fünf Jahren begann er zu arbeiten, mit neun war er Maultiertreiber. Daran war nichts Ungewöhnliches: Die Kinder der meisten Pächter mußten früh mithelfen; diese Familien nahmen ihre Armut als gottgegeben hin.

In *einer* Beziehung aber unterschied sich der junge Fuller von seinesgleichen: Er hatte eine Mutter, die sich weigerte zu glauben, daß ihre Kinder einmal, wie sie selbst, von der Hand in den Mund leben müßten. Oft erzählte sie dem Jungen von ihren Träumen.

»Warum sind wir eigentlich arm?« fragte sie dann. »Nicht, weil Gott es so wünscht! Wir sind arm, weil Vater nie den *festen Willen* hatte, reich zu werden. Niemand in unserer Familie hatte je genug Energie, sich emporzuarbeiten.«

Diese Gedanken prägten sich tief in Fullers Denken ein. Er *wollte* reich werden! Darauf konzentrierte er seine Gedanken. Er wendete sie von allem ab, was er nicht wollte. Bald fühlte er in sich nur noch den Wunsch, reich zu werden. Er glaubte, eine Tätigkeit als Verkäufer würde ihn am schnellsten ans Ziel bringen. Er begann also, mit Seife zu hausieren. Nachdem er auf diese Weise zwölf Jahre tätig gewesen war, erfuhr er, daß seine Lieferfirma für einen Festpreis von 150 000 Dollar zum Verkauf stand. Zwölf Jahre lang hatte er jeden Pfennig auf die »hohe Kante« gelegt und so 25 000 Dollar erspart. Man kam überein, er möge die 25 000 Dollar hinterlegen und den Restbetrag von 125 000 Dollar innerhalb von zehn Tagen beibringen. Der Vertrag enthielt eine Klausel, derzufolge seine Anzahlung verloren wäre, brächte er die fragliche Summe nicht rechtzeitig auf.

Während seiner zwölfjährigen Tätigkeit als Seifenvertreter hatte Fuller die Achtung vieler Geschäftsleute erworben. Nun wandte er sich an sie mit der Bitte um Hilfe. Freunde, Kreditinstitute und Banken stellten ihm Geld zur Verfügung. Am Abend des zehnten Tages hatte er 115 000 Dollar beisammen. 10 000 Dollar fehlten ihm.

Die Suche nach dem Licht

»Ich hatte jede mir bekannte Kreditmöglichkeit erschöpft«, erzählte er. »Es war spät nachts. Ich kniete in meinem dunklen Zimmer nieder und flehte Gott an, er möge mich zu einem Menschen führen, der mir rechtzeitig die 10 000 Dollar geben würde. Dann beschloß ich, die 61. Straße entlangzufahren, bis ich das erste erleuchtete Fenster sähe. Ich bat Gott, er möge mir durch dieses Licht die Erhörung meines Gebets verkünden.«

Es war elf Uhr nachts, als Fuller die 61. Straße in Chicago entlangfuhr. Schließlich sah er im Büro eines Bauunternehmers noch Licht.

Er ging hinein. Am Schreibtisch saß ein Mann, den seine anstrengende

Arbeit bis spät in die Nacht festgehalten hatte. Fuller kannte ihn flüchtig. Er wußte, daß er nun beherzt vorgehen mußte.
»Wollen Sie 1000 Dollar verdienen?« fragte Fuller ihn rundheraus.
Diese Frage verblüffte den Bauunternehmer. »Ja«, sagte er, »natürlich!«
»Dann stellen Sie mir einen Scheck über 10 000 Dollar aus; wenn ich Ihnen das Geld zurückbringe, bekommen Sie zusätzlich 1000 Dollar Gewinn!« Dann nannte Fuller dem Bauunternehmer die Namen jener Leute, die ihm bereits Geld geliehen hatten, und setzte ihm die Einzelheiten des geplanten Geschäftes auseinander.

Untersuchen wir sein Erfolgsgeheimnis

Er verließ den Bauunternehmer mit einem Scheck über 10 000 Dollar. Heute besitzt er außer bei der Seifenfabrik noch bei sieben anderen Gesellschaften Aktienmehrheit. Als wir ihn baten, mit uns dem Geheimnis seines Erfolges nachzuspüren, antwortete er im Grunde mit den Worten seiner Mutter:
»Ich wußte, was ich wollte! Ich wußte nur noch nicht, wie ich es bekommen sollte. Also las ich aufmerksam *die Bibel* und Bücher, die den Menschen helfen, sich zu vervollkommnen. Ich betete um das Wissen, das ich brauchte, um meine Ziele zu erreichen. Drei Bücher spielten eine wichtige Rolle bei dem Bemühen, meinen Wunsch zu verwirklichen: die
»Bibel«,
»Denke nach und werde reich« und
»Das größte Geheimnis aller Zeiten«.
Am meisten inspiriert hat mich jedoch die *Bibel.*
Wenn Sie Ihr Ziel kennen, wird Ihnen keine günstige Gelegenheit entgehen, Ihre Pläne zu verwirklichen!
S. B. Fuller drehte den unsichtbaren Talisman mit den Buchstaben PGH auf der einen und NGH auf der Kehrseite so, daß die Seite mit den Buchstaben PGH oben lag; seine Träume wurden daher Wirklichkeit.
Übersehen wir nicht, daß Fuller sein Leben unter weit ungünstigeren Ausgangsbedingungen begann als die meisten von uns. In unserer Zeit und in unserem Land hat jeder Mensch das Recht, zu sagen: »Das ist es, was ich will! Woran mein Herz am meisten hängt!« Und wenn Ihr Weg nicht den Gesetzen Gottes oder der Gesellschaft zuwiderläuft, können Sie Ihr Ziel auch erreichen. *Dabei haben Sie alles zu gewinnen und nichts zu verlieren! Aber nur diejenigen haben bleibenden Erfolg, die sich nie entmutigen lassen!*

Was Sie erreichen wollen, bleibt Ihnen überlassen. Nicht jeder möchte die Verantwortung für große Herstellungsbetriebe übernehmen oder einen hohen Preis an Freizeit zahlen, um ein großer Künstler zu werden. Für viele ist eine glückliche Hand im Alltag, die ihnen ein harmonisches, von Liebe erfülltes Leben sichert, der schönste Erfolg. Alles können Sie erreichen — Sie brauchen nur zu wählen!

Ob Erfolg für Sie bedeutet, reich zu werden oder ein neues chemisches Element zu entdecken, zu komponieren, eine Rose zu züchten oder ein Kind richtig zu erziehen — gleichgültig also, was Sie unter Erfolg verstehen: Sie ziehen alles Wünschenswerte an mit PGH — Sie stoßen es ab mit NGH!

Nehmen wir zum Beispiel die Geschichte von Clem Labine, der in der Welt des Baseballs berühmt ist wegen der unnachahmlichen Art, den Ball so zu werfen, daß er eine mehrfach geschwungene Kurve beschreibt! Als Clem noch Junge war, brach er sich den Zeigefinger der rechten Hand. Der wurde leider falsch behandelt, und nach der Heilung blieb zwischen dem ersten und dem zweiten Fingerglied eine Verkrümmung. Clem verlor den Mut: Es schien ihm, als sei sein Traum von einer Karriere als Baseballspieler zu Ende.

Jede Widrigkeit des Schicksals trägt den Keim eines noch größeren Vorteils in sich

»Nimm das nur nicht tragisch«, sagte sein Trainer zu ihm; »oft hat man Glück im Unglück! Alles hängt davon ab, wie du selbst die Schwierigkeiten siehst, denen du gegenüberstehst!«

Clem beherzigte diesen Rat und übte weiter. Dabei entdeckte er, daß ihm sein gekrümmter Finger eher gute Dienste leistete: Mit ihm konnte er dem Ball eine Drehung geben wie kein anderer Ballwerfer seiner Mannschaft. Clem arbeitete darauf Jahr um Jahr an der Verbesserung seiner einzigartigen Wurftechnik und wurde einer der hervorragenden Baseballspieler unserer Zeit.

Wie erreichte er dieses Ziel? Sicherlich durch angeborene Geschicklichkeit und zweifellos durch harte Arbeit. Was aber noch wichtiger war: Clem Labine hatte gelernt, nach dem Glück im Unglück zu suchen. Er sicherte sich Erfolg durch PGH.

Als Henley die bekannten Zeilen schrieb: »Ich bin der Herr meines Schicksals und meiner Seele Kapitän«, wollte er zum Ausdruck bringen, daß wir Herr unseres Schicksals sind, *sobald* wir erst einmal Herr über unsere *Einstellung zum Leben* sind. Denn diese allein bestimmt unsere Zukunft — das ist ein allgemeingültiges Gesetz. Der Autor hätte noch mit allem Nachdruck hinzufügen können, daß dieses Gesetz immer wirksam ist — gleichgültig, ob es sich um negative oder positive Gedanken handelt. Wir verwirklichen Vorstellungen der Armut ebenso schnell wie Ideen des Reichtums; und wenn wir dabei von uns selbst viel verlangen und uns anderen gegenüber großzügig erweisen, werden wir große Erfolge verzeichnen können.

Ein wirklich großer Mann

Henry J. Kaiser erzielte Erfolge, weil er von sich selbst viel verlangte. Das Gesamtvermögen der Gesellschaften, die seinen Namen tragen, beläuft sich auf über eine Milliarde Dollar. Weil er großzügig gegenüber seinen Mitmenschen ist, wurde Stummen die Sprache wiedergegeben, fanden Krüppel in ein erfülltes Leben zurück, kamen Hunderttausende in den Genuß einer ihnen sonst unerschwinglichen Krankenhausbehandlung. All dies war die Frucht von Gedanken, die ihm seine Mutter eingegeben hatte.
Mary Kaiser gab ihrem Sohn das unschätzbare Geschenk und lehrte ihn, *das Wertvollste im Leben* zu verwirklichen.

Das unschätzbare Geschenk

Nach ihrer Tagesarbeit pflegte Mary Kaiser noch stundenlang als freiwillige Schwesternhelferin zu arbeiten und das Los unglücklicher Menschen zu erleichtern. Oft sagte sie zu ihrem Sohn: »Es gibt nichts, was nicht durch Arbeit zu erreichen wäre. Wenn ich dir nichts anderes hinterlasse als nur *den Willen zur Arbeit,* so ist dies dennoch ein unschätzbares Geschenk, nämlich: *die Freude an der Arbeit.«*

Das Wertvollste im Leben

»Meine Mutter war es«, bekennt Kaiser, »die mich einige der wertvollsten Dinge im Leben lehrte. *›Das Wertvollste im Leben‹, pflegte sie zu sagen, ›ist, die Menschen zu lieben und ihnen zu dienen.‹«*
Henry J. Kaiser kennt die Kraft von PGH, aber auch die Auswirkungen von NGH. Während des zweiten Weltkrieges baute er mehr als

1500 Schiffe in einer Rekordzeit, die die Welt in Staunen versetzte. Als er behauptete: »Wir können alle zehn Tage ein Liberty-Schiff fertigstellen«, antworteten die Fachleute: »Das ist undurchführbar — unmöglich!« Aber Kaiser gelang es! Wer denkt, etwas *nicht tun zu können,* stößt das Positive zurück; er gebraucht die negative Seite seines Talismans. Diejenigen aber, die fest daran glauben, etwas *tun zu können,* stoßen das Negative ab und verwerten die positive Seite.
Die Seite des unsichtbaren Talismans mit den Buchstaben PGH kann Ihnen also alle Segnungen des Lebens verschaffen. Sie hilft Ihnen, Ihre Schwierigkeiten zu überwinden, Ihre Fähigkeiten zu entdecken und Ihre Konkurrenten zu überflügeln, und sie läßt — wie es bei Henry Kaiser der Fall war — das Wirklichkeit werden, was andere als unmöglich bezeichnen.
Die Kehrseite mit den Buchstaben NGH übt jedoch einen ebenso starken negativen Einfluß aus. Anstatt Glück und Erfolg anzuziehen, bringt sie Verzweiflung und Fehlschläge.

Die negative Kraft von NGH

Folgende Geschichte illustriert die negative Kraft von NGH. Sie ereignete sich in den amerikanischen Südstaaten, wo manche Wohnungen noch mit Holzfeuern in offenen Kaminen geheizt werden. Dort lebte ein Holzhändler, der noch keinen Erfolg im Leben zu verzeichnen gehabt hatte. Mehr als zwei Jahre lang hatte der einem Hauseigentümer Feuerholz geliefert und wußte genau, daß die Scheite nicht mehr als 18 cm Durchmesser haben durften, wenn sie in dessen Kamin passen sollten.
Einmal hatte dieser Stammkunde einen Klafter Holz bestellt, war aber bei der Lieferung nicht zu Hause. Als er heimkehrte, entdeckte er, daß die meisten Scheite zu groß waren. Er rief den Holzhändler an und bat ihn, sie umzutauschen oder noch einmal spalten zu lassen.
»Das geht nicht«, sagte der Holzhändler. »Es würde mehr kosten, als die ganze Ladung wert ist.« Damit hängte er ein.
Also mußte der Hauseigentümer wohl oder übel die Scheite selbst spalten; er krempelte die Ärmel auf und machte sich an die Arbeit. Plötzlich bemerkte er in einem der Hölzer ein sehr großes Astloch, das jemand zugestopft hatte. Er hob es auf: Es schien ungewöhnlich leicht und war anscheinend hohl. Mit der Axt hieb er es entzwei.

Eine mit Stanniolpapier umwickelte Rolle fiel heraus. Er wickelte sie auf und entdeckte zu seinem Erstaunen ein Bündel sehr alter Fünfzig- und Hundert-Dollarscheine: im ganzen 2250 Dollar. Die Banknoten waren offensichtlich viele Jahre lang in dem Baum versteckt gewesen. Der Hauseigentümer hatte PGH. Sein Gedanke war sofort, das Geld dem rechtmäßigen Eigentümer zurückzuerstatten. Er rief den Holzhändler an und fragte ihn, woher er diese Ladung Holz habe.

Aber wieder wirkte sich NGH zum Nachteil des Holzhändlers aus. »Das geht niemanden außer mir etwas an«, sagte er. »Wenn man Geheimnisse verrät, wird man doch nur betrogen.« Trotz vieler Bemühungen gelang es dem Hauseigentümer nie zu erfahren, woher die Scheite kamen und wer das Geld darin versteckt hatte.

Der springende Punkt dieser Geschichte ist nicht die Ironie des Schicksals, daß der Mann mit PGH das Geld fand und nicht der mit NGH. Wir sollten aus ihr lernen, daß es im Leben jedes einzelnen glückliche Zufälle gibt. Wer sich aber von NGH leiten läßt, verhindert, daß sie ihm zugute kommen, wer über PGH verfügt, dem werden sich selbst Nachteile in Vorteile verwandeln.

Zum Verkaufspersonal einer großen amerikanischen Versicherungsgesellschaft gehört ein Mann namens Al Allen. Al wollte Starvertreter werden und versuchte darum, die Grundsätze von PGH anzuwenden, von denen er gelesen hatte. In der Zeitschrift »Erfolg ohne Grenzen« hatte er zum Beispiel einen Artikel mit der Überschrift *»Entwickeln Sie die Inspiration der Unzufriedenheit«* gelesen. Nicht lange danach hatte er Gelegenheit, das Gelesene in die Praxis umzusetzen. An einem eisigen Wintertag besuchte Al auf gut Glück jedes Geschäft in einem Häuserblock einer Stadt in Wisconsin, um Versicherungen abzuschließen. Es gelang ihm kein einziger Abschluß. Natürlich war er unzufrieden. Aber PGH verwandelte seine *Unzufriedenheit* in die *»Inspiration der Unzufriedenheit«*.

Er erinnerte sich an den Artikel, den er gelesen hatte, und wandte das darin dargelegte Prinzip an. Am nächsten Tag erzählte er seinen Vertreterkollegen von den Mißerfolgen des letzten Tages und sagte: »Wartet nur ab, heut suche ich noch einmal genau dieselben Kunden auf, und ich werde mehr Abschlüsse machen als ihr alle zusammen!«

Das gelang ihm tatsächlich! Er brachte 66 neue Unfallversicherungspolicen an den Mann!

Das war eine ungewöhnliche Leistung, und sie war nur zustandegekommen, weil Al am Tag zuvor sich acht Stunden lang durch Schneeschauer und Wind geschleppt hatte, ohne eine einzige Police zu verkaufen, und weil er vermocht hatte, aus der negativen Unzufriedenheit, die wohl alle von uns bei einem ähnlichen Mißerfolg verspüren würden, die *Inspiration der Unzufriedenheit* zu schöpfen, die ihm dann den Erfolg brachte.

Diese Fähigkeit, den unsichtbaren Talisman umzudrehen und die Seite mit der Kraft der PGH zu benützen, ist ein charakteristisches Merkmal vieler wirklich erfolgreicher Mitmenschen. Die meisten von uns neigen leider dazu, den Erfolg als etwas zu sehen, das sich auf geheimnisvolle Weise und aufgrund günstiger Voraussetzungen einstellt, auf die wir keinen Einfluß haben. Vielleicht übersehen wir diese günstigen Voraussetzungen aber gerade deshalb, *weil wir über sie verfügen.* Oft sieht man ja den Wald vor lauter Bäumen nicht.

Henry Ford zum Beispiel wurde oft um seinen ungeheuren Erfolg beneidet. Man glaubte, dieser beruhe einfach auf Glück, auf einflußreichen Freunden, seinem Genie oder irgendeinem »Geheimnis«. Zweifellos spielten einige dieser Elemente eine Rolle — aber es kam noch etwas hinzu. Nur ganz wenige kannten den wirklichen Grund für Fords Erfolg, und die hielten ihn nicht für erwähnenswert, weil er so einfach anmutete. Eine kurze Episode aus Fords Tätigkeit wird das »Geheimnis« offenbaren.

Eines Tages beschloß Henry Ford, den als V-8 später berühmt gewordenen Motor zu entwickeln. Seine acht Zylinder sollten alle in einem Block vereinigt sein. Er wies seine Ingenieure an, eine Zeichnung von einem solchen Motor anzufertigen. Sie erklärten einstimmig, daß das einfach *unmöglich* sei.

»Machen Sie trotzdem die Zeichnung«, sagte Ford.

»Aber es ist unmöglich«, war die Antwort.

»Gehen Sie an die Arbeit«, befahl Ford, »bis Sie die Lösung gefunden haben; ganz gleich, wie lange es dauert.«

Die Ingenieure machten sich also an ihre Aufgabe; es blieb ihnen nichts anderes übrig. Ein Jahr verging, ohne daß sie der Lösung näher gekommen wären. Je mehr sich die Ingenieure bemühten, desto »unmöglicher« erschien die Sache.

Als Ford prüfte, was seine Ingenieure erreicht hatten, teilten sie ihm wieder mit, es gäbe keine Möglichkeit, seine Anweisungen auszuführen.

»Arbeiten Sie weiter«, sagte Ford. »Ich will diesen Motor haben, und ich werde ihn auch bekommen.«

Und die Herstellung dieses Motors war durchaus nicht unmöglich. Der Ford V-8 hatte einen spektakulären Erfolg beim Publikum. Mit diesem Wagen gelang es Henry Ford, seinen schärfsten Konkurrenten so weit zu überrunden, daß jene Gesellschaft Jahre brauchte, um wieder aufzuholen. Ford wandte PGH an. Und dieselbe Kraft steht auch Ihnen zur Verfügung! Drehen Sie die richtige Seite Ihres Talismans nach oben, und Sie werden Erfolg haben, indem Sie das unmöglich Scheinende möglich machen! Wenn Sie wissen, was Sie wollen, werden Sie auch einen Weg finden, um es zu erreichen!

Ein Mann von 25 Jahren hat etwa 100 000 Arbeitsstunden vor sich, bis er sich mit 65 Jahren aus dem Berufsleben zurückzieht. In wie vielen Ihrer Arbeitsstunden wird die wunderbare Kraft von PGH lebendig sein? Und wie viele wird die niederschmetternde Gewalt von NGH unnütz verstreichen lassen?

Wie aber sollen Sie es anstellen, um PGH statt NGH in Ihrem Leben wirksam werden zu lassen? Einige Erfolgreiche scheinen diese Fähigkeit instinktiv anzuwenden. Als es darum ging, den neuen Motor zu entwickeln, legte beispielsweise Henry Ford sie an den Tag. Andere müssen es erst lernen. Al Allen lernte es, indem er Gelesenes beherzigte. Wenn Sie zum Beispiel *»Erfolg durch positives Denken«* gründlich studieren, werden auch Sie lernen, PGH zu entwickeln.

Einige Menschen zeigen PGH eine Zeitlang, aber schon beim ersten Rückschlag verlieren sie den Glauben an sie. Sie erkennen nicht, daß nur diejenigen *bleibenden Erfolg* haben, die es *immer wieder mit PGH versuchen.* Sie gleichen darin dem berühmten Rennpferd »John P. Grier«, das eines Tages als das einzige Pferd angekündigt wurde, das eine Chance habe, das »größte Rennpferd aller Zeiten« — nämlich »Man o'War« — zu schlagen. Natürlich wurde es entsprechend gepflegt und trainiert.

Im Dwyer-Preisrennen, das im Juli 1920 in Aqueduct stattfand, trafen die beiden genannten Pferde endlich aufeinander. Es war ein herrlicher Tag. Aller Augen hingen gebannt am Startplatz. Die beiden Renner kamen gleichmäßig ab. Die Gerade hinunter liefen sie Seite an Seite. Es war klar, daß John P. Grier gegen Man o'War das Rennen seines Lebens lief. Nach dem ersten Viertel der Strecke lagen sie noch nebeneinander. Das Rennen war schließlich zu drei Vierteln gelaufen, und noch immer lagen sie auf gleicher Höhe. Kopf an Kopf liefen sie bei der achten Markierungsstange vorbei. Auf der Gegengeraden riß John P. Grier dann die Menge von den Sitzen: Langsam schob er sich vor.

Das war ein kritischer Augenblick für den Jockey von Man o'War. Er traf seine Entscheidung, und zum erstenmal in der Karriere des großen Rennpferdes gebrauchte er energisch die Peitsche. Man o'Wan reagierte, als ob der Jockey eine Rakete gezündet habe: Er schoß nach vorn und zog vor John P. Grier davon, als ob dieser stillstünde. Am Ende des Rennens hatte Man o'War sieben Längen Vorsprung.

Für uns ist dabei von Interesse, wie sich die Niederlage auf John P. Grier auswirkte. Es war ein sehr feuriges Pferd mit siegessicherem Benehmen gewesen. Aus diesem Erlebnis ging es jedoch so gebrochen hervor, daß es nie völlig darüber hinwegkam. Seine späteren Rennen waren nur noch zaghafte Versuche, und es gewann nie wieder.

Lassen Sie sich von Ihrer geistigen Einstellung nicht zu einem Menschen machen, dessen Zukunft schon hinter ihm liegt!

Menschen sind keine Rennpferde, aber diese Geschichte erinnert an allzuviele Männer, die in der wirtschaftlichen Hochkonjunktur der zwanziger Jahre siegessicher ihre Laufbahn begannen, zunächst finanziellen Erfolg hatten, aber während der Wirtschaftskrise von 1930 vernichtende Einbußen erlitten. Ihre positive Einstellung schlug da ins Negative um. Ihr Talisman lag auf einmal mit der NGH-Seite nach oben. Sie gaben auf. Wie bei John P. Grier lag ihre Zukunft plötzlich hinter ihnen.

Manche Menschen scheinen PGH so gut wie immer anzuwenden. Andere beginnen damit und geben es später wieder auf. Wieder andere — und zwar die große Mehrheit — haben nie wirklich versucht, die ungeheuren Kräfte zu nützen, die in ihnen schlummern.

Wie ist es nun bei uns? Können wir »lernen«, PGH anzuwenden, wie wir auch andere Fertigkeiten erlernt haben?

Die Antwort, die auf jahrelangen Erfahrungen beruht, ist ein entschiedenes *Ja*.

Dieses Buch wird Ihnen den Weg dazu zeigen. Die Mühe, die Sie darauf verwenden, diese Fertigkeit zu erlernen, wird sich auszahlen — denn PGH ist eine wesentliche Voraussetzung für jeden Erfolg.

Machen Sie Bekanntschaft mit dem wichtigsten heute lebenden Menschen

An dem Tag, an dem Sie PGH für sich selbst entdecken, werden Sie auch dem wichtigsten heute lebenden Menschen begegnen. Wer das ist? Nun, der wichtigste heute lebende Mensch sind *Sie*, soweit es um Sie und Ihr Leben geht! Betrachten Sie sich einmal selbst: Stimmt es nicht, daß Sie einen unsichtbaren Talisman mit den Buchstaben PGH auf der einen und NGH auf der Kehrseite bei sich tragen? Was das eigentlich ist, dieser Talisman und diese Kraft? Der Talisman ist Ihr Geist, und PGH ist Ihre *P*ositive *G*eistes*h*altung!

Eine positive Geisteshaltung ist die einzig richtige Geisteshaltung. Was aber ist die *richtige* Geisteshaltung? Sie besteht hauptsächlich aus den »Plus«-Eigenschaften: Vertrauen, Ehrlichkeit, Hoffnung, Optimismus, Mut, Initiative, Großzügigkeit, Freundlichkeit, Toleranz, Takt, Hilfsbereitschaft und gesunder Menschenverstand.

NGH ist die *N*egative *G*eistes*h*altung; sie trägt die gegenteiligen Kennzeichen.

PGH half S. B. Fuller, die negativen Auswirkungen der Armut zu überwinden. PGH half Clem Labine, seinen verkrümmten Finger so zu nützen, daß er zu einem der besten Ballwerfer des Baseballsports wurde. Und ganz gewiß war es eine positive Geisteshaltung, die es Henry J. Kaiser ermöglichte, alle zehn Tage ein Liberty-Schiff zu bauen. Auch Al Allen besaß die Fähigkeit, die richtige Seite seines Talismans nach oben zu kehren, die ihn dazu anspornte, seine Kunden noch einmal zu besuchen — eben dieselben, die ihn am Vortag abgewiesen hatten — und einen neuen Verkaufsrekord aufzustellen.

Wissen Sie, wie Sie Ihren unsichtbaren Talisman für sich arbeiten lassen können? Vielleicht ja. Vielleicht haben Sie sogar Ihre PGH schon so entwickelt und gefestigt, daß Ihnen das Leben alle Wünsche erfüllt.

Wahrscheinlicher aber ist, daß Sie die Techniken, mittels derer die wunderwirkenden Kräfte von PGH wachgerufen werden, erst erlernen müssen.

Was eine positive Geisteshaltung ist, wie man sie entwickelt und anwendet, ist der *wichtigste* der in diesem Buch genannten »Siebzehn Grundsätze zur Erlangung wirklichen Erfolges«. Erfolg erringt man durch die Vereinigung von PGH mit einem oder mehreren der anderen sechzehn Erfolgsprinzipien. Lernen Sie, diese Prinzipien zu beherrschen! Wenden Sie jedes einzelne, das Sie bei der Lektüre von *»Erfolg durch*

positives Denken« entdecken, sofort an! Indem Sie jede dieser Erfolgsregeln zu einem Teil Ihres Lebens machen, werden Sie eine wahrhaft unerschütterliche positive Geisteshaltung erwerben! Diese Einstellung wird Ihnen Erfolg, Gesundheit, Glück, Wohlstand und die Erfüllung jedes anderen fest umrissenen Lebensziels bringen.
Im zweiten Kapitel werden Sie die Formel finden, mit deren Hilfe Sie in allen Lagen Ihre positive Geisteshaltung bewahren können. Eignen Sie sich diese Formel an und machen Sie bei allem davon Gebrauch, was Sie auch tun — dann sind Sie auf dem besten Weg zur Erfüllung Ihrer Wünsche.

LEITGEDANKEN

1. Machen Sie Bekanntschaft mit dem wichtigsten heute lebenden Menschen! Dieser Mensch sind *Sie*.

2. Ihr Geist ist Ihr unsichtbarer Talisman. Auf der einen Seite trägt er die Inschrift PGH (Positive Geisteshaltung), auf der anderen die Inschrift NGH (Negative Geisteshaltung). *PGH ist die einzig richtige Geisteshaltung in allen Situationen!* Sie hat die Kraft, das Gute und Schöne anzuziehen — NGH stößt sie ab. Die negative Geisteshaltung ist es, die Sie um alles bringt, was das Leben lebenswert macht.

3. Geben Sie nicht Gott die Schuld an Ihrem mangelnden Erfolg. Wie S. B. Fuller können Sie den brennenden Wunsch nach Erfolg in sich wachrufen. Wie? *Konzentrieren Sie Ihre Gedanken auf das, was Sie wollen, und wenden Sie sie von dem ab, was sie nicht wollen!*

4. Lesen Sie — wie S. B. Fuller — ganz bewußt die *Bibel* und Bücher, die Ihnen helfen, sich zu vervollkommnen! Beten Sie um Gottes Rat und Führung! *Suchen Sie das Licht!*

5. *Jeder Nachteil trägt in sich den Keim eines noch größeren Vorteils!* Oft erweisen sich scheinbare Nachteile als *Glück im Unglück*. Clem Labine entdeckte dies, als sein gebrochener Finger falsch zusammenwuchs.

6. Nehmen Sie das unschätzbare Geschenk an: *die Freude an der Arbeit.* Verwirklichen Sie das Wertvollste im Leben: *die Menschen zu lieben und ihnen zu dienen!* Wie Henry J. Kaiser werden Sie große und reiche Erfolge haben!

7. Unterschätzen Sie nie die schädliche Wirkung einer negativen Geisteshaltung! Sie hindert Sie nämlich daran, die Glücksfälle des Lebens zu nützen!

8. Sie können aus der Enttäuschung Nutzen ziehen — wenn Sie durch eine positive Geisteshaltung zur *Inspiration der Unzufriedenheit* wird! Dann verwandeln Sie den Mißerfolg von heute in den Erfolg von morgen, wie Al Allen es tat!

9. Machen Sie das unmöglich Scheinende möglich! Befehlen Sie sich selbst: *»Weiterarbeiten!«* — so wie Henry Ford es seinen Ingenieuren einschärfte!

10. Lassen Sie nicht zu, daß Ihre Geisteshaltung Sie zu einem Menschen macht, dessen Zukunft bereits hinter ihm liegt! Wenn Sie Erfolg hatten und widrige Umstände Ihnen Verluste bringen, dann handeln Sie nach dem Prinzip: *Nur diejenigen haben bleibenden Erfolg, die es immer wieder mit PGH versuchen!* So wird Sie das Schicksal nicht in die Knie zwingen.

DER ERFOLG BLEIBT DEM TREU, DER NIEMALS AUFGIBT.

KAPITEL 2

Sie können Ihre Welt verändern

Wir wissen nun, daß PGH eine positive Geisteshaltung bedeutet. Wir wissen auch, daß die positive Geisteshaltung zu den 17 Erfolgsprinzipien gehört.

Jedes lohnende Ziel im Leben erfordert die Anwendung von PGH — gleichgültig, welche anderen Erfolgsprinzipien Sie zusätzlich noch befolgen mögen. PGH ist der Katalysator, der die Erfolgsprinzipien erst richtig wirksam werden läßt. Andererseits wird NGH, in Verbindung mit genau denselben Grundsätzen, zur Quelle von Verbrechen und Missetaten, und deren Ergebnis heißt Kummer, Mißgeschick, Unglück, Sünde, Krankheit und Tod.

17 Erfolgsprinzipien

Viele Jahre lang haben die Autoren dieses Buches die 17 Erfolgsprinzipien in Vorlesungen, Kursen und Fernunterricht behandelt. Unser Lehrgang steht unter dem Motto »PGH, die Wissenschaft des Erfolgs«. Die 17 Erfolgsprinzipien sind folgende:

1. Positive Geisteshaltung
2. Zielstrebigkeit
3. der Wille, keine Mühe zu scheuen
4. logisches Denken
5. Selbstdisziplin
6. ein überlegener Verstand
7. angewandter Glaube
8. ein angenehmes Wesen
9. persönliche Initiative
10. Begeisterung
11. konzentrierte Aufmerksamkeit
12. die Bereitschaft zur Zusammenarbeit
13. die Bereitschaft, aus Fehlschlägen zu lernen

14. schöpferische Phantasie
15. eine sorgfältige Einteilung von Zeit und Geld
16. Gesunderhaltung von Geist und Körper
17. Einsatz des kosmischen Beharrungsvermögens (das Universelle Gesetz)

Diese 17 Erfolgsprinzipien sind keine Erfindung der Autoren. Sie wurden abgeleitet aus den Lebenserfahrungen von Hunderten der erfolgreichsten Persönlichkeiten, die die amerikanische Nation während der vergangenen hundert Jahre hervorgebracht hat.

Von heute an können Sie Ihr ganzes Leben hindurch jeden Ihrer Erfolge und jeden Ihrer Mißerfolge analysieren — vorausgesetzt, Sie prägen sich diese 17 Prinzipien unauslöschlich ein.

Sie werden eine positive Geisteshaltung entwickeln und beibehalten, indem Sie es sich zur moralischen Pflicht machen, diese 17 Prinzipien zu übernehmen und anzuwenden.

Dies ist die einzige uns bekannte Methode zur Aufrechterhaltung einer positiven geistigen Einstellung.

Haben Sie *jetzt* den Mut, sich selbst zu prüfen, welche dieser 17 Erfolgsprinzipien Sie bislang angewandt und welche Sie vernachlässigt haben!

Analysieren Sie in Zukunft sowohl Ihre Erfolge als auch Ihre Mißerfolge! Legen Sie dabei die 17 Erfolgsprinzipien als Maßstab an; Sie werden dann sehr bald herausfinden, was Ihren Fortschritt hemmte.

Was aber ist zu tun, wenn Sie PGH haben und doch nicht erfolgreich sind? Das kann daran liegen, daß Sie nicht jeden der Grundsätze anwenden, deren Zusammenwirken erst den wahren Erfolg verbürgt.

Lesen Sie doch noch einmal die Geschichten von S. B. Fuller, Clem Labine, Henry J. Kaiser, dem Holzhändler, Al Allen und Henry Ford, um zu erkennen, welche der 17 Erfolgsprinzipien jeder anwandte und welche nicht. Vielleicht analysieren Sie auch jemanden aus Ihrem Bekanntenkreis, der seine Zukunft bereits hinter sich hat. Und untersuchen Sie all die Fälle, die Ihnen in den kleinen Geschichten der folgenden Kapitel begegnen. Stellen Sie sich stets folgende Fragen: Welche der 17 Erfolgsprinzipien wurden angewandt? Welche wurden nicht befolgt?

Zunächst mag es vielleicht etwas schwierig sein, diese Grundsätze zu verstehen und anzuwenden. Aber mit der Lektüre jeder Seite von *»Erfolg durch positives Denken«* wird Ihnen jedes einzelne dieser Prinzipien klarer werden. Dann werden Sie sie auch wirksam anwenden können. Am Ende des zwanzigsten Kapitels werden Sie sich einer genauen Selbstprüfung unterziehen können, für die wir eine Reihe von Fragen und Merkmalen unter dem Titel: »Analyse des Erfolgsquotienten« zusammengefaßt haben.

Wurden Sie vom Leben benachteiligt?

Zu den von uns geführten Lehrgängen »PGH, die Wissenschaft des Erfolgs« melden sich sehr oft Menschen, die sich als Versager auf irgendeinem Gebiet des Lebens betrachten. Die ersten Fragen, die man ihnen beim Betreten des Unterrichtsraums stellen könnte, sind: »Warum kommen Sie hierher? Warum nehmen Sie an diesem Kurs teil? Warum blieb Ihnen bisher der ersehnte Erfolg versagt?«
Antworten wie die folgenden würden ein klares Licht auf die tragischen Hintergründe menschlichen Versagens werfen:
»Ich hatte nie eine wirkliche Chance, voranzukommen. Wissen Sie, mein Vater war ein Trinker.«
»Ich bin in den Slums aufgewachsen, und so etwas bleibt für immer an einem hängen.«
»Ich habe nur die Volksschule besucht.«
Im Grunde behaupten alle diese Menschen, sie seien vom Leben benachteiligt worden. Sie geben der Welt und den äußeren Umständen die Schuld an ihrem Versagen: ihrer erblichen Belastung, ihrer Umgebung und so weiter. Sie nehmen von Anfang an eine negative Geisteshaltung ein — und mit dieser Einstellung sind sie dann wirklich im Nachteil.

Sein Kind erteilte ihm eine Lehre

Eine hübsche Geschichte erzählte ein Geistlicher, der sich eines Samstagmorgens vergeblich bemühte, seine Predigt vorzubereiten. Seine Frau war einkaufen gegangen, und sein kleiner Sohn war zappelig vor Langeweile, weil es regnete und er nicht draußen spielen konnte. Voll Verzweiflung nahm der Geistliche schließlich eine alte Zeitschrift und blätterte sie durch, bis er ein großes buntes Bild fand. Es war eine Weltkarte. Er löste die Seite heraus, zerriß sie in kleine Stücke und verstreute sie im Wohnzimmer.

»Johnny, wenn du all die Fetzen wieder zusammensetzen kannst, bekommst du von mir 25 Cent«, sagte er zu dem Jungen.

Der Geistliche hoffte, Johnny würde damit fast den ganzen Vormittag beschäftigt sein. Aber schon nach zehn Minuten klopfte es an die Tür seines Arbeitszimmers: Draußen stand sein Sohn mit der säuberlich zusammengesetzten Weltkarte.

»Junge, wie hast du das nur so schnell fertiggebracht?« fragte verwundert der Vater.

»Oh«, sagte der Junge, »das war ganz einfach! Auf der anderen Seite war das Bild eines Mannes. Ich habe bloß ein Blatt Papier genommen und darauf dieses Bild zusammengesetzt. Dann habe ich ein anderes Blatt Papier daraufgelegt und das Ganze umgedreht. Ich dachte: Wenn der Mann stimmt, dann stimmt die Welt auch.«

Der Geistliche lächelte und gab seinem Sohn die 25 Cent. »Jetzt hast du mir auch das Thema für meine morgige Predigt gegeben«, sagte er. *»Wenn ein Mensch in Ordnung ist, wird auch seine Welt in Ordnung sein.«*

In diesem Satz steckt eine wichtige Lehre. Wenn Sie über Ihre Welt nicht glücklich sind und sie verändern wollen, dann müssen Sie bei sich selbst anfangen. *Wenn Sie in Ordnung sind, wird auch Ihre Welt in Ordnung sein.* Darum geht es bei der positiven Geisteshaltung. Mit dieser Einstellung werden Sie die Probleme Ihrer Welt leichter überwinden.

Sie wurden als Sieger geboren

Haben Sie je über die Kämpfe nachgedacht, die Sie gewannen, bevor Sie geboren wurden? »Halten Sie einen Augenblick inne und denken Sie über sich selbst nach«, sagt Amram Scheinfeld, ein Fachmann auf dem Gebiet der Genetik. »In der ganzen Weltgeschichte hat es bis jetzt noch niemanden gegeben, der genauso war wie Sie, und bis in die fernste Zukunft wird es auch nie jemanden geben, der Ihnen gleicht.« Stellen Sie sich vor: Millionen und aber Millionen von Samenzellen nahmen an einem großen Wettkampf teil, und nur eine dieser Zellen siegte — diejenige nämlich, aus der Sie entstanden sind! Es war ein einzigartiger großer Wettlauf, und das Ziel war eine kostbare Eizelle, die einen winzigen Kern enthielt. Dieses Ziel, das die Samenzellen zu erreichen suchten, war kleiner als eine Nadelspitze, und jede der Samenzellen war so klein, daß es einer mehrtausendfachen Vergrößerung bedurft hätte, um sie für das menschliche Auge sichtbar zu machen. In diesen mikroskopischen Dimensionen wurde jedoch der entscheidendste Kampf Ihres Lebens ausgefochten!

Der Kopf jeder der Millionen Samenzellen enthält das kostbare Gut von 24 Chromosomen, die sich in gleicher Anzahl auch in der winzigen Eizelle finden. Jedes der Chromosome besteht wiederum aus eng miteinander verbundenen gallertartigen Kugeln. Und jede davon enthält Hunderte von Genen, die die Wissenschaftler als die Träger aller Erbanlagen bezeichnen.

Die Chromosome der Samenzelle enthielten alle körperlichen und geistigen Vererbungsmerkmale Ihres Vaters und seiner Vorfahren, die Chromosome im Eikern dagegen die vererbbaren Eigenschaften Ihrer Mutter und ihrer Vorfahren. Schon die Existenz Ihrer Eltern stellte einen der im Laufe von mehr als zwei Milliarden Jahren immer neu zu erfechtenden Siege im Lebenskampf dar. Und dann vereinigte sich eine ganz besondere Samenzelle — die schnellste, die gesündeste: eben der Sieger — mit der wartenden Eizelle, um eine winzig kleine lebendige Zelle zu bilden.

Das Leben des für Sie wichtigsten heute lebenden Menschen hatte begonnen! Und Sie haben praktisch aus dem großen Vorrat der Vergangenheit alle erdenklichen Fähigkeiten und Kräfte ererbt, die Sie brauchen, um Ihre Ziele zu erreichen!

Sie wurden zum Sieger geboren; und welche Schwierigkeiten auch auf Sie warten mögen, sie sind nicht entfernt so groß wie diejenigen, die in dem Augenblick Ihrer Zeugung bereits überwunden waren. Sieg ist jedem Menschen *angeboren.* Lassen Sie sich zum Beispiel an Irving Ben Cooper erinnern, der heute einer der geachtetsten Richter Amerikas ist!

Wie ein verängstigter Junge PGH entwickelte

Ben wuchs in St. Joseph, Missouri, in der Nähe der Slums auf. Sein Vater war ein eingewanderter Schneider, der sehr wenig verdiente. Oft gab es nicht einmal genug zu essen. Um Heizmaterial für ihre kleine Wohnung zu beschaffen, nahm Ben einen Kohleneimer, lief die Eisenbahnschienen entlang, die in der Nähe vorbeiführten, und sammelte Kohlenstückchen auf. Nichts tat er so ungern wie dies. Oft stahl er sich

durch Nebenstraßen, um nicht von seinen Schulkameraden entdeckt zu werden.
Sehr häufig sahen sie ihn aber doch. Einer Bande von Jungen war es geradezu ein Hauptvergnügen, Ben auf seinem Heimweg aufzulauern und zu verprügeln. Gewöhnlich verstreuten sie dann die mühsam gesammelte Kohle auf der Straße; und er lief tränenüberströmt nach Hause. So lebte Ben nahezu ständig in einem Zustand der Angst und Selbstverachtung.
Aber dann kam ihm das Schicksal zu Hilfe — wie immer, wenn wir den Versuch machen, aus dem Bereich der Niederlage auszubrechen. Der Sieger in uns erwacht erst, wenn wir dazu bereit sind. Ben wurde durch die Lektüre eines Buches von Horatio Alger zu positivem Handeln angespornt.
Ben las von den Abenteuern eines Jungen, der, wie er selbst, großen Schwierigkeiten gegenüberstand, sie aber mit Mut und jener moralischen Festigkeit überwand, die Ben sich erträumte.
Von da an las er alle Bücher Horatio Algers, die er sich ausleihen konnte, und identifizierte sich mit dem jeweiligen Helden. Den ganzen Winter hindurch saß er in der Küche und las Geschichten über Mut und Erfolg: Dabei nahm er unbewußt eine positive Geisteshaltung an.
Einige Monate, nachdem er sein erstes Horatio-Alger-Buch gelesen hatte, ging Ben Cooper wieder einmal die Eisenbahnschienen entlang. Da sah er drei Gestalten hinter ein Gebäude huschen. Sein erster Gedanke war, umzudrehen und davonzulaufen. Aber er erinnerte sich an den Mut, den er an den Helden seiner Bücher so bewundert hatte, und er faßte den Kohleneimer fester und ging weiter, *als wäre er der Held einer Geschichte von Horatio Alger.*
Es war ein harter Kampf. Die drei sprangen gleichzeitig auf Ben los. Sein Eimer fiel zu Boden; aber er begann, mit solcher Entschlossenheit um sich zu schlagen, daß er die Raufbolde völlig überraschte. Die rechte Faust Bens traf Mund und Nase eines Jungen, die linke dessen Magen. Zu Bens Verblüffung gab der bereits den Kampf auf und rannte davon. Dann gelang es Ben, den zweiten Jungen wegzustoßen und den dritten zu Fall zu bringen. Er warf sich auf ihn und schlug mit der Faust wie wild auf dessen Magen und Kinn ein. Blieb nur noch ein Junge übrig, der Anführer der Bande. Der warf sich auf Ben. Dem gelang es jedoch, ihn abzuschütteln und wieder auf die Füße zu kommen. Eine Sekunde lang standen sich die beiden Auge in Auge gegenüber.

Da zog sich der Anführer Schritt für Schritt zurück. Schließlich rannte er. Und es war gerechter Zorn, der Ben ein Stück Kohle aufheben und es dem flüchtenden Feind nachschleudern ließ.

Erst jetzt bemerkte Ben, daß seine Nase blutete und daß er am ganzen Körper grün und blau war von den Faustschlägen und Tritten, die er hatte einstecken müssen. Aber es war ein großer Tag in seinem Leben: Er hatte die Furcht überwunden!

Ben Cooper war nicht viel stärker als ein Jahr zuvor; seine Angreifer waren nicht schwächer geworden. Der Unterschied lag einzig in Bens eigener Geisteshaltung: Er hatte der Gefahr getrotzt. Er beschloß, sich nun nicht mehr von Raufbolden einschüchtern zu lassen. Von jetzt an wollte er seine Welt verändern!

Identifizieren Sie sich mit einem erfolgreichen Leitbild

Der Junge wurde zu einem anderen Menschen. Als er den entscheidenden Kampf mit den Raufbolden austrug, tat er das nicht als der verängstigte, unterernährte Ben Cooper, der er früher gewesen war, sondern wie einer der beherzten Helden in den Büchern Horatio Algers.

Die Identifizierung mit einem erfolgreichen Leitbild kann also wesentlich dazu beitragen, daß jemand die Fesseln seiner Minderwertigkeitskomplexe und der Furcht vor Versagen abzuwerfen vermag, die jahrelanges Verharren in einer negativen Geisteshaltung schmiedete. Eine ebenso erfolgreiche Technik zur Verbesserung Ihrer Welt ist die Identifizierung mit einem Symbol, das Sie zu den richtigen Entscheidungen inspiriert.

Was wird Ihr Bild zu Ihnen sagen?

Der Präsident eines Konzerns im Mittelwesten Amerikas inspizierte eine Zweigstelle seiner Gesellschaft in San Francisco. Im Büro einer Sekretärin bemerkte er eine große Fotografie von sich, die an der Wand hing. »Das ist ein ziemlich großes Bild für einen so kleinen Raum, nicht?« fragte er.

Anstatt auf diese Frage einzugehen, sagte die Sekretärin: »Wissen Sie, was ich tue, wenn ich einem schwierigen Problem begegne?« Sie stützte die Ellbogen auf ihren Schreibtisch auf, legte das Kinn auf die gefalteten Hände und sah zu dem Bild auf. »Na, Chef«, meinte sie, »wie würden *Sie* dieses Problem lösen?«

Dieses Beispiel ist auch für Sie von Bedeutung. Vielleicht haben Sie in Ihrem Büro, Ihrem Heim oder Ihrer Brieftasche ein Bild, das Ihnen die Antwort auf eine wichtige Frage geben kann. Das kann ein Bild Ihrer Mutter, Ihres Vaters, Ihrer Frau, Ihres Mannes oder eines bedeutenden Menschen des öffentlichen Lebens sein — vielleicht auch ein Heiligenbild.

Was wird das Bild Ihnen sagen? Probieren Sie es doch einmal! Sobald Sie wieder vor einem ernsten Problem oder einer schwerwiegenden Entscheidung stehen, stellen Sie dem Bild der von Ihnen gewählten Persönlichkeit die betreffende Frage — und hören Sie auf die Antwort!

Wenn Sie Ihre Welt verändern wollen, ist Zielstrebigkeit — ein weiteres der 17 Erfolgsprinzipien — ein ebenso wichtiger Faktor.

Zielstrebigkeit ist der Ausgangspunkt jedes Erfolges

Denken Sie daran: Ihre Welt wird sich verändern, ob Sie es wollen oder nicht — und es steht in Ihrer Macht, die Richtung dieses Wandels zu bestimmen! Sie können Ihre eigenen Ziele frei wählen. Wenn Sie dies mit Hilfe von PGH tun, ergibt sich daraus ganz von selbst die Anwendung sieben weiterer der 17 Erfolgsprinzipien, nämlich:

1. persönliche Initiative
2. Selbstdisziplin
3. schöpferische Phantasie
4. logisches Denken
5. konzentrierte Aufmerksamkeit
6. sorgfältige Einteilung von Zeit und Geld
7. Begeisterung

Robert Christopher war zielstrebig und verfügte über PGH. Sehen wir uns an, wie die natürliche Neigung, diese zusätzlichen Prinzipien anzuwenden, in der Geschichte seines Erfolges zum Tragen kam! Robert ging es wie vielen anderen Jungen: Die Lektüre von Jules Vernes Roman »In 80 Tagen um die Welt« regte seine Phantasie an. Er erzählte uns:

»Ich hing als Junge oft Träumereien nach; aber als ich älter wurde, las ich Napoleon Hills Buch *»Denke nach und werde reich«* (deutsch erschienen im Ariston Verlag, Genf).

In 80 Tagen um die Welt — warum sollte *ich* nicht mit 80 Dollar um die Welt fahren können? Ich war überzeugt, jedes beliebige Ziel erreichen zu können, wenn ich nur fest an seine Erreichbarkeit glaubte. Ich dachte mir: ›Andere haben auf Frachtern gearbeitet, um ihre Atlantiküberfahrt zu bezahlen, und sind dann um die ganze Welt getrampt. Warum sollte ich das nicht auch tun können?‹«

Zunächst legte sich Robert eine Liste der Probleme an, denen er gegenüberstehen würde. Als nächstes notierte er sich jede brauchbare Lösung, die ihm einfiel.

Nun war Robert Christopher ein hervorragender Fotograf und besaß eine ausgezeichnete Kamera. Als sein Entschluß feststand, setzte er ihn in die Tat um:

1. Mit der Charles-Pfitzer-Company, einem Industrielaboratorium, vereinbarte er, in den verschiedenen Ländern, die er besuchen wollte, Bodenproben zu sammeln.

2. Ein internationaler Führerschein und ein Satz Landkarten wurden ihm für einen Bericht geboten, den er über den Zustand der Straßen im Mittleren Osten zu schreiben versprach.

3. Er besorgte sich die Arbeitserlaubnis der Seemannsgewerkschaft.

4. Von der New Yorker Polizei ließ er sich ein Leumundszeugnis ausstellen, aus dem hervorging, daß er nicht vorbestraft war.

5. Er wurde Mitglied des Internationalen Jugendherbergsverbandes.

6. Er setzte sich mit einer Flugfrachtgesellschaft in Verbindung und traf folgende Vereinbarung: Er würde in einem ihrer Flugzeuge den Atlantik überqueren und als Gegenleistung dafür Werbefotos für die Gesellschaft machen.

Als seine Vorbereitungen soweit abgeschlossen waren, verließ der 26jährige mit nur 80 Dollar in der Tasche per Flugzeug New York. *Mit*

80 Dollar um die Welt war sein klar umrissenes Ziel. Und hier einige seiner Erlebnisse:

- Frühstück in Gander, Neufundland. Wie er das Frühstück bezahlte? Er fotografierte die Köche, und die freuten sich.
- In Shannon, Irland, kaufte er vier Packungen amerikanischer Zigaretten, die ihn 4,80 Dollar kosteten. Damals waren Zigaretten in vielen Ländern als Tauschmittel ebenso wertvoll wie Geld.
- Von Paris fuhr er per Anhalter nach Wien. Der Fahrpreis? Ein Päckchen Zigaretten für den Fahrer eines Fernlasters.
- Einem Zugführer gab er vier Päckchen Zigaretten, und der nahm ihn per Lokomotive quer durch die österreichischen Alpen bis in die Schweiz mit.
- Im Autobus kam er in Damaskus an. Ein syrischer Polizist war so stolz auf das Bild gewesen, das Robert von ihm gemacht hatte, daß er dem Busfahrer »befohlen« hatte, ihn mitzunehmen.
- Er fotografierte den Präsidenten und das Personal der Iraq Express Transportation Company. Damit verdiente er sich die Bahnfahrt von Bagdad bis Teheran.
- In Bangkok bewirtete ihn der Eigentümer eines sehr vornehmen Restaurants wie einen König. Robert hatte ihm nämlich eine Auskunft gegeben, die dieser dringend benötigte: Die detaillierte Beschreibung eines bestimmten Gebiets, dazu eine Reihe von Landkarten.
- Von Japan kam er als Besatzungsmitglied der ›Flying Spray‹ nach San Francisco.

In 80 Tagen um die Welt? Nein, Robert Christopher brauchte 84. Aber er erreichte sein Ziel: Er reiste für 80 Dollar um die Welt!
Seine Zielstrebigkeit und seine positive Geisteshaltung spornten ihn jedoch *automatisch* dazu an, weitere 13 der 17 Erfolgsprinzipien anzuwenden, um sein Ziel zu erreichen.

Der Ausgangspunkt jedes Erfolges

Erinnern wir uns: Der Ausgangspunkt jedes Erfolges ist Zielstrebigkeit, verbunden mit PGH. Fragen Sie sich also: »Was ist mein Ziel? Was will ich wirklich?«
Schätzungsweise 98 von 100 unzufriedenen Menschen machen sich kein klares Bild von *der* Welt, die sie gerne haben *möchten*. Denken Sie daran! Denken Sie an die Menschen, die sich ziellos und unbefriedigt treiben lassen und *gegen* vieles ankämpfen, ohne ein klar umrissenes *Ziel* im Leben zu haben. Können Sie jetzt — in diesem Augenblick! — angeben, was Sie sich am dringlichsten vom Leben erwarten? Ihre Ziele festzulegen, ist möglicherweise nicht leicht. Vielleicht müssen Sie sich zu diesem Zweck erst selbst genau prüfen — eine nicht immer angenehme Aufgabe. Die darauf verwendete Mühe wird sich jedoch auf jeden Fall auszahlen, denn mit der Kenntnis Ihres Ziels kommen Sie in den Genuß vieler Vorteile, die sich fast von selbst einstellen.

1. Der erste große Vorteil besteht darin, daß Ihr Unterbewußtsein nach dem allgemein gültigen Gesetz zu arbeiten beginnt: Was Ihr Geist *erfassen* und *glauben* kann, kann der Geist auch *verwirklichen!* Sobald Sie sich ein klares Bild von Ihrem angestrebten Ziel machen, wird Ihr Unterbewußtsein von der oben zitierten Selbstsuggestion beeinflußt und Ihnen helfen, Ihr Ziel zu erreichen.
2. Weil Sie wissen, was Sie wollen, fällt es Ihnen leichter, den richtigen Ausgangspunkt zu finden und den geeigneten Kurs einzuschlagen. Sie werden aktiv.
3. Nun macht Ihnen die Arbeit Freude. Sie fühlen den Ansporn, zu tun, was die Verwirklichung Ihres Ziels von Ihnen verlangt. Sie teilen Zeit und Geld sorgfältig ein. Sie überlegen, denken, planen. Je mehr Sie über Ihr Ziel nachdenken, desto mehr wächst auch Ihre Begeisterung. Und mit der Begeisterung verwandelt sich Ihr Streben in einen Wunsch, der Ihr dringendstes Anliegen wird!
4. Sie erfassen instinktiv die Möglichkeiten, die Ihnen das tägliche Leben bietet, um Ihren Zielen näherzukommen. Weil Sie wissen, was Sie wollen, nehmen Sie diese Möglichkeiten viel eher wahr.

Die Bedeutung dieser vier Vorteile wird Ihnen bei der Lektüre der Geschichte eines bekannten amerikanischen Zeitschriften-Verlegers noch deutlicher werden. Edward Bok kam als Junge mit seinen Eltern aus Holland nach Amerika. Er war durchdrungen von der Vorstellung, eines Tages eine Zeitschrift zu leiten. Mit diesem festen Ziel vor Augen war er imstande, sich einen Vorfall zunutze zu machen, der so alltäglich war, daß ihn die meisten von uns gar nicht bemerkt hätten.

Er sah, wie ein Mann ein Päckchen Zigaretten öffnete, ein Stückchen Papier herausnahm und es auf den Boden warf. Bok bückte sich danach und hob es auf. Es war das Bild einer berühmten Schauspielerin. Er las, daß dieses Bild zu einer Serie gehörte. Die Käufer dieser Zigarettenmarke wurden aufgefordert, die vollständige Bildserie zu sammeln. Bok drehte das Papier um — die Rückseite war vollkommen leer.

Bok, ganz besessen von seinem Lebensziel, sah hier eine Möglichkeit für sich. Er glaubte, daß das Bild einen wesentlich größeren Sammlerwert haben würde, wenn auf der jetzt noch leeren Rückseite eine kurze Lebensbeschreibung der abgebildeten Persönlichkeit stünde. Er ging zu der Druckerei, die die Bilder für die Zigarettenpäckchen herstellte, und setzte dem Leiter seine Idee auseinander. Dieser zögerte keinen Augenblick:

»Ich gebe Ihnen zehn Dollar pro Stück, wenn Sie mir in nicht mehr als jeweils 100 Wörtern die Biographien von 100 berühmten Amerikanern schreiben. Schicken Sie mir eine detaillierte Liste. Sie wissen schon: Präsidenten, berühmte Soldaten, Schauspieler, Schriftsteller, usw.«

Auf diese Weise bekam Edward Bok seinen ersten Auftrag als Schriftsteller. Die Kurzbiographien waren bald so gefragt, daß er Hilfe brauchte. Also bot er einem Freund fünf Dollar pro Stück an, wenn er ihm helfen wolle. Innerhalb kurzer Zeit beschäftigte Bok fünf Journalisten, die für die Druckerei Lebensbeschreibungen von berühmten Persönlichkeiten verfaßten. Und Bok war der Herausgeber!

Erfolg ist Ihnen angeboren!

Halten Sie sich stets vor Augen, daß keinem der Männer, von denen wir bislang sprachen, der Erfolg auf einem silbernen Tablett gereicht wurde. Zunächst behandelte das Leben Edward Bok und Richter Cooper nicht gerade freundlich. Und doch schaffte es ein jeder von ihnen gerade in der Laufbahn, die ihm die größte Befriedigung gab — sie *entwickelten* zu diesem Zweck die vielen Fähigkeiten, die sie in sich entdeckten.

Jedermann besitzt viele Fähigkeiten, um seine Probleme zu meistern

Wir stehen dem Leben nie hilflos gegenüber. Stellt uns das Leben vor ein Problem, so gibt es uns auch gleichzeitig die Fähigkeiten, mit deren Hilfe wir es meistern können. Unsere Fähigkeiten wachsen oder verkümmern, je nachdem, wie stark der Ansporn ist, uns ihrer zu bedienen. Und auch wenn Sie nicht bei bester Gesundheit sind, können Sie doch ein nützliches und glückliches Leben führen.

Vielleicht leiden Sie an einer Krankheit und befürchten deshalb, die Behinderung dadurch sei unüberwindlich? Ist dies der Fall, so schöpfen Sie neuen Mut aus der Lebensgeschichte von Milo C. Jones.

Als Milo C. Jones noch gesund gewesen war, hatte er sehr hart gearbeitet. Er war Farmer gewesen und hatte ein kleines Anwesen in der Nähe von Fort Atkinson, Wisconsin, bewirtschaftet. Aber es war ihm nicht gelungen, aus seiner Farm mehr herauszuwirtschaften, als was er und seine Familie unbedingt zum Leben gebraucht hatten. So verging Jahr um Jahr. Und plötzlich geschah es: Jones erkrankte an einer Lähmung, die allmählich den ganzen Körper erfaßte und ihn hilflos ans Bett fesselte; kaum, daß er sich bewegen konnte. Seine Familie war davon überzeugt, daß er den Rest seines Lebens als völlig arbeitsunfähiger, hoffnungsloser Invalide würde verbringen müssen. Das wäre auch der Fall gewesen, wenn nicht noch etwas anderes mit Jones geschehen wäre — und dies hatte er nur sich selbst zu verdanken. Es brachte ihm jene Zufriedenheit, die Leistung und finanziellen Erfolg begleitet.

Was aber war es, das diese Veränderung in Jones bewirkte? Es war sein Verstand. Sein Körper war gelähmt, aber sein Geist war so gesund wie zuvor: Er konnte denken und planen; und das tat er. Eines Tages, als er, wie schon so oft, seinen Überlegungen nachhing, erkannte er den wichtigsten heute lebenden Menschen mit dem magischen Talisman, der auf der einen Seite die Inschrift PGH und auf der anderen Seite die Inschrift NGH trägt. Er sah ganz klar, daß sein Körper nur die *Hülle seines Geistes* darstellte. Und dann traf er sofort seine Entscheidung!

PGH zieht Wohlstand an

Milo C. Jones begann, eine positive Geisteshaltung zu entwickeln. Er beschloß, hoffnungsvoll, optimistisch und, unter Berücksichtigung seiner augenblicklichen Lage, konstruktiv zu denken. Er wollte seiner Familie nützlich sein, anstatt ihr zur Last zu fallen. Wie konnte er aber seine körperliche Behinderung in einen Vorteil verwandeln? Er fand eine Lösung.

Zunächst vergegenwärtigte sich Jones alles, was ihm das Leben an Gutem und Schönem gebracht hatte, und er entdeckte, daß es sehr viel gab, wofür er dankbar sein konnte. Diese Dankbarkeit führte ihn dazu, nach weiteren Dingen zu suchen, an denen er in Zukunft seine Freude haben konnte; und weil er nach einer Möglichkeit suchte, ein *nützliches* Leben zu führen, erkannte er, was er brauchte. Die Erkenntnis allein aber genügte nicht — er mußte dementsprechend handeln, indem er seinen Verstand gebrauchte.

Er entwickelte seiner Familie folgenden Plan: »Ich kann nur noch mit dem Kopf arbeiten. Jeder von euch aber kann meine Hände, meine Füße und meine Körperkraft ersetzen. Wir wollen jedes bestellbare Stück Land unserer Farm mit Mais bebauen. Dann züchten wir Schweine und füttern die damit. Die Schweine schlachten wir, solange sie noch jung sind, und verarbeiten sie zu Würsten, die wir unter einem *Markennamen* verkaufen. Wir werden sie an Einzelhandelsgeschäfte im ganzen Land verkaufen.« Mit einem zufriedenen Lächeln fügte er hinzu: »Die werden weggehen wie warme Semmeln!«

Und sie verkauften sich tatsächlich wie warme Semmeln! In wenigen Jahren wurde der *Markenname* »Jones' kleine Schweinswürste« ein Begriff für jeden Haushalt.

Milo C. Jones erlebte es, daß er Millionär wurde. Dank seiner positiven Geisteshaltung erreichte er sogar noch mehr: Obwohl er körperbehindert war, wurde er ein glücklicher Mensch, weil er ein nützliches Leben führte.

Eine Formel, die Ihnen hilft, Ihre Welt zu verändern

Glücklicherweise steht nicht jeder in seinem Leben vor so großen Schwierigkeiten wie Jones. Dennoch hat jeder seine Probleme, und jeder reagiert auf anspornende Symbole. Außerordentlich wirksam sind all jene Gedanken, die in einem Schlagwort, einer Redensart, einer Fabel oder ähnlichem zum Ausdruck kommen. Wir bezeichnen sie als *Selbstansporn.*

Beweise, was du kannst!

Was ist nun aber eine Formel, die Ihnen helfen kann, Ihre Welt zu verändern? *Was der Geist erfassen und glauben kann, kann der Geist auch verwirklichen!* Lernen Sie diesen Satz auswendig, denken Sie gründlich über ihn nach, wiederholen Sie ihn ständig während des ganzen Tages! Das ist eine Art Selbstsuggestion: Ein Selbstansporn, der zum Erfolg führt! Sobald der Inhalt des Satzes Ihnen in Fleisch und Blut übergeht, *werden Sie den Mut haben, sich ein höheres Ziel zu stecken!*

William Danforth war ein kränkelnder Farmerssohn aus dem Südosten von Missouri. Eine Volksschullehrerin, die sich der Schüler besonders annahm, spornte ihn an, seine Welt zu verändern. Sie packte ihn bei seinem Ehrgeiz: »Beweise es, daß du der gesündeste Junge der ganzen Schule werden kannst!« *Beweise es!* Ein ganzes Leben lang war dies der Leitsatz, der William Danforth als Selbstansporn diente.

Er wurde der gesündeste Junge seiner Schule. Bis zu seinem Tod im Alter von 85 Jahren zeigte er Tausenden anderer Jugendlicher den Weg zur Gesundheit — und noch mehr: nach hohen Zielen zu streben, Kühnes zu wagen und bescheiden zu dienen. Während seines langen Berufslebens war er keinen einzigen Tag krank.

»Beweise, was du kannst!« spornte ihn an, eine der größten Gesellschaften Amerikas aufzubauen: die »Ralston Purina Company«. *»Beweise, was du kannst!«* spornte ihn an, konstruktiv zu denken und Negatives in Positives zu verwandeln. *»Beweise, was du kannst!«* spornte ihn an, die »Amerikanische Jugend-Stiftung« zu gründen, deren Ziel es ist, jungen Burschen und Mädchen christliche Ideale nahezubringen und sie auf die Verantwortung vorzubereiten, die sie im Leben zu tragen haben.

»Beweise, was du kannst!« spornte William Danforth an, ein Buch mit dem Titel »Beweise, was Du kannst!« zu schreiben, das heute Jungen und Mädchen, Männern und Frauen den Mut gibt, aus dieser Erde eine Welt zu machen, in der es sich besser leben läßt.

Welcher überzeugende Beweis für den Einfluß, den ein Selbstansporn auf die Entwicklung einer positiven Geisteshaltung ausüben kann!

Und Sie? Neigen Sie dazu, der Welt die Schuld an Ihrem Versagen zuzuschieben? Wenn ja, so denken Sie noch einmal nach! Liegt es an der Welt oder an Ihnen? Haben Sie den Mut, sich die 17 Erfolgsprinzipien anzueignen! Haben Sie den Mut, Sätze auswendig zu lernen, die Selbstansporn bedeuten! Haben Sie den Mut, sie anzuwenden in dem sicheren Bewußtsein, daß sie bei Ihnen ebenso wirksam sein werden, wie sie es Tag für Tag bei Hunderten anderer Menschen sind!

Vielleicht wissen Sie nicht, wie Sie es fangen sollen. Vielleicht müssen Sie lernen, logischer zu denken. Richten Sie sich nach den Anhaltspunkten, die Ihnen die nachstehenden Merksätze bieten. Dann wenden Sie sich dem dritten Kapitel zu. Es wird Ihnen helfen -- alle »Spinnweben« aus Ihrem Denken zu entfernen.

LEITGEDANKEN

1. Sie können Ihre Welt verändern! Benützen Sie die PGH-Seite Ihres unsichtbaren Talismans, um etwas Lohnendes im Leben zu erreichen!
2. Prägen Sie sich die 17 Erfolgsprinzipien unauslöschlich ein!
3. Neigen Sie dazu, der Welt die Schuld an Ihrem Versagen zu geben? Wenn ja, dann lernen Sie diesen Selbstansporn auswendig: *Wenn ein Mensch in Ordnung ist, wird auch seine Welt in Ordnung sein!*
4. Sie wurden zum Sieger geboren! Sie haben alle denkbaren Fähigkeiten und Kräfte ererbt, die Sie brauchen, um Ihre Ziele zu erreichen!
5. Identifizieren Sie sich mit einem erfolgreichen Leitbild, wie zum Beispiel Irving Ben Cooper es tat.
6. Was sagt das Bild eines vorbildlichen Menschen zu Ihnen? Hören Sie auf die Antwort!
7. Zielstrebigkeit, verbunden mit PGH, ist der Ausgangspunkt jedes bedeutenden Erfolges. Haben Sie sich schon ein Ziel gesetzt?
8. Wenn Sie Ihre klar umrissenen Ziele festlegen, werden mehrere zusätzliche Erfolgsprinzipien automatisch wirksam.
9. Jedermann besitzt viele Fähigkeiten, um seine speziellen Probleme zu lösen. Welche besonderen Fähigkeiten können Sie darüber hinaus entwickeln?
10. Hier ist eine Formel, die vielen geholfen hat, ihre Welt zu verändern! Lernen Sie vor allem *diese* Formel auswendig:

WAS IMMER DER MENSCHLICHE GEIST ERFASSEN UND GLAUBEN KANN, KANN DER MENSCHLICHE GEIST AUCH VERWIRKLICHEN!

KAPITEL 3

Entrümpeln Sie Ihren Kopf

Sie sind, was Sie denken. Aber was denken Sie wirklich? Sind Sie imstande, methodisch zu denken? Und sind Ihre Gedanken klar?

Es gibt »geistige Spinnweben«, die das Denken fast jedes Menschen, sogar der glänzendsten Geister, beeinträchtigen — zum Beispiel *negative* Empfindungen, Gefühle, Leidenschaften sowie mancherlei Gewohnheiten, Überzeugungen und Vorurteile. Unsere Gedanken verfangen sich in diesen Spinnweben.

Oft möchten wir uns von unerwünschten Gewohnheiten befreien. Manchmal wieder gibt es Zeiten, die uns in große Versuchung geraten lassen, Unrecht zu tun. Dann kämpfen wir, um davon loszukommen — wie ein Insekt, das in ein Spinnennetz geraten ist. *Unser bewußtes Wollen steht im Widerstreit mit unserer Phantasie und den Strebungen unseres Unterbewußtseins.* Je mehr wir aber kämpfen, desto tiefer verstricken wir uns.

Manche geben dann auf und müssen erleben, wie durch diesen geistigen Konflikt ihr Leben zur Hölle wird. Andere lernen, die Kräfte des Unterbewußtseins einzusetzen, und bleiben Sieger. Denn es gibt etwas, das jeder Mensch in seiner uneingeschränkten Gewalt hat: seine geistige Einstellung. Wir können geistige Spinnweben jeder Art vermeiden. Wir können sie entfernen, ja, wir können sie bereits ausräumen, wenn sie gerade erst anfangen, sich zu entwickeln. Sollten wir uns dennoch einmal darin verstrickt haben, so können wir selbst uns wieder befreien. Für *immer.*

Wir benötigen dazu nur logisches Denken, verbunden mit PGH. Logisches Denken ist eines der 17 Erfolgsprinzipien, die in *»Erfolg durch positives Denken«* dargelegt werden.

Um logisch denken zu können, müssen Sie Ihren Verstand gebrauchen. Die Wissenschaft des vernunftgemäßen Denkens, die *Logik,* läßt sich aus speziell zu diesem Thema geschriebenen Büchern erlernen, zum Beispiel aus »*The Art of Straight Thinking*« (Die Kunst, logisch zu denken) von Edwin Leavitt Clarke und »*Introduction to Logic*« (Einführung in die Logik) von Irving Copi.

Unser Handeln entspringt jedoch nicht allein der Vernunft

Zu den geistigen Spinnweben gehört auch der Gedanke, daß unser Handeln einzig der Vernunft entspringe — während in Wirklichkeit das geschieht, was wir tun *wollen.* Wir treffen Entscheidungen. In unserem Denken sehen wir uns gezwungen, Schlußfolgerungen zu ziehen. Diese aber sind von dem starken *inneren Drang* unseres Unterbewußtseins beeinflußt. Jedermann gehorcht dieser Tendenz, auch die großen Denker und Philosophen.

Im Jahre 31. v. Chr. wollte ein griechischer Philosoph, der in einer ägäischen Hafenstadt lebte, nach Karthago reisen. Er war Lehrer für Logik, also erwog er das Für und Wider dieser Reise. Für jeden Grund, der für die Reise sprach, fand er genügend Gegenargumente. Zum Beispiel, daß er seekrank würde. Daß ein kleines Schiff gefährlich war und ein Sturm sein Leben gefährden könnte. Piraten mit schnellen Segelschiffen lagen bei Tripolis auf der Lauer, um Handelsschiffe zu überfallen. Würde sein Schiff von ihnen gekapert werden, so wäre seine irdische Habe verloren und er selbst geriete in Sklaverei. Die Klugheit gebot, die Reise *nicht* zu unternehmen. Aber er reiste trotzdem. Warum? Weil er reisen *wollte.*

Die Geschichte zeigt, daß die Logik allein nicht entscheidet. Gefühl und Verstand sollten sich die Waage halten. Weder das eine, noch das andere darf die Oberhand gewinnen. Es ist also *manchmal* besser, das zu tun, was Sie tun wollen, auch wenn Ihr Verstand Sie davor *warnt.* Was aber diesen Philosophen betrifft — er hatte eine überaus angenehme Reise und kehrte wohlbehalten heim.

Sokrates, der große Philosoph, der von 470 bis 399 v. Chr. in Athen lebte, ging als einer der hervorragendsten Denker aller Zeiten in die Geschichte ein. Aber so weise Sokrates auch war, in seinem Verstand gab es ebenfalls geistige Spinnweben.

Als junger Mann verliebte sich Sokrates in die überaus schöne Xanthippe. Er war zwar kein gutaussehender Mann, aber er besaß die Gabe der Überredungskunst. Solche Menschen scheinen immer das zu bekommen, was sie wollen. Es gelang Sokrates, Xanthippe zur Heirat zu überreden.

Sehen Sie nur den Splitter in des anderen Auge?

Nach den Flitterwochen indessen bemerkte seine Frau seine Fehler, er die ihren. War er egoistisch und selbstsüchtig, so nörgelte sie immer an ihm herum. Sokrates soll gesagt haben: »Mein Lebensziel ist es, gut mit den Menschen auszukommen. Ich wählte Xanthippe zur Frau, weil ich wußte, daß ich mit jedermann auskommen würde, wenn es mir mit ihr gelang.«

Sokrates' Handlungen aber widerlegten seine Worte. Es ist fraglich, ob er je versuchte, mit allen Menschen gut auszukommen. Wer allen Leuten immer nur beweisen will, daß sie im Unrecht sind, wirkt eher abstoßend als anziehend.

Er behauptete jedoch, er ertrage Xanthippes Nörgeln, um seine eigene Selbstdisziplin zu prüfen. Um wirkliche Selbstdisziplin zu entwickeln, hätte er jedoch versuchen müssen, seine Frau zu verstehen und sie durch dieselben wohldurchdachten Aufmerksamkeiten und Liebesbeweise zu beeinflussen, mit deren Hilfe er sie zur Heirat überredet hatte. Er sah nicht den Balken im eigenen, sondern nur den Splitter im Auge seiner Frau.

Sicher war auch Xanthippe nicht schuldlos. Sokrates und sie waren, wie viele Eheleute in unserer Zeit sind. Nach ihrer Heirat versäumten sie es, einander weiterhin ihre wahren Gefühle, ihre Zuneigung, ihr Verständnis füreinander und ihre gegenseitige Liebe mitzuteilen. Sie versäumten es, weiterhin dasselbe angenehme Wesen und jene geistige Einstellung zu zeigen, die sie in der Zeit der ersten Liebe so glücklich gemacht hatten. Auch Nachlässigkeit gehört zu den geistigen Spinnweben.

Aber weder Sokrates noch Xanthippe konnten ja *»Erfolg durch positives Denken«* lesen. Sonst hätte Xanthippe es verstanden, ihren Mann anzuspornen und ihr häusliches Leben glücklicher zu gestalten. Auch hätte sie eher den Balken im eigenen als den Splitter in Sokrates' Auge gesehen. Sie hätte gelernt, sich zu beherrschen, hätte die Reaktionen ihres Mannes aufgefangen. Ja, sie hätte sogar den Trugschluß in seiner Logik beweisen können, wäre ihr das fünfte Kapitel mit dem Titel ». . . und noch etwas« bekannt gewesen.

Ein anderer junger Mann lernte, sich des Balkens im eigenen Auge bewußt zu werden. Aber ehe wir seine Geschichte erzählen, wollen wir noch untersuchen, wie sich die Gewohnheit des Nörgelns entwickelt. Denn wer die Ursache einer Schwierigkeit kennt, kann ihr oft von vornherein aus dem Wege gehen. Oder Sie können — falls Sie bereits damit zu kämpfen haben — Ihr eigenes Gegenmittel finden.

S. I. Hayakawa schrieb einmal:

»Um ihrem Mann seine Fehler (oder das, was sie dafür hält) abzugewöhnen, kann eine Frau an ihm herumnörgeln. Seine Fehler verschlimmern sich, also nörgelt sie ein wenig mehr. Dadurch werden natürlich seine Fehler noch schlimmer, und auch ihr Nörgeln wird immer ärger. Sie hat sich in eine bestimmte Reaktion auf das Problem — die Fehler ihres Mannes — verrannt und kann ihm nur noch in dieser Weise begegnen. Je länger sie so fortfährt, desto schlimmer wird es, bis schließlich beide nur noch Nervenbündel sind: Ihre Ehe ist zerrüttet und ihr Leben ist zerstört.«*

Wie aber stand es mit jenem jungen Mann? Am ersten Abend eines Kurses über »PGH — die Wissenschaft des Erfolgs« wurde er gefragt: »Warum besuchen Sie diesen Kurs?«
»Wegen meiner Frau!« antwortete er. Viele der Zuhörer lachten — nicht jedoch der Kursleiter. Er wußte, daß in vielen unglücklichen Familien der Ehemann oder die Ehefrau nur die Fehler des Partners sehen und nicht die eigenen.

Er stellte die Harmonie in seiner Ehe wieder her

Vier Wochen später fragte der Kursleiter den Teilnehmer: »Wie steht es denn jetzt mit Ihrem Problem?«
»Das ist bereits gelöst!«
»Wunderbar! Und wie haben Sie es gelöst?«
»Ich lernte: *Wenn ich mich einem Problem gegenübersehe, das aus einem Mißverständnis mit anderen entspringt, muß ich zunächst bei mir selbst beginnen.* Als ich meine eigene Geisteshaltung überprüfte, entdeckte ich meine negative Einstellung. Das Problem lag in Wirklichkeit gar nicht bei meiner Frau — es lag bei mir! Als ich dies erkannt hatte, waren mit einem Schlag alle Schwierigkeiten aus der Welt geschafft!«
Was wäre geschehen, wenn Sokrates sich gesagt hätte: »Sobald ich einem Problem gegenüberstehe, das einem Mißverständnis mit Xanthippe ent-

* Aus „Language in Thought and Action" von S. I. Hayakawa, Verlag Harcourt, Brace and Co., Inc.

springt, muß ich zunächst bei mir selbst beginnen!«? Und was geschähe, wenn auch Sie sich sagen würden: »Sobald mein Problem dem Mißverständnis mit einem Mitmenschen entspringt, muß ich zunächst bei mir beginnen!«? Müßte Ihr Leben nicht glücklicher sein?

Dem Glück stehen aber noch viele andere Spinnweben im Wege. Seltsam genug, daß gerade das Werkzeug des Denkens, das *gesprochene Wort,* oft das größte Hindernis schafft! Worte sind Symbole; dies hat zum Beispiel S. I. Hayakawa dargelegt. Ein aus nur einem einzigen Wort bestehendes Symbol kann für Sie die Summe ungezählter Ideen, Begriffe und Erfahrungen bedeuten. Selbst das Unterbewußtsein kann durch Symbole unmittelbar mit dem Wach-Bewußtsein in Verbindung treten.

Durch ein einziges Wort können Sie andere zum Handeln anspornen. Wenn Sie zu jemandem sagen: *»Sie können es!«*, dann ist das *Suggestion.* Wenn Sie zu sich selbst sagen: *»Ich kann es!«*, dann spornen Sie sich selbst durch *Autosuggestion* an. Mehr über diese universellen Wahrheiten lesen Sie im sechsten Kapitel. Lassen Sie uns zunächst feststellen, daß sich ein ganzer Wissenschaftszweig mit der inneren Bedeutung der Wörter und ihrer Verständigungsfunktion beschäftigt: die Semantik, die Lehre von der Wortbedeutung und -entwicklung.

Hayakawa ist ein Fachmann auf diesem Gebiet. Von ihm erfahren wir, daß ein wesentlicher Bestandteil des logischen Denkvorgangs darin besteht, herauszufinden, was ein Wort wirklich bedeuten soll. Wie wird das bewerkstelligt?

Drücken Sie sich einfach und klar aus! Beginnen Sie damit, daß Sie sich mit Ihren Gesprächspartnern über den eigentlichen Gegenstand Ihrer Unterhaltung einigen. So werden Sie viele unnötige Mißverständnisse vermeiden.

Ein Wort kann einen Streit hervorrufen

Der Onkel eines neunjährigen Jungen war zu Besuch gekommen. Eines Abends, als der Vater nach Hause kam, entspann sich folgendes Gespräch:

»Was hältst du von einem Jungen, der lügt?«

»Nicht sehr viel, aber eines weiß ich sicher: Mein Sohn sagt die Wahrheit.«

»Nun, heute hat er gelogen.«

»Junge, hast du deinen Onkel angelogen?«
»Nein, Vater.«
»Der Angelegenheit wollen wir auf den Grund gehen. Dein Onkel sagt, du hast gelogen. Du behauptest, du habest nicht gelogen. — Was ist nun wirklich geschehen?« Mit dieser Frage wandte er sich an den Onkel des Jungen.
»Nun, ich bat ihn, er möge seine Spielsachen in den Keller bringen. Das tat er nicht, aber er sagte, er habe meine Anordnung befolgt.«
»Junge, hast du deine Spielsachen in den Keller getragen?«
»Ja, Vater.«
»Wie willst du dann diesen Widerspruch erklären? Dein Onkel sagt, du hast deine Spielsachen nicht in den Keller getragen, und du bestehst darauf, es getan zu haben.«
»Vom Parterre aus führen mehrere Stufen hinunter in den Keller. Ungefähr bei der vierten Stufe ist ein Fenster. Ich habe meine Spielsachen auf das Fensterbrett gelegt. Keller ist doch, was zwischen dem Fußboden und der Decke liegt — meine Spielsachen sind also wirklich im Keller!«
Der Streit zwischen dem Onkel und seinem Neffen war aus der unterschiedlichen Auslegung eines einzigen Wortes — des »Kellers« — entstanden. Der Junge wußte zwar sicher, was sein Onkel meinte, war aber zu bequem gewesen, die ganze Treppe hinunterzugehen. Als er die Strafe auf sich zukommen sah, versuchte er, sich mit logischen Argumenten aus der Schlinge zu ziehen. Das mag zwar fesselnd sein, entbehrt aber des guten Willens und jeglicher Verständigungsbereitschaft.
Ein noch überzeugenderes Beispiel liefert uns die Geschichte eines jungen Mannes, der nicht wußte, welches das wichtigste Wortsymbol in jeder Sprache ist. Dieses wichtigste Wort heißt *Gott.*
Vor nicht allzu langer Zeit besuchte ein Student der Columbia-Universität den Geistlichen Dr. Harry Emerson Fosdick. Der Student war kaum hereingekommen, als er auch schon sagte: »Ich bin Atheist!« Und noch beim Hinsetzen wiederholte er trotzig: »Ich glaube nicht an Gott!«

Schaffen wir zuerst eine gemeinsame geistige Grundlage

Glücklicherweise war Dr. Fosdick auch ein Fachmann auf dem Gebiet der Semantik. Aus seiner Erfahrung wußte er, daß jede Verständigung mit einem anderen Menschen ausgeschlossen ist, wenn man nicht genau

weiß, welche Bedeutung die Worte des Partners haben. Er wußte, daß auch der andere die Bedeutung verstehen mußte, die er selbst seinen Worten gab. So zeigte Dr. Fosdick echtes freundliches Interesse und bat, er möge ihm doch bitte den Gott beschreiben, an den er nicht glaube.
Der junge Mann mußte nachdenken, diese Frage war ja nicht einfach mit ja oder nein zu beantworten. Dr. Fosdick wußte, daß die richtige Fragestellung den Jugendlichen von den Spinnweben seines negativen Denkens befreien konnte. Und nach einer Weile machte der Student tatsächlich den Versuch, ein möglichst genaues Bild dieses Gottes zu zeichnen, an den er nicht glaubte.
»Nun«, sagte Dr. Fosdick, als der Student geendet hatte, »wenn das der Gott ist, an den Sie nicht glauben, so muß ich gestehen, daß ich auch nicht an ihn glaube. Also sind wir beide Atheisten. Nichtsdestoweniger«, fuhr er fort, »haben wir aber das Weltall um uns. Wie stellen Sie sich zu dessen Entstehung und zu dessen Bedeutung?«
Als der junge Mann Dr. Fosdick verließ, hatte er entdeckt, daß er gar kein Atheist war, sondern ein sehr guter Christ. Er *glaubte* an Gott.
Dr. Fosdick hatte sich durch die leichtfertige Verwendung eines zuerst klärungsbedürftigen Wortes nicht aus dem Konzept bringen lassen. Seine Fragestellung trug dazu bei, das Denken seines Partners von allen Spinnweben zu befreien. Seine eindeutigen Argumente genügten, um Klarheit über den Gesprächsgegenstand zu schaffen. Die zweite Frage lenkte die Gedanken des jungen Mannes in die richtigen Bahnen und gab Dr. Fosdick gleichzeitig Gelegenheit, seine Ansicht über einen allgegenwärtigen Gott darzulegen.

Froschschenkel lehrten ihn, logisch zu denken

Geistige Spinnweben und falsche Begriffsbestimmungen stören das logische Denken. Sie lassen Sie zu falschen Schlußfolgerungen kommen. W. Clement Stone mußte das am eigenen Leib erfahren und erzählt darüber folgende Geschichte:
»Als Junge aß ich gern Froschschenkel. Eines Tages servierte man mir in einem Restaurant außerordentlich große Froschschenkel, die mir nicht schmeckten. Damals gewann ich die Überzeugung, daß mir große Froschschenkel nicht zusagen.
Einige Jahre später wollte ich in einem sehr guten Restaurant in Louisville, Kentucky, essen. Auf der Speisekarte fand ich auch Froschschen-

kel. Zwischen dem Kellner und mir entspann sich folgendes Gespräch:
»Sind das kleine Froschschenkel?«
»Ja, das sind kleine.«
»Sind Sie sicher? Ich mag nämlich keine großen.«
»Es sind bestimmt kleine.«
»Wenn die Froschschenkel klein sind, dann bringen Sie mir bitte welche.«
»Bitte sehr.«
Als der Kellner das Zwischengericht brachte, sah ich, daß es doch große Froschschenkel waren. Ärgerlich sagte ich: »Das sind aber keine kleinen Froschschenkel!«
»Das sind die kleinsten, die wir finden konnten«, lautete die Antwort.
Um weiteren Diskussionen aus dem Wege zu gehen, aß ich schließlich die Froschschenkel. Sie schmeckten mir so gut, daß ich am liebsten noch größere gehabt hätte. Dieser Vorfall war mir eine Lehre. Ich analysierte den Vorgang und bemerkte, daß meine Schlußfolgerungen hinsichtlich der Güte großer bzw. kleiner Froschschenkel auf falschen Voraussetzungen beruhten. Nicht die Größe war der Grund für den schlechten Geschmack. Die riesigen Froschschenkel, die ich damals zum erstenmal aß, waren nur nicht frisch gewesen. Meinen Widerwillen dagegen hatte ich jedoch mit ihrer Größe anstatt mit ihrer nicht mehr einwandfreien Qualität in Verbindung gebracht.«
Wir sehen, daß die Spinnweben falscher Voraussetzungen das logische Denken behindern. Die Denkschärfe vieler Menschen wird aber auch beeinträchtigt durch die häufige Verwendung so dehnbarer Begriffe wie »immer«, »nur«, »nie«, »nichts«, »jeder«, »jedermann«, »niemand«, »nicht können«, »unmöglich« und »entweder — oder«.

Not plus PGH kann Sie zum Erfolg anspornen

Es gibt ein Wort, das zusammen mit PGH einen Menschen zu echten Leistungen anspornen kann, das aber in Verbindung mit NGH zu einer billigen Entschuldigung für Lügen, Täuschung und Betrug wird. Dieses Wort heißt *Not.* Not macht erfinderisch — aber sie kann auch zum Verbrechen antreiben.
Unverletzliche sittliche Maßstäbe sind die Grundbedingung für jeden echten Erfolg und wesentlicher Bestandteil einer positiven Geisteshaltung.

Viele der Erfolgsgeschichten in diesem Buch erzählen von Menschen, die durch Not zum Handeln angespornt wurden. Sie können aber auch feststellen, daß diese Menschen ihre Erfolge unter strenger Wahrung unverletzlicher sittlicher Maßstäbe erzielten. Zu diesen Menschen gehört Lee Braxton.

Lee Braxton aus Whiteville, Nord-Carolina, war der Sohn eines Grobschmieds, der nur mühselig seinen Lebensunterhalt verdiente. Er war das zehnte von zwölf Kindern. »Man kann wohl sagen, daß ich schon früh die Armut kennenlernte«, meinte Lee Braxton. »Harte Arbeit machte es mir möglich, die Schule wenigstens bis zur sechsten Klasse zu besuchen. Ich war Schuhputzer, Austräger für ein Lebensmittelgeschäft, Zeitungsverkäufer, Arbeiter in einer Trikotagenfabrik, Autowäscher und Mechanikergehilfe.«

Als Lee Mechaniker geworden war, schien es ihm, als habe er damit das letzte seiner Ziele erreicht. Noch hatte er nicht die »Inspiration der Unzufriedenheit« entwickelt. Zusammen mit seiner jungen Frau fristete er ein kärgliches Dasein. Er war an Armut gewöhnt und schien unfähig zu sein, je die ihn am Aufstieg hindernden Fesseln abzustreifen. Sein geringer Lohn genügte kaum, um seine Familie zu ernähren. Die Braxtons hatten bereits große Schwierigkeiten, mit ihrem Geld auszukommen, als er, um das Maß vollzumachen, auch noch seine Stelle verlor. Sein Haus sollte ihm genommen werden, weil er nicht in der Lage war, die Hypothekenzinsen zu bezahlen. Die Lage schien hoffnungslos. Aber Lee war ein Mann von Charakter. Er war tief religiös und glaubte, *daß Gott immer ein guter Gott ist.* Also betete er um Gottes Rat und Führung. Und er erhielt — wie als Antwort auf sein Gebet — von einem Freund das Buch *»Denke nach und werde reich«.* Dieser Freund hatte während der Wirtschaftskrise Haus und Stellung verloren. Die Lektüre von *»Denke nach und werde reich«* hatte ihn jedoch angespornt, sich ein neues Vermögen zu erwerben.

Nun war Lee bereit. Wieder und wieder las er das Buch. Er suchte finanziellen Erfolg und sagte sich: »Ich muß irgend etwas tun. Irgend etwas muß ich selbst noch hinzufügen, das kann mir kein Buch abnehmen. Als erstes muß ich eine positive Geisteshaltung gegenüber meinen Fähigkeiten und Möglichkeiten entwickeln. Dann brauche ich auf jeden Fall ein festes Ziel, das ich höher stecken muß als je zuvor. Um einen Anfang zu finden, werde ich die erste Stelle annehmen, die ich bekommen kann.«

Wenige Jahre, nachdem er *»Denke nach und werde reich«* gelesen hatte, war Lee Braxton Präsident der First National Bank of Whiteville, die er inzwischen selbst aufgebaut hatte. Er wurde zum Bürgermeister seiner Stadt gewählt und war an vielen erfolgreichen Unternehmen beteiligt. Sie sehen also: Lee hatte sich ein hohes — ein sehr hohes — Ziel gesteckt. Als größtes Ziel hatte er sich vorgenommen, reich genug zu werden, um mit 50 Jahren in den Ruhestand treten zu können. Dieses Ziel erreichte er sogar sechs Jahre früher als vorhergesehen: mit 44 Jahren hatte er ein so großes Vermögen angesammelt, daß er von den Zinsen leben und sich von allen Geschäften zurückziehen konnte. Aber noch heute führt Lee Braxton ein nützliches Leben.

Wichtig ist hier, daß *die Not einen Mann mit PGH unter Wahrung allgemein anerkannter sittlicher Maßstäbe zum Handeln anspornt.* Ein ehrlicher Mann täuscht, betrügt und stiehlt nicht aus Not. *Ehrlichkeit und PGH sind untrennbar verbunden.*

Not, NGH und Verbrechen

Stellen Sie einen solchen Mann nun neben die vielen Tausende von Menschen mit NGH, die sich wegen Diebstahls, Unterschlagung oder anderen Straftaten in Haft befinden. »Es blieb mir kein anderer Ausweg!« ist die stereotype Antwort, wenn Sie diese Menschen fragen, warum sie überhaupt zu stehlen begannen. Auf diese Weise aber landeten sie im Gefängnis! Spinnweben in ihrem Denken hatten sie zu der Überzeugung gebracht, Not zwinge zu unehrenhaftem Handeln.

Als Napoleon Hill vor einigen Jahren in der Bücherei des Bundesgefängnisses von Atlanta einige Beratungsstunden abhielt, führte er auch mehrere vertrauliche Gespräche mit Al Capone. Unter anderem wollte der Autor wissen, was Al Capone zu seinem verbrecherischen Leben veranlaßt habe.

Al Capone sagte nur zwei Worte: »Die Not.«

Dann füllten sich seine Augen mit Tränen und er hatte Mühe, seine Bewegung zu unterdrücken. Er begann, von dem Guten zu erzählen, das er getan hatte, worüber die Zeitungen nie berichtet hatten.

Dieser unglückliche Mensch verschwendete sein Leben, zerstörte seinen Seelenfrieden, ruinierte seine Gesundheit, bis ihn eine tödliche Krankheit ergriff. Er verbreitete Furcht und Schrecken, wohin er auch ging. Und das alles, weil er nie gelernt hatte, dem »Zwang« der Umstände entgegenzutreten.

Capone war fest davon überzeugt, er könne mit guten Taten viele seiner Missetaten ausgleichen. Darin zeigte sich eine andere Art von Spinnweben, die ihn ebenfalls am logischen Denken hinderte. Sicher kann ein Mensch das Böse, das er getan hat, durch echte Reue und ein Leben voll guter Taten wieder gutmachen. Aber Al Capone war ein Mann anderen Schlages.

Und doch hat es einen Menschen gegeben, dem die große Wendung gelang. Wir kennen seine Geschichte. Er war schon ein sehr »schwieriges Kind« gewesen. Doch seine Mutter hatte nie die Hoffnung aufgegeben, daß er sich noch ändern würde, obwohl die vielen Gebete, in denen sie Gott um Hilfe für ihren Sohn gebeten hatte, unerhört zu bleiben schienen. Alle Streiche und Missetaten ihres Sohnes konnten sie nicht in ihrem Glauben beirren.

Er war ein Erziehungsproblem

Als Heranwachsender entwickelte er sich zu einem gebildeten, begabten, leidenschaftlichen jungen Menschen. Er setzte seinen Stolz darein, überall der Erste zu sein — auch im Bösen. Es heißt, daß er seinen Eltern und Lehrern nicht gehorchte, log und betrog, kleine Diebstähle verübte, falsch spielte und sich alkoholischen und sexuellen Exzessen hingab.

Weil ihn aber seine Mutter immer wieder ernstlich beschwor, sich zu bessern, *bemühte er sich, zu sich selbst zu finden,* bevor er moralisch auf die niedrigste Stufe gesunken war. Der Gedanke, daß weniger gebildete Männer vielen Versuchungen widerstanden, denen er sich hilflos ausgeliefert glaubte, erfüllte ihn mit Scham. Seine Bildung und das Bewußtsein, nach etwas zu suchen, ließen ihn zur Bibel und zu weiteren Erbauungsbüchern seiner Zeit greifen.

Trotzdem unterlag er noch in vielen Kämpfen gegen sich selbst. Eines Tages aber errang er den entscheidenden Sieg, der nur jenen zufällt, die niemals aufgeben. Wieder hatten ihn Reue und Selbstvorwürfe gepackt, als er plötzlich eine Stimme hörte, die zu ihm sprach: »Nimm und lies!« Er griff nach dem ersten besten Buch, öffnete es und las: »Lasset uns ehrbarlich wandeln, als sei immer heller Tag; nicht in Fressen und Saufen, nicht in Kammern und Unzucht, nicht in Hader und Neid; sondern ziehet an den Herrn Jesus Christus, und wartet des Leibes, doch also, daß er nicht geil werde.«

Wenn ein Mensch im Kampf gegen sich selbst unterliegt, dann trifft ihn

diese Niederlage oft so tief, daß er zur Umkehr bereit ist. So tief und aufrichtig kann seine Reue sein, daß sie ihn zu sofortigem Handeln veranlaßt und ihm dann die Ausdauer verleiht, die ihn schließlich den endgültigen Sieg über sich selbst erringen läßt.
Nun war der junge Mann bereit. Eine große Ruhe bemächtigte sich seiner, nachdem die unwiderrufliche Entscheidung gefallen war. Er *glaubte fest daran,* daß er mit Gottes Hilfe die Versuchungen und Sünden überwinden werde, gegen die er bisher vergeblich angekämpft hatte. Nun wandte er sich ganz den geistigen Dingen zu. Sein späteres Leben lieferte den Beweis für den Ernst seines Entschlusses, denn der junge Mann weihte sich Gott und dem Dienst an seinen Mitmenschen.
Sein Weg aus dem Dunkel ins Licht vermag uns auch in hoffnungslosen Fällen neue Zuversicht einzuflößen. Der Name dieses später heiliggesprochenen Mannes war Augustinus.
Es ist bekannt, daß die Kraft des Bibelwortes schon oft die negative Einstellung von Menschen, die im Leben Schiffbruch erlitten hatten, in eine positive verwandelte. Nun konnten sie sauber denken und handeln. Wie der heilige Augustinus fühlten sie tiefe Reue in sich, und viele wurden wie er angespornt, ihr Leben dem Dienst für Gott und die Menschheit zu weihen. Aus dieser Gruppe ging eine Reihe berühmter Prediger hervor.
Nun gibt es auch durchaus ernstzunehmende, tiefreligiöse Menschen, die ebenfalls ihre Bibel lesen, die uns aber warnen, wir sollten uns nicht in Gottes Ratschluß einmischen, wenn wir andere Erbauungsbücher empfehlen. Die Spinnweben in ihrem Denken hindern sie daran, sich das Gute überall dort zunutze zu machen, wo es ihnen begegnet.

Sie versuchen nicht, sich in Gottes Ratschluß einzumischen

Diese unbedingt ernstzunehmenden Menschen fürchten, es sei Frevel, die Kräfte des Geistes erforschen zu wollen, die Gott dem Menschen gegeben hat: ein Ziel zu wählen und zu verfolgen. Viele Erbauungsbücher aber zielen gerade darauf hin, den Leser anzuspornen, seinen Gedanken eine Richtung zu geben, seine Gefühle zu beherrschen und sein Schicksal zu bestimmen. Und oft wecken sie in ihren Lesern auch das Verständnis für die Wahrheiten der Bibel.
Das gilt auch für ein Sachbuch wie *»The Power of Positive Thinking«* (Die Kraft positiven Denkens). Norman Vincent Peale versucht darin,

dem Leser einen Ansporn zur Besserung zu geben. Zu diesem Zweck zitiert Dr. Peale direkt aus eben diesem Heiligen Buch, an das jene religiösen Menschen glauben. Einige der Zitate geben wir hier wieder und raten Ihnen, sie auswendig zu lernen:

Wie ein Mensch in seinem Herzen denkt, so ist er auch.

Wenn du könntest glauben! Alle Dinge sind möglich dem, der da glaubt.

Ich glaube, Herr; hilf meinem Unglauben!

Dir geschehe, wie du geglaubt hast!

Alles, was ihr bittet in eurem Gebet: so ihr glaubt, werdet ihr's empfangen!

Ist Gott für uns, wer mag wider uns sein?

Bittet, so wird euch gegeben; suchet, so werdet ihr finden; klopfet an, so wird euch aufgetan!

In diesem Kapitel haben Sie mehrere Arten geistiger Spinnweben kennengelernt, zum Beispiel:

1. Negative Gefühle, Empfindungen und Leidenschaften, Gewohnheiten, Überzeugungen und Vorurteile.
2. Nur den Splitter im Auge des anderen zu sehen.
3. Streitigkeiten und Mißverständnisse, die aus der unterschiedlichen Deutung eines Wortes entstehen.
4. Falsche Schlußfolgerungen als Folgen falscher Voraussetzungen.
5. Auf übertriebenen Verallgemeinerungen beruhende Schlußfolgerungen.
6. Den Gedanken, daß Not zu unehrenhaftem Verhalten zwinge.
7. Unsaubere Gedanken und Gewohnheiten.
8. Die Befürchtung, der bewußte Einsatz Ihrer Geisteskräfte bedeute einen Frevel gegenüber Gott.

Es sind also kleine und große Spinnweben, harmlosere und gefährliche. Wenn Sie nun noch selbst eine Liste solcher Spinnweben aufstellen, werden Sie erkennen, daß sie alle durch NGH entstehen.

Sobald Sie sich das bisher Gelesene eine Weile durch den Kopf gehen lassen, wird Ihnen klar werden, daß *Trägheit* die schlimmste der durch

NGH entstandenen Spinnweben ist. Sie lähmt Ihre Tatkraft, und wenn Sie sich in einer falschen Richtung bewegen, erstickt sie jeden Willen zur Umkehr. Sie machen einfach weiter.

Unwissenheit ist die Folge der Trägheit

Was jemand, der nicht über die nötigen fachlichen oder seelischen Voraussetzungen verfügt, für durchaus logisch hält, kann einem anderen völlig unlogisch erscheinen, nur weil er die nötigen Kenntnisse besitzt. Wer falsche Entscheidungen trifft, weil er neuen Tatsachen nicht aufgeschlossen gegenübertritt oder weil er die Wahrheit nicht erkennen will — der ist *unwissend.* Unwissenheit aber ist der Nährboden für NGH. Merzen Sie also die Unwissenheit aus!

Dabei ist es durchaus möglich, daß auch ein Mensch mit PGH weder die Tatsachen kennt noch über das »Gewußt-Wie« verfügt. Aber er ist bereit, anzuerkennen, daß wahr bleibt, was wahr ist, auch wenn sein Wissen oder sein Verständnis nicht ausreicht. Er wird sich jedoch bemühen, allem Neuen aufgeschlossen gegenüberzutreten und stets hinzuzulernen. Denn auch er muß seine Schlußfolgerungen auf ihm bekannte Tatsachen aufbauen. Er wird aber bereit sein, seine Ergebnisse zu ändern, wenn dies im Licht neuer Erkenntnisse ratsam erscheint.

Haben Sie nun den Mut, Ihren Kopf zu entrümpeln? Dann lassen Sie sich von den folgenden Grundsätzen leiten und lesen Sie das vierte Kapitel! Sie werden dabei eine große Entdeckung machen, die Ihnen allein vorbehalten ist.

LEITGEDANKEN

1. Sie sind, was Sie denken. Ihre Gedanken werden zeigen, ob Sie positiv oder negativ eingestellt sind. Prüfen Sie sich selbst: Sind Sie ein guter Mensch?

   Wenn Sie mit »Ja« antworten, dann haben Sie gute Gedanken. Sind Sie gesund? Dann sind auch Ihre Gedanken gesund. Sind Sie wohlhabend? Dann denken Sie an Reichtümer. Sind Sie ein schlechter Mensch? Dann sind Ihre Gedanken böse. Sind Sie körperlich-seelisch krank? Ihre Gedanken machen Sie krank. Sind Sie arm? Dann kreisen Ihre Gedanken um die Armut.

2. Bei negativen Einstellungen und Leidenschaften, Gewohnheiten und Vorurteilen drehen Sie die Seite Ihres Talismans mit der Inschrift PGH nach oben, und Sie werden diese geistigen Spinnweben los.
3. Sorgen Sie dafür, daß sich Verstand und Gefühl die Waage halten, wenn Sie eine Entscheidung treffen.
4. Wenn Sie sich einem Problem gegenübersehen, das aus einem Mißverständnis mit anderen entspringt, müssen Sie zunächst bei sich selbst beginnen.
5. Ein einziges Wort kann einen Streit auslösen, ein Mißverständnis aufkommen lassen, Unglück hervorrufen und zu einem schlimmen Ende führen. Ein Wort, mit PGH anstatt mit NGH ausgesprochen, hat die gegenteilige Wirkung. Ein und dasselbe Wort kann Frieden oder Krieg, Ja oder Nein, Liebe oder Haß, Ehrlichkeit oder Unehrlichkeit bedeuten.
6. Schaffen wir zunächst eine gemeinsame geistige Grundlage. Als Dr. Fosdick dies gelang, kam der junge Mann von selbst zu dem Schluß, daß er kein Atheist war, sondern an Gott glaubte.
7. Froschschenkel lehrten ihn, logisch zu denken. Wenn Sie mit logischen Schlußfolgerungen argumentieren, dann sehen Sie zu, daß Sie von exakten Voraussetzungen ausgehen.
8. Es gibt viele dehnbare oder einschränkende Begriffe wie zum Beispiel: immer, nur, nie, nichts, jeder, jedermann, niemand, nicht können, unmöglich, entweder — oder. Welche dieser Ausdrücke werden Sie als Grundlage einer Beweisführung ablehnen, solange Sie nicht sicher sind, daß sie zutreffen?
9. Wie kann *Not* Sie zu erfolgreichem Handeln anspornen? Warum ist die Not für andere Menschen der Grund für Lügen, Betrug und Verbrechen?
10. Ein Erziehungsproblem? Vielleicht kennen Sie ein schwer erziehbares Kind. Sie sollten die Hoffnung nicht aufgeben. Wenn auch aus diesem Kind wahrscheinlich kein Heiliger wird, eines Tages macht es vielleicht aus seiner und Ihrer Welt eine neue, in der es sich besser leben läßt.
11. Geben Sie Ihren Gedanken eine *Richtung! Beherrschen* Sie Ihre Gefühle! *Bestimmen* Sie Ihr Schicksal! Lernen Sie die Bibelzitate auf Seite 57 auswendig und wiederholen Sie sie häufig. Lassen Sie sich von ihnen anspornen!
12. Lernen Sie, Tatsachen von Vermutungen zu trennen. Lernen Sie dann, Wichtiges von Unwichtigem zu unterscheiden.

GEBEN SIE IHREN GEDANKEN EINE RICHTUNG, BEHERRSCHEN SIE IHRE GEFÜHLE — UND SIE WERDEN IHR SCHICKSAL SELBST BESTIMMEN!

KAPITEL 4

Werden Sie den Mut haben, die Kräfte Ihres Geistes zu erforschen?

»Ihr Körper ist nur die Hülle Ihres Geistes!« Ihr Geist kann Ihnen mystische Kräfte verleihen — bekannte und bislang unbekannte. Haben Sie den Mut, die Kräfte Ihres Geistes zu erforschen! Warum aber sollte man sie erforschen?

Die Entdeckungen, die vor Ihnen liegen, werden Ihnen vieles bringen: 1.) körperliche, geistige und moralische Gesundheit, Glück und Wohlstand; 2.) Erfolg in dem Tätigkeitsbereich, den Sie sich erwählt haben; 3.) ein Mittel, um auf bekannte und unbekannte Kräfte einzuwirken, sie auszuwerten, zu beherrschen und sich mit ihnen in Einklang zu bringen.

Haben Sie auch den Mut, alle metaphysischen Kräfte zu erforschen, die außerhalb des Bereichs der bekannten physischen Vorgänge liegen — Kräfte, die Ihnen zur Verfügung stehen, sobald Sie sich mit ihrer Anwendung vertraut gemacht haben. Das ist nicht schwieriger, als zum erstenmal einen Fernsehapparat einzuschalten.

In diesem Kapitel werden Sie aber auch lernen, sich von dem besten elektrischen Apparat, der je erfunden wurde, alle Wünsche erfüllen zu lassen. Dieser Apparat wurde von Gottes Hand geschaffen — und er gehört Ihnen. Woraus er besteht? Unter anderem aus über 80 Milliarden elektrisch aufgeladener Zellen. Noch seine kleinsten Bestandteile sind selbständige elektrische Mechanismen. Einer dieser Bestandteile ist trotz seines geringen Gewichts von etwa 1550 Gramm ein elektrisches Wunderwerk. Sein Mechanismus besteht aus über 10 Milliarden Zellen, die elektrische Energie erzeugen, empfangen, aufzeichnen und übermitteln.

Sie werden sich fragen, welcher wundervolle Apparat das ist, der Ihnen also gehören soll: Es ist *Ihr Körper.* Sie sind und bleiben *derselbe*

Mensch, auch wenn Sie einen Arm, ein Auge oder andere Körperteile verlieren. Das elektrische Wunderwerk aber ist *Ihr Gehirn,* dessen Mechanismus Ihren Körper kontrolliert und *Ihr Denken steuert!*
Ihr Geist umfaßt Bewußtsein und Unterbewußtsein, die synchron zusammenarbeiten. Die Wissenschaftler haben viel über das Bewußtsein in Erfahrung gebracht. Aber erst vor weniger als 100 Jahren begann man, die unbekannte Tiefenschicht des Unterbewußtseins zu erforschen; obwohl sich die Menschheit seit Anbeginn der mystischen Kräfte des Unterbewußtseins bediente, wie es noch heute die australischen Eingeborenen und andere Naturvölker tun.

Ich werde jeden Tag in jeder Beziehung reicher und reicher!

Begleiten wir Bill McCall aus Sydney auf seinem Weg zu Erfolg und Leistung.
Als Neunzehnjähriger eröffnete Bill ein eigenes Geschäft mit Fellen und Häuten. Er scheiterte. Als Einundzwanzigjähriger ließ er sich als Kandidat für den Bundeskongreß aufstellen. Wieder scheiterte er. Anstatt ihm aber den Mut zu nehmen, schienen diese und andere Niederlagen in dem jungen Australier die Inspiration der Unzufriedenheit wachzurufen.
Er begann nach sicheren Erfolgsrezepten zu suchen. Bill McCall wollte nämlich reich werden und glaubte, er könne in Erbauungsbüchern Anhaltspunkte dafür finden, wie man zu Wohlstand gelangt. In einer Bücherei fand er *»Denke nach und werde reich«.* Er lieh sich das Buch aus und begann zu lesen. Er las es einmal, zweimal, dreimal — und doch begriff er einfach nicht, wie er die Grundsätze anwenden sollte, denen einige der reichsten Männer der Welt ihren Wohlstand verdankten. Vor kurzem erzählte er uns:
»Ich ging eine der Geschäftsstraßen Sydneys entlang. Da geschah es! Ich stand vor dem Schaufenster einer Metzgerei und blickte plötzlich auf — und in diesem Augenblick kam mir blitzartig die Erleuchtung.« Er lächelte, als er weitersprach: »›Ich hab's! Ich hab's!‹, rief ich aus und wunderte mich zugleich über meinen plötzlichen Gefühlsausbruch — wie übrigens auch eine Dame, die gerade vorbeiging und mich höchst erstaunt ansah. Ich hatte etwas Neues entdeckt und eilte nach Hause. Damals las ich gerade das vierte Kapitel, das sich mit Autosuggestion befaßt. Der Untertitel lautete: *Das Mittel zur Beeinflussung des Unter-*

bewußtseins. Und plötzlich erinnerte ich mich an ein Jugenderlebnis mit meinem Vater, der, als ich noch ein Junge war, aus dem berühmten kleinen Buch Emile Coués über bewußte Autosuggestion vorgelesen hatte.«

Zu Napoleon Hill gewandt, erzählte Bill McCall weiter: »Sie sprachen in Ihrem Buch davon, daß Emile Coué durch bewußte Autosuggestion vielen gesunden Menschen geholfen habe, Krankheiten zu vermeiden, und zahllosen Kranken, ihre Gesundheit wiederzuerlangen. Sie meinten, daß es auch möglich sein müsse, Autosuggestion zur Erlangung von Reichtum oder zur Erfüllung jedes anderen Wunsches einzusetzen. ›Werde reich durch Autosuggestion‹ war auch meine plötzliche wichtige Entdeckung. Dieser Gedanke war mir völlig neu.« Dann zählte McCall die Prinzipien auf, nach denen er sich richtete. Fast schien es, als habe er die entsprechenden Sätze aus dem Buch auswendig gelernt.

Sie wissen ja: Mit Hilfe bewußter Autosuggestion kann man seinem Unterbewußtsein schöpferische Gedanken eingeben. Wenn Sie zweimal täglich mit Gefühl und konzentrierter Aufmerksamkeit laut den Satz lesen, in dem Sie Ihren Wunsch nach Reichtum schriftlich niedergelegt haben, und sich bereits im Besitz des Geldes sehen und fühlen, so prägt sich dieser Zustand Ihrem Unterbewußtsein ein. Durch ständige Wiederholung des gleichen Vorgangs entwickeln Sie bewußt Denkgewohnheiten, die Sie der Erfüllung Ihrer Wünsche näherbringen.

Lassen Sie es mich nochmals mit anderen Worten wiederholen: Wenn Sie Ihren Wunsch, der Ihnen helfen soll, den Sinn für das Geld zu entwickeln, laut lesen, dann müssen Sie in jedes Wort Gefühl und Nachdruck legen. Ihre Fähigkeit, die Grundsätze der Autosuggestion anzuwenden, wird davon abhängen, ob Sie sich so lange auf einen Wunsch konzentrieren, bis er zu einem dringenden Anliegen geworden ist.

Bill McCall erzählte weiter: »Zu Hause setzte ich mich sofort an den Tisch und schrieb: Es ist mein festes Ziel, bis 1960 Millionär zu sein.« Den Blick noch immer auf Napoleon Hill gerichtet, fuhr er fort: »Sie sagten, man solle die gewünschte Geldsumme und den Termin, bis zu dem man sie besitzen will, genau festlegen — das habe ich auch getan.«

Bei dieser Unterhaltung saß uns nicht mehr der junge Bill McCall gegenüber, der als Neunzehnjähriger versagt hatte. Heute kennt man ihn als den Abgeordneten William V. McCall, den jüngsten Mann, der je in das australische Parlament gewählt wurde, als Vorsitzenden des Aufsichtsrates der Coca-Cola-Tochtergesellschaft in Sydney und als Direktor von 22 im Besitz seiner Familie befindlichen Firmen. Außerdem ist er Millionär und ebenso reich wie einige der Männer, von denen er in jenem Buch las, das ihn die Kräfte seines Unterbewußtseins mit Hilfe der Selbstsuggestion zu erforschen und zu nutzen anregte. Millionär wurde er indessen schon vier Jahre früher als »geplant«!

Es geht mir jeden Tag in jeder Beziehung besser und besser!

Sie werden festgestellt haben, daß wir das Wort »Selbstsuggestion« im gleichen Sinn benutzen wie den von Emile Coué verwendeten Ausdruck »bewußte Autosuggestion«.

Emile Coué entdeckte die bewußte Autosuggestion, weil er den Mut hatte, die Kräfte seines eigenen Geistes und des Geistes anderer Menschen zu erforschen. Zunächst bediente er sich der Hypnose, um die körperlichen Leiden seiner Patienten zu heilen. Nach seiner großen Entdeckung, die in Wirklichkeit auf einem einfachen Naturgesetz beruht, verzichtete er auf Hypnose. Wie aber kam er zur Entdeckung dieses Naturgesetzes?

Emile Coué hatte die Antworten auf einige Fragen gefunden, die er sich selbst gestellt hatte:

Frage Nr. 1: Ist es die Suggestion des Arztes oder diejenige des Kranken selbst, die die Heilung vollbringt?

Antwort: Coué konnte schlüssig beweisen, daß es der Patient selbst war, von dem die Suggestion ausging, auf die sein Geist und Körper reagierten. Ohne *unbewußte oder bewußte Autosuggestion (= Selbstsuggestion)* können Suggestionen von außen nicht wirksam werden.

Frage Nr. 2: Wenn die Suggestion des Arztes die eigene innere Suggestion des Patienten wachruft, warum sollte sich der Patient dann nicht selbst mit gesunden, positiven Suggestionen beeinflussen können? Und warum sollte er schädliche, negative Suggestionen nicht vermeiden können?

Antwort: Jeder — auch ein Kind — kann lernen, eine positive Geihaltung zu entwickeln. Man muß sich nur immer wieder positive Feststellungen vorsagen — wie zum Beispiel: *»Es geht mir durch Gottes Gnade jeden Tag in jeder Beziehung besser und besser.«*

In diesem Buch *»Erfolg durch positives Denken«* werden Sie immer neue Selbstansporne finden, die zur Selbstsuggestion geeignet sind. Und Sie werden auch die Methode ihrer Anwendung erlernen, noch ehe Sie dieses Buch ganz gelesen haben.

Wenn der Tod vor der Tür steht

In den Vereinigten Staaten kommen jährlich über 300000 uneheliche Kinder zur Welt, und mehr als eineinhalb Millionen Jugendliche werden wegen Autodiebstählen und anderen Vergehen in Strafanstalten geschickt. In vielen Fällen könnte man solche Tragödien vermeiden, wenn a) die Eltern bereit wären, die richtige Anwendung der Suggestion zu lernen, und wenn b) ihren Kindern beigebracht würde, wie das Seelenleben durch Selbstsuggestion wirksam zu beeinflussen ist. Richtig angewandte Suggestion könnte diese jungen Menschen anspornen, unverletzliche sittliche Maßstäbe zu entwickeln. Außerdem wüßten sie dann, wie sie die schädlichen Suggestionen ihrer Kameraden neutralisieren oder zurückweisen können.
Natürlich reagiert jeder öfter auf *unbewußte* als auf *bewußte* Autosuggestion, nämlich auf Gewohnheiten und den inneren Drang des Unterbewußtseins. Wenn ein Mensch von positiver Geisteshaltung vor einem ernsthaften Problem steht, entsendet das Unterbewußtsein blitzartig Selbstansporne in sein Bewußtsein, die ihm in der schwierigen Lage helfen sollen. Das gilt besonders für Zeiten großer Not — wenn zum Beispiel der Tod seine Hand ausstreckt. Ralph Weppner aus Toowoomba, Queensland (Australien), ein ehemaliger Teilnehmer unseres Kurses »PGH, die Wissenschaft des Erfolgs«, erzählte davon:
Es war halb zwei Uhr früh. In einem Krankenhaus wachten zwei Schwestern an Ralph Weppners Bett. Um halb fünf Uhr des vorausgegangenen Nachmittags war seine Familie telefonisch zu dem Kranken gebeten worden. Bei ihrer Ankunft lag Ralph infolge eines schweren Herzanfalls bereits in tiefer Bewußtlosigkeit. Nun warteten die Angehörigen draußen auf dem Korridor. Im schwach erleuchteten Krankenzimmer bemühten sich voller Besorgnis zwei Krankenschwestern, Ralphs Puls zu fühlen — die eine an seinem rechten Handgelenk, die andere am linken. Ralph war während der vergangenen sechs Stunden nicht ein einziges Mal aus dem Koma erwacht. Der Arzt hatte alles in seiner Macht Stehende getan und dann das Zimmer verlassen, um andere Pa-

tienten aufzusuchen, deren Zustand ebenfalls kritisch war. Ralph konnte sich weder bewegen, noch konnte er sprechen oder etwas fühlen. Aber er hörte die Stimmen der Schwestern, und auch seine Gedanken waren von Zeit zu Zeit völlig klar. Plötzlich hörte er eine der Schwestern aufgeregt sagen:

»Er atmet nicht! Können Sie einen Pulsschlag feststellen?«

»Nein«, war die Antwort. Bald hörte er sie wieder fragen und antworten: »Können Sie jetzt den Pulsschlag fühlen?« »Nein.«

Er dagegen dachte: »Ich bin ganz in Ordnung, aber ich muß es ihnen sagen. Irgendwie muß ich es ihnen sagen.« Gleichzeitig belustigte ihn die Vorstellung, daß sich die Schwestern so täuschen ließen. Und sein Gedanke ließ ihn nicht los: »Ich bin ganz in Ordnung. Ich werde nicht sterben. Aber wie, um Himmels willen, kann ich es ihnen begreiflich machen?«

In diesem Augenblick erinnerte er sich an einen Selbstansporn, den er einmal gelernt hatte: *Sie können es, wenn Sie nur glauben, daß Sie es können!*

Er wollte seine Augen öffnen. Aber je angestrengter er es versuchte, desto unmöglicher schien es. Die Augenlider wollten nicht dem Befehl seines Willens gehorchen. Er versuchte, einen Arm, ein Bein, seinen Kopf zu bewegen — ohne jeden Erfolg. Er fühlte überhaupt nichts. Immer wieder machte er den Versuch, seine Augen zu öffnen, bis er endlich eine der Schwestern sagen hörte: »Ein Augenlid hat sich bewegt — er lebt noch!«

»Ich hatte keine Angst«, sagt Ralph, »und ich fand das Ganze immer noch recht belustigend. Von Zeit zu Zeit rief eine der Schwestern: ›Hören Sie mich, Herr Weppner? Hören Sie mich?‹, und ich versuchte, durch ein Heben meiner Augenlider zu antworten und ihnen zu zeigen, daß ich in Ordnung war — daß ich noch lebte.«

Das ging geraume Zeit so weiter, bis es Ralph schließlich dank seiner hartnäckigen Anstrengungen gelang, erst eines und dann beide Augen zu öffnen. In diesem Augenblick kam der Arzt zurück. Das bewundernswerte Können und die große Ausdauer von Arzt und Schwestern gaben ihm seine Gesundheit wieder.

Heimliche Überredungsmittel

Es war der autosuggestive Satz »Sie können es, wenn Sie nur glauben, daß Sie es können« aus dem Kurs »PGH — die Wissenschaft des Erfolgs«, der zu Ralph Weppners Rettung beitrug, als schon der Tod vor der Tür stand.

Unsere Lektüre und unsere Gedanken beeinflussen unser Unterbewußtsein. Es gibt aber auch unsichtbare Kräfte, die ebenso starke Wirkungen haben, obwohl sie nur das Unterbewußtsein berühren. Diese unsichtbaren Kräfte gehen entweder auf bekannte physikalische Ursachen oder auf unbekannte Ursachen zurück. Bevor wir uns dem Unbekannten zuwenden, wollen wir uns mit einem Versuch beschäftigen, der durch die Veröffentlichung von *»Hidden Persuaders«* (Die geheimen Verführer) von Vance Packard inzwischen allgemein bekannt wurde. Betrachten wir also den folgenden Bericht über unterschwellige Reklame, der in einer großen amerikanischen Zeitschrift erschien. Er schildert ein Experiment, das in einem Filmtheater von New Jersey durchgeführt wurde.

Mehr als 40 000 Besucher des Kinos wirkten als Versuchspersonen bei diesem Test mit. Durch ein besonderes Verfahren für das bloße Auge unsichtbar gemacht, blendete man zwei Werbetexte über Erzeugnisse ein, die im Foyer des Kinos verkauft wurden. Nach sechs Wochen wurden die Ergebnisse ausgewertet: Der Absatz war bei einem Produkt um fast 20 Prozent, beim anderen sogar um 50 Prozent gestiegen.

Der Erfinder dieses Verfahrens erklärte, daß die Werbetexte — obwohl unsichtbar — ihre Wirkung auf viele Zuschauer doch nicht verfehlt hätten, weil unser Unterbewußtsein die Fähigkeit besitzt, auch Eindrücke aufzufangen und zu verarbeiten, die zu flüchtig sind, als daß wir sie bewußt wahrnehmen könnten.

Als die Geschichte in der Presse veröffentlicht wurde, war die Öffentlichkeit entsetzt über »diesen Versuch, durch unterschwellige Reklame unsere Denkgewohnheiten, Kaufentscheidungen und Denkvorgänge in bestimmte Bahnen zu lenken«. Die Menschen bekamen es mit der Angst zu tun. Es erscheint uns jedoch sehr verwunderlich, daß niemand dieses Problem von einer positiven Warte aus betrachtete. Unterschwellige Suggestion kann auch zur Erreichung wünschenswerter Ziele eingesetzt werden. Es ist allgemein bekannt, daß eine Kraft, je nach ihrer Zielsetzung, zum Guten wie zum Bösen verwendet werden kann.

Nachdem nun die Wirksamkeit dieser Methode experimentell erwiesen ist, braucht man nicht viel Phantasie, um sich den Nutzen für die Zuschauer vorzustellen, wenn folgende Selbstansporne in einen Film eingeblendet würden:

Gott ist immer ein guter Gott!
Es geht Ihnen durch Gottes Gnade jeden Tag und in jeder Beziehung besser und besser!
Haben Sie den Mut, der Wahrheit ins Gesicht zu sehen!
Was der Geist erfassen und glauben kann, kann der Geist auch verwirklichen!
Jede Widrigkeit des Schicksals trägt den Keim eines noch größeren Vorteils in sich!
Sie können es, wenn Sie nur glauben, daß Sie es können!

Ein anderes Beispiel dafür, daß eine bekannte physikalische Kraft das Unterbewußtsein beeinflussen kann, ist die Wirkung von Radar auf Navigationsoffiziere.

Warum sanken die »Andrea Doria« und die »Valchem«?

Am 26. Juli 1956 kollidierten die »Andrea Doria«, die unter dem Kommando von Pierre Clamai stand, und die »Stockholm« unter Kapitän H. G. Nordenson rund 50 Meilen vor Nantucket Island. Dabei kamen 50 Personen ums Leben.
Der Radar-Offizier der »Stockholm« sichtete die »Andrea Doria« bereits auf dem Radarschirm, als die beiden Schiffe noch zehn Meilen voneinander entfernt waren.
Am 26. März 1959 kollidierte der Luxusdampfer »Santa Rosa« von der Grace-Line-Gesellschaft, der unter dem Kommando von Kapitän Frank S. Siwik stand, mit dem Tanker »Valchem«. Vier Besatzungsmitglieder wurden getötet. Walter Wells, der Zweite Offizier und Leiter der Radarstation der »Santa Rosa«, behauptete, er habe zwei Peilungen des Kurses der »Valchem« vorgenommen.
In keinem der beiden Fälle ergaben Nachforschungen befriedigende Erklärungen für die wahren Ursachen der Kollisionen. Konnten die Wellen der Radarinstrumente der wirkliche Grund gewesen sein? Vielleicht kann Sidney A. Schneider darauf eine Antwort geben.
Als Junge begann Sidney A. Schneider aus Skokie, Illinois, sich für Hypnose zu interessieren. Er hatte beobachtet, wie sein älterer Bruder, ein Universitätsstudent, zum erstenmal eine Versuchsperson hypnotisierte. Sidney wurde ein ausgezeichneter Hypnotiseur. Hauptberuflich war er jedoch Funker und später Elektro-Ingenieur.

Während des zweiten Weltkriegs spielte Sidney Schneider eine außerordentlich wichtige Rolle in dem System, das unter der Bezeichnung »I. F. F.« (Information, Friend or Foe) bekannt geworden ist. Seine Aufgabe war es, dafür zu sorgen, daß jedes Schiff vor seinem Auslaufen aus einem amerikanischen Hafen mit Radaranlagen ausgerüstet wurde. Dabei bemerkte er, daß Radar-Offiziere manchmal in Trance verfielen, *ohne daß sie sich dessen hinterher bewußt waren.*

Aufgrund seiner Kenntnisse auf dem Gebiet der Hypnose wie auf jenem der Elektronik kam Schneider zu dem Schluß, daß diese Haltung gespanntester Aufmerksamkeit bei den Seeleuten immer dann eintrat, wenn die Wellen des Radargerätes mit den Gehirnwellen des Funkers synchronisiert wurden. Dieser Theorie folgend, veränderte er die Wellenlänge der Radaranlagen und schaltete damit die Möglichkeit einer Wiederholung solcher Trancezustände aus.

Sidney Schneider erzählte uns kürzlich, daß er aufgrund seiner Schlußfolgerungen hinsichtlich des Prinzips, nachdem Seeleute, die mit Radarinstrumenten zu tun hatten, in Trance versetzt werden konnten, einen Gehirnwellen-Synchronisator gebaut habe. Diese Erfindung habe er nach dem Kriege gemacht.

Es handelt sich dabei um einen elektronischen Apparat, der durch unterschwellige und fotoelektrische (durch Lichtstrahlen bewirkte) Reizung der Gehirnwellen verschieden starke hypnotische Zustände hervorrufen soll. Der Apparat kann entweder für sich allein oder zusammen mit den auf Tonband aufgenommenen Anweisungen des Therapeuten verwendet werden. Die Entfernung zwischen Patient und Apparat spielt bei diesem Experiment keine Rolle, vorausgesetzt, daß das ausgestrahlte Licht sichtbar ist. Auf diese Weise wurden 90 Prozent der Versuchspersonen in durchschnittlich drei Minuten verschieden stark hypnotisiert. Bei einem anderen Versuch mit dem Gehirnwellen-Synchronisator war keiner der Beteiligten vorher über die Maschine und ihre Wirkungsweise aufgeklärt worden. Die Versuchspersonen wußten nicht einmal, daß sie bei einem Experiment mitwirkten. Trotzdem fielen 30 Prozent der Beteiligten in Hypnose.

»Wie und warum funktioniert ein Gehirnwellen-Synchronisator?« fragten wir.

»Das System ist das gleiche wie bei einem Fernsehsender«, erklärte Schneider. »Das menschliche Gehirn erzeugt elektrische Impulse (Wellen) in verschiedenen Frequenzbereichen. Diese Erkenntnis wird seit

1929 in der Medizin angewandt und führte zur Erfindung des Elektroencephalographen, einer unter der Bezeichnung ›EEC-Apparat‹ bekannten Vorrichtung zur Aufzeichnung von Gehirnwellen. — Die Arbeitsweise meines Apparates dagegen könnte mit einer Fernsehübertragung verglichen werden«, fuhr Schneider fort. »Das Bild auf Ihrem Empfänger läuft nicht nach oben oder unten durch, weil die in dem Empfangsgerät erzeugten Impulse mit den entsprechenden Impulsen der Sendestation gleichlaufen. Der Sender *bestimmt die Geschwindigkeit,* mit der das Empfangsgerät elektrische Impulse aufnimmt, und *hält dadurch das Bild auf dem Bildschirm fest.* Wie der Sender einer Fernsehstation, erzeugt auch der Gehirnwellen-Synchronisator gleichlaufende Impulse. Durch fotoelektrische Reize gleicht der Synchronisator die Frequenz der Gehirnwellen seiner eigenen Frequenz an. Wenn dieser Punkt erreicht ist, kann ein hypnotischer Zustand eintreten.«

Sie werden später noch sehen, daß Sie Ihr Gehirn nicht nur mit einem Empfangsgerät, sondern auch mit einem Fernsehsender vergleichen können.

Bruchstückhaftes Wissen kann gefährlich sein

Auf den vorangehenden Seiten haben wir einige der unsichtbaren Kräfte untersucht, die jedoch bekannte physikalische Ursachen haben. Nun wollen wir weiter in das Reich des Unbekannten vorstoßen und uns mit verschiedenen packenden außersinnlichen Erscheinungen beschäftigen.

1. Außersinnliche Wahrnehmung = die Kenntnis einer oder die Reaktion auf eine äußerliche Tatsache oder Einwirkung, die nicht durch die Sinnesorgane wahrgenommen wurde. Dazu gehören:

   a) Telepathie = Gedankenübertragung

   b) Hellsehen = die Fähigkeit, Gegenstände zu sehen, die für die natürlichen Sinne nicht wahrnehmbar sind

   c) Präkognition = die Fähigkeit, in die Zukunft zu sehen

   d) Postkognition = die Fähigkeit, in die Vergangenheit zu sehen

2. Telekinese = die Wirkung des Geistes auf einen Gegenstand.

Seien wir realistisch und bleiben wir auf dem Boden der Tatsachen! Wir wollen uns bei der Erforschung des Unbekannten von unserem gesunden Menschenverstand leiten lassen! Wenn Sie logisch vorgehen, droht Ihnen keine Gefahr. Erwiesene Tatsachen schlagen eine Brücke über den Abgrund des Zweifels. Dazu brauchen Sie aber jemanden, der Sie sicher führt. Eine solche Persönlichkeit wollen wir Ihnen vorstellen. Lassen Sie uns aber zunächst von der Vergangenheit sprechen.

Thomas J. Hudsons berühmtes Buch *»The Law of Psychic Phenomena«* (Das Gesetz der übersinnlichen Erscheinungen) wurde bei seinem Erscheinen im Jahre 1893 ein Bestseller. Es enthielt viele packende Berichte von übersinnlichen Erlebnissen, die durch Zeugen belegt waren. Dieses Buch regte die Phantasie von Zehntausenden seiner Leser an.

Von da an entwickelte sich das allgemeine Interesse an übersinnlichen Erscheinungen sehr rasch. Viele Menschen, die nicht die entsprechenden Voraussetzungen mitbrachten, fügten sich jedoch selbst schweren Schaden zu. Sie wurden zu Sonderlingen, weil ihr geringes Wissen um übersinnliche Kräfte sie angesichts solcher Erscheinungen in ehrfurchtsvolle Erstarrung versetzte. Personen, denen es an Bildung und geistiger Reife mangelt und deren Gefühlsleben unausgeglichen ist, zeigen eine deutliche Neigung, diesem faszinierenden Studium zu verfallen. Es ist nicht schwer zu verstehen, warum so viele führende Geistliche, Wissenschaftler und für das öffentliche Wohl Verantwortliche vor der Erforschung der übersinnlichen Erscheinungen warnten:

1. Viele der Beteiligten ließen sich zu Phantastereien hinreißen und gefährdeten ihren gesunden Menschenverstand.
2. Schein und Wirklichkeit schienen ineinander überzugehen.
3. Die Öffentlichkeit wurde getäuscht durch die hypnotischen Vorführungen von Amateuren und Varietékünstlern sowie durch betrügerische Tricks von Fakiren, Medien und Scharlatanen.
4. Fundamentale religiöse Grundsätze wurden auf eine Art ausgelegt, die das Böse begünstigte.

Trotz aller Gefahren, Tabus und gesellschaftlicher oder beruflicher Ächtung gab es dennoch beherzte, redliche Männer mit gesundem Menschenverstand, die den Mut hatten, der Wahrheit nachzuspüren.

Aber erst der lange und mutige Kampf Dr. Joseph Banks Rhines von der Duke-Universität, dem seine Frau, Dr. Louisa E. Rhine, mit Rat und Tat zur Seite stand, verhalf dem Studium der übersinnlichen Erscheinungen zu Ansehen. Der untadelige Charakter Dr. Rhines und seine dreißigjährige Forschungsarbeit mit Hilfe *überwachter* Laboratoriumsversuche überzeugten auch die größten Skeptiker. Er stand vor einer schwierigen Aufgabe, weil spontane außersinnliche Erscheinungen gewöhnlich nicht in Laboratorien, sondern vielmehr dann stattfinden, wenn man sie am wenigsten erwartet. Am häufigsten treten sie auf in Augenblicken höchster Gefühlserregung, unter dem Einfluß eines schon zur fixen Idee gewordenen Wunsches — oder oft auch beim Tod eines geliebten Menschen.

Westinghouse investiert in Experimente mit Gedankenübertragung durch außersinnliche Wahrnehmung

Wer immer heute über übersinnliche Erscheinungen schreibt, wird sich auf die Arbeiten großer Forscher und deren Ansehen berufen, um seine Thesen leichter mundgerecht zu machen. Wir sind in dieser Hinsicht keine Ausnahme. Sollte Ihr Interesse an diesen Fragen noch weitergehen, so empfehlen wir Ihnen dringend, die faszinierenden Bücher von Dr. Milan Ryzl, der heute als einer der führenden Parapsychologen der Welt und Schrittmacher dieser Wissenschaft gilt, zu lesen: z. B. *»Parapsychologie«* oder *»ASW-Training«* (Ariston Verlag).
Gelang es nun den Forschern, mit ihrer Arbeit den Widerstand gegen die Erforschung dieser seltsamen Geisteskräfte und gegen den Glauben an diese Kräfte zu brechen? Ein objektiver Beweis dafür ist unserer Ansicht nach die Tatsache, daß nüchterne Geschäftsleute von der Existenz dieser Kräfte überzeugt sind und auf eigene Faust Experimente anstellen: Kürzlich bestätigte Dr. Peter A. Castruccio, der Leiter des Westinghouse Astronautics Institute, in einem Interview, daß Wissenschaftler seines Instituts Möglichkeiten erforschen, Telepathie und Hellsehen für die Fernnachrichtenübermittlung einzusetzen. Der Entscheidung, sich auf dieses große Experiment einzulassen, gingen viele lange Unterredungen Dr. Castruccios mit Dr. Rhine voraus.
Wird die Suche nach Mitteln und Wegen, Telepathie und Hellsehen unter Kontrolle zu bringen und kommerziell auszuwerten, Erfolg haben?

Wir möchten folgendermaßen antworten: Vor nicht allzu langer Zeit spottete man über Ideen, die *damals* unglaublich erschienen, die aber *heute* als selbstverständlich hingenommen werden, wie etwa die Umwandlung von Materie in Energie und von Energie in Materie, die Spaltung des Atoms und von Menschenhand gefertigte Satelliten, der Düsenantrieb oder so alltägliche Dinge wie das Fernsehen.

Und wie steht es mit den großen Elektronenrechnern, die unter der Bezeichnung »Elektronengehirn« bekannt sind? Der Mensch erdachte sie, glaubte an ihre Verwirklichung und konstruierte sie! Maschinen, die mit Lichtgeschwindigkeit — 300 000 km pro Sekunde — arbeiten! Maschinen, die pro Sekunde 400 000 rechnerische Vorgänge durchführen können und ihre Irrtümer selbst entdecken und korrigieren! Maschinen, die Wirklichkeit wurden, weil man Stromkreise einbaute, die in vieler Hinsicht wie die bekannten elektrischen Ströme unseres Nervensystems arbeiten. Wir möchten dazu sagen: *Was der Geist erfassen und glauben kann, kann der Geist auch verwirklichen!*

Aber keine Maschine oder menschliche Erfindung ist so wunderbar wie der wundervolle Apparat, den Sie selbst besitzen — *Ihr Körper* — oder sein elektrisches Wunderwerk — *Ihr Gehirn.* Und der Mensch ist mehr als nur ein Körper mit einem Gehirn!

Ihr Körper ist nur die Hülle Ihres Geistes — eines Geistes, der über bekannte und unbekannte Kräfte verfügt und von ebensolchen Kräften beeinflußt wird, eines Geistes, der aus zwei Teilen besteht: dem Bewußtsein und dem Unterbewußtsein.

In diesem Kapitel haben wir den Hauptakzent auf das Unterbewußtsein, seine Eigenschaften und die bekannten und unbekannten Kräfte, die es beeinflussen, gelegt. Wie steht es aber mit dem ebenso wichtigen Bewußtsein? Darüber erfahren Sie näheres im nächsten Kapitel.

LEITGEDANKEN

1. *Ihr Körper ist nur die Hülle Ihres Geistes.* Ihr Körper ist ein elektrischer Apparat. Der Mechanismus Ihres Gehirns ist ein elektrisches Wunderwerk.

2. Ihr Geist besteht aus dem Bewußtsein und dem Unterbewußtsein, die beide zusammenarbeiten.

3. *Bewußte Autosuggestion* und *Selbstsuggestion* bedeuten das Gleiche und stehen im Gegensatz zu dem Begriff *Autosuggestion,* der einen unbewuß-

ten Vorgang bezeichnet. *Autosuggestion* bedeutet, daß das Unterbewußtsein automatisch Botschaften an das Bewußtsein sowie an einzelne Körperteile übermittelt. Das Unterbewußtsein ist der Sitz von Gewohnheiten, Erinnerung, unverletzlichen Verhaltensmaßstäben und ähnlichem.

4. *Es geht mir jeden Tag in jeder Beziehung besser und besser.* Lebens- und Selbstgefühl steigernde Behauptungen, die häufig und mit starkem Gefühl wiederholt werden, wirken auf das Unterbewußtsein ein und rufen dort eine Reaktion hervor. Durch den Gebrauch von Selbstsuggestion erwarb Bill McCall sein Vermögen.

5. Coués große Entdeckung war die These: Sie können gesunde, positive Suggestionen zur Selbsthilfe benutzen; andererseits können Sie negative, schädliche Suggestionen vermeiden bzw. abwehren.

6. Lernen Sie, Suggestion richtig zu benutzen, um andere zu beeinflussen. Lernen Sie, die richtige bewußte Autosuggestion anzuwenden. Wenn Sie so handeln, können Sie körperliche, geistige und sittliche Gesundheit, Glück und Erfolg erlangen.

7. *Sie können es, wenn Sie nur glauben, daß Sie es können.*

8. Ein heimliches Überredungsmittel: bewältigen Sie das Problem mit PGH!

9. Ihr Gehirn erzeugt Energie in Form von Gehirnwellen. Diese Energie ist eine Kraft, die andere Personen oder Dinge beeinflussen kann.

10. Bruchstückhaftes Wissen kann gefährlich sein. Haben Sie den Mut, die Kräfte Ihres Geistes zu erforschen! Lassen Sie sich von Dr. Joseph Banks Rhine leiten, wenn Sie in das gefährliche, unerforschte Gebiet der übersinnlichen Erscheinungen eindringen wollen.

ES GEHT MIR DURCH GOTTES GNADE JEDEN TAG IN JEDER BEZIEHUNG BESSER UND BESSER.

KAPITEL 5

Und noch etwas

Sie haben es ganz ernsthaft versucht und sind dennoch gescheitert? Vielleicht deshalb, weil *noch etwas* dazu notwendig war, um Ihnen den gesuchten Erfolg zu verschaffen. Der euklidische Lehrsatz lautet: »Das Ganze ist gleich der Summe aller Teile und größer als jedes der Teile.« Dieser allgemeingültige Satz ist auf jedes Ergebnis und jeden Erfolg anwendbar. Da umgekehrt jeder Teil kleiner als das Ganze ist, darf also keiner der für das Ganze notwendigen Teile fehlen.

Eine negative Geisteshaltung zählt zu den Hauptgründen jedes Scheiterns. Vielleicht müßten Sie sich mehr mit den Tatsachen, mit universellen Gesetzen und Kräften vertraut machen? Möglicherweise ist Ihnen davon sogar vieles bekannt, aber Sie wenden Ihre Kenntnisse nicht den besonderen Erfordernissen entsprechend an? Vielleicht wissen Sie auch nicht, wie Sie auf bekannte und unbekannte Kräfte einwirken, sie benutzen, beherrschen und sich mit ihnen in Einklang bringen können?

Wer sich mit PGH um Erfolg bemüht, gibt niemals auf. Er sucht weiter, um *noch etwas* zu finden. Nur diejenigen scheitern, die es nach einer Niederlage aufgeben, nach diesem zusätzlichen Etwas zu suchen.

Sie müssen dieses »Etwas« erlernen und so das »Gewußt-Wie« erlangen

Gibt man einem Kind ein Vexierspiel, so gelingt es ihm selten auf Anhieb, die Aufgabe zu lösen. Wenn es aber nicht aufgibt und einmal die Lösung gefunden hat, so wird ihm das Zusammensetzspiel auch in Zukunft keine Schwierigkeiten mehr bereiten. Sie sind kein Kind, aber vielleicht stellt das Leben Sie vor schwierige Aufgaben, die Sie gern lösen möchten. Mit PGH wird Ihnen das leichter fallen. Ein Komponist schrieb zum Beispiel einmal ein Lied, fand jedoch keinen Verleger dafür. George M. Cohan kaufte es und fügte *noch etwas* hinzu. Dieses

noch etwas brachte George M. Cohan ein Vermögen ein. Er hatte nur drei kleine Worte ergänzt: *Hipp, hipp, hurra!*
Thomas Edison mußte über 10 000 Versuche durchführen, bis es ihm gelang, eine funktionierende Glühlampe zu entwickeln. Nach jeder Niederlage suchte er *noch etwas,* bis er schließlich die Lösung fand. Er hatte nur die Gesetze angewandt, die es zwar schon immer gab, die man aber bis dahin noch nicht als in dieser Hinsicht anwendbar erkannt hatte.
Wir kennen viele Heil- und Vorbeugungsmittel gegen Krankheiten. Es gab aber auch Zeiten, in denen man sie noch nicht kannte. Erst Dr. Jonas Edward Salk entdeckte zum Beispiel ein vorbeugendes Mittel gegen Kinderlähmung. Er wandte Grundsätze des universellen Gesetzes an, die die Medizin bei ihrer Suche nach Vorbeugungsmitteln gegen diese gefürchtete Krankheit bisher nicht berücksichtigt hatte.
Sie können eine Million Dollar verdienen, indem Sie eine Erfolgsformel anwenden. Verlieren Sie Ihr Geld, können Sie leicht noch eine Million verdienen — und sogar noch mehr! Allerdings müssen Sie die Formel erkennen und benutzen. Nehmen wir an, Sie hätten die Formel, mit deren Hilfe Sie ihre erste Million verdienten, nicht erkannt. Nun scheitern Sie bei ihrem zweiten Versuch, weil Sie von den unbewußt angewandten Erfolgsprinzipien abweichen. Vielleicht müssen Sie diese bei Ihrem zweiten Versuch den veränderten Umständen anpassen, aber die Grundsätze bleiben deswegen doch dieselben.

Orville und Wilbur Wright gelang es zu fliegen, weil sie noch etwas hinzufügten!

Viele Erfinder kamen schon vor den Gebrüdern Wright der Erfindung des Flugzeugs sehr nahe. Die Wrights benutzten dieselben Prinzipien wie die anderen, aber sie fügten *noch etwas* hinzu. Weil sie die Grundsätze neu kombinierten, hatten sie da Erfolg, wo andere scheiterten. Das *Etwas* war im Grunde recht einfach: Sie befestigten bewegliche Klappen von besonderer Form an den Flügelenden ihres Flugzeugs. Der Pilot konnte sie während des Flugs in verschiedene Stellungen bringen und damit das Flugzeug im Gleichgewicht halten. Diese Klappen waren die Vorläufer des heutigen Querruders.
Sie werden bemerkt haben, daß alle diese Erfolge auf einen gemeinsamen Nenner gebracht werden können. In jedem Fall war der »Geheimtip« ein bis dahin noch nicht angewandtes universelles Gesetz. Falls Sie

also auf der Schwelle des Erfolges stehen, ohne sie überschreiten zu können, so versuchen Sie, *noch etwas* hinzuzufügen. Es muß nicht viel sein. Was zählt, ist nicht so sehr die Menge des hinzugefügten »Etwas«, als vielmehr die nie nachlassende Begeisterung.

Warum entschied der Oberste Gerichtshof, daß Alexander Graham Bell das Telefon erfand?

Viele Leute behaupteten, das Telefon vor Alexander Graham Bell erfunden zu haben. Ältere Patente hatten unter anderem Gray, Edison, Dolbear, McDonough, Vanderweyde und Reis erhalten. Philipp Reis war der einzige, der offensichtlich dem Erfolg nahekam. Der kleine Unterschied zwischen seinem Apparat und dem Alexander Graham Bells, der dann den großen Unterschied zwischen den beiden Erfindungen ausmachte, bestand in einer einzigen Schraube. Was Reis nicht wußte: Würde er eine Schraube nur um eine Vierteldrehung stärker angezogen haben, so hätte er Wechselstrom in Gleichstrom verwandelt. Das aber wäre für ihn der Erfolg gewesen!
In einem Prozeß vor dem Obersten Gerichtshof der Vereinigten Staaten kamen die Richter zu folgendem Urteil:

> »Reis wußte offensichtlich, was zu tun war, um Gesprochenes auf elektrischem Wege zu übermitteln. Das geht aus seinem ersten Bericht hervor, in dem er erklärte: ›Sobald es irgendwo und irgendwie möglich ist, Schwingungen zu erzeugen, deren Kurven denjenigen eines gegebenen Tons oder einer gegebenen Kombination von Tönen entsprechen, werden sie denselben Geräuscheindruck bei uns hervorrufen, den dieser Ton oder diese Kombination von Tönen auf uns gemacht hätten.‹«

In der Gerichtsentscheidung hieß es weiter:

> »Reis entdeckte, wie Musiktöne wiedergegeben werden konnten, aber nicht mehr. Er konnte mit seinem Apparat zwar eine Melodie, nicht aber Gesprochenes übertragen. Zu dieser Tatsache hatte er sich von Anfang an bekannt.«

Wie bei den Gebrüdern Wright war auch das von Bell hinzugefügte *Etwas* vergleichsweise einfach. Er schaltete von Wechsel- auf Gleichstrom um, der als einziger die menschliche Sprache wiederzugeben vermag. In beiden Fällen handelt es sich um direkten Strom. »Wechselstrom« bedeutet jedoch, daß die Stromstöße von kleinen Pausen unterbrochen sind. Zudem verwendete Bell von vornherein einen offenen Stromkreis, anstatt ihn — wie es Reis getan hatte — in Abständen zu unterbrechen. Das Gericht kam zu folgendem abschließenden Bescheid:

> »Reis dachte nie daran, Gesprochenes telefonisch zu übermitteln, und es gelang ihm auch nicht. Bell hatte diese Absicht, und es gelang ihm. Unter diesen Umständen kann unmöglich behauptet werden, der Apparat von Reis sei eine Vorwegnahme der Erfindung Bells gewesen. Das System von Reis führte zum Mißerfolg, das von Bell zum Erfolg. Der Unterschied zwischen den beiden Systemen ist gleichbedeutend mit dem Unterschied zwischen Mißerfolg und Erfolg. Hätte Reis nicht aufgegeben, würde vielleicht *er* den Weg zum Erfolg gefunden haben, aber er gab auf und scheiterte. Bell nahm seine Arbeit auf und führte sie erfolgreich zu Ende.«

Sein stiller Seniorteilhaber inspirierte ihn zum Erfolg

R. G. LeTourneau, der schwere Maschinen für Erdarbeiten herstellt, liefert mit seinen anfeuernden Reden Tausenden von Menschen den Ansporn zum Handeln. In diesen Reden spricht er ehrerbietig von »meinem Seniorpartner«. Er erzählt, wie ihn sein »Partner« anspornte und ihm half. LeTourneau hatte kaum Schulbildung genossen, leistete jedoch Erstaunliches auf dem Gebiet des Maschinenbaus.

Beim Bau des großen Hooverdammes in Nevada verlor LeTourneau, der einen Vertrag über die Ausführung der Erdarbeiten abgeschlossen hatte, ein Vermögen, weil er überraschend auf eine Felsschicht stieß. Die Kosten für die Durchbohrung der Felsschicht waren höher, als er in seinem Kostenvoranschlag kalkuliert hatte. Weil er sich trotzdem bemühte, seine vertraglichen Verpflichtungen zu erfüllen, mußte er schließlich Konkurs anmelden.

Anstatt aber nun über seine Verluste nachzugrübeln, betete LeTourneau. Wie betete er? Er dankte Gott aus tiefstem Herzen für alles, was ihm geblieben war: ein gesunder Körper, ein Paar starke Hände, ein klarer Verstand — und *noch etwas.* »In der Stunde meiner größten Not«, sagt LeTourneau, »fand ich mein höchstes Gut in der Offenbarung und Entdeckung eines stillen Seniorteilhabers. Seitdem bin ich diesem Teilhaber überall in meinem Privat- und Geschäftsleben begegnet. Alles, was ich habe — alles, was ich an Wertvollem geleistet habe — verdanke ich nur ihm!«

Napoleon Hill arbeitete 18 Monate lang mit LeTourneau zusammen und lernte ihn während dieser Zeit genau kennen. Bereits damals war LeTourneau durch seine Vorträge zur Erbauung und Selbstvervollkommnung wohlbekannt. Viel Zeit verwendete er darauf, in seinem Privatflugzeug das Land zu durchreisen und seine Botschaft zu verbreiten: »Es ist wunderbar, mit Gott im Bunde zu sein!« Eines Nachts, als die beiden Männer nach einer Vortragsverpflichtung in Nord-Carolina nach Hause flogen, geschah etwas Interessantes.

Bald nach dem Start seines Flugzeugs schlief LeTourneau ein. Nach etwa einer halben Stunde sah Napoleon Hill ihn ein kleines Notizbuch aus der Tasche ziehen und einige Sätze hineinschreiben. Nachdem das Flugzeug gelandet war, fragte er LeTourneau, ob er sich erinnere, etwas in sein Notizbuch geschrieben zu haben.

»Nein, ganz und gar nicht!«, war die erstaunte Antwort. Sofort nahm LeTourneau das Notizbuch aus der Tasche und sah nach. »Das ist es!« rief er. »Danach habe ich schon lange gesucht. Das ist die Lösung des Problems, dessentwegen wir eine Maschine nicht fertigstellen konnten, an der wir gerade arbeiten!«

Wenn Ihnen blitzartig eine Erleuchtung kommt, dann schreiben Sie sie nieder! Vielleicht ist dies das *»Etwas«*, nach dem Sie suchen. Wir glauben, daß die Verbindung mit der Allweisheit über das Unterbewußtsein zustandekommt. Deshalb sollten Sie es sich angewöhnen, blitzartige Eingebungen sofort niederzuschreiben, sobald sie aus dem Unterbewußtsein in Ihr Bewußtsein aufsteigen.

Albert Einstein entwickelte komplizierte und tiefschürfende Theorien über das Weltall und die Naturgesetze, die es beherrschen. Dazu verwendete er nur das einfachste — und doch wichtigste — Werkzeug, das je erfunden wurde: Papier und Bleistift. Er schrieb seine Fragen und Antworten nieder. Sie werden Ihre geistigen Kräfte entwickeln, indem Sie sich zur Gewohnheit machen, sich selbst Fragen zu stellen und — indem Sie immer Papier und Bleistift zur Hand nehmen — Ihre Fragen, Ideen und Antworten festzuhalten.

Wahrscheinlich wäre Einstein und anderen Wissenschaftlern der Erfolg versagt geblieben, hätten sie nicht aus dem aufgezeichneten Wissen der ihnen vorangegangenen Mathematiker und Wissenschaftler gelernt. Vermutlich hätte Einstein auch gar nicht den Versuch gemacht, nach den Gesetzen des Universums zu suchen, hätte er nicht den Ansporn dazu gefühlt und es sich nicht angewöhnt, erst konzentriert nachzudenken und dann zu handeln. Kennen Sie irgendeinen großen Denker oder erfolgreichen Menschen, der sich nicht die Gedanken notiert, die ihm gerade kommen?

Lernen Sie vom schöpferischen Denker, schöpferisch zu denken!

Die Bücher *»Your Creative Power«* (Ihre schöpferische Kraft) und *»Applied Imagination«* (Angewandte schöpferische Erfindungsgabe) von Alex F. Osborn von der Werbefirma Batten, Barton, Durstine & Osborn haben Hunderttausende von Menschen zu schöpferischem Denken angeregt. Was aber ebenso wichtig ist: Diese Menschen wurden zu positivem, konzentriertem Handeln angespornt. Kein Gedanke ist schöpferisch, dem nicht sofort die Tat folgt.

Wie bei so vielen schöpferischen Denkern, ist ein Notizblock und ein Bleistift Osborns liebstes Handwerkszeug. Wenn ihm ein Gedanke kommt, notiert er ihn in Stichworten. Wie andere große, erfolgreiche Männer nimmt er sich Zeit zum Nachdenken, Planen und Überlegen.

Alex F. Osborn sprach eine Binsenwahrheit aus, als er sagte: »Jedermann hat irgendeine schöpferische Ader, aber die meisten Menschen haben nicht gelernt, sie auszubeuten!«

Osborns Methode der Gedankenblitze, die er in seinem leicht faßlich geschriebenen Buch *»Applied Imagination«* erklärt, wird in Schulen, Fabriken, Büros, Kirchen, Klubs und Familien angewandt. Diese Gedankenblitz-Technik besteht darin, daß zwei oder mehr Personen ihre kollektive schöpferische Erfindungsgabe benutzen, um auf diese Weise blitzartig aus dem Unterbewußtsein ins Bewußtsein dringende Ideen zu gewinnen, die die Lösung irgendeines spezifischen Problems bringen sollen. Die Ideen werden sofort und genauso niedergeschrieben, wie sie den einzelnen Partnern kommen. Bevor nicht viele solcher Gedankenblitze notiert worden sind, ist keinerlei kritische Beurteilung erlaubt. Später werden die Vorschläge gesammelt, auf ihre Durchführbarkeit und ihren Wert hin überprüft und begutachtet.

Das La Salle College in Philadelphia und viele amerikanische Universitäten veranstalten Kurse in schöpferischem Denken. Dabei werden un-

ter anderem auch die von vielen schöpferischen Denkern in Handel und Industrie angewandten Methoden berücksichtigt.
Schöpferisches Denken dieser Art ermöglichte es Dr. Elmer Gates, die Welt um vieles zu bereichern. Dr. Gates war ein großer amerikanischer Lehrer, Philosoph, Psychologe, Wissenschaftler und Erfinder. Im Laufe seines Lebens gelangen ihm Hunderte von Erfindungen und Entdekkungen in Kunst und Wissenschaft.

Er leistete seine schöpferische Denkarbeit, indem er »auf Ideen wartete«

Dr. Gates' ganzes Leben war ein Beweis dafür, daß seine Ausbildungsmethoden für Geist und Körper mit großer Sicherheit zum gewünschten Erfolg führen. Napoleon Hill erinnert sich, wie er einmal, mit einem Empfehlungsschreiben von Andrew Carnegie bewaffnet, Dr. Gates in seinem Laboratorium in Chevy Chase besuchen wollte. Bei seiner Ankunft erklärte ihm Dr. Gates' Sekretärin jedoch: »Es tut mir sehr leid, aber . . . ich darf Dr. Gates jetzt nicht stören.«
»Wie lange, glauben Sie, wird es dauern, bis ich ihn sprechen kann«, fragte Napoleon Hill.
»Ich weiß es nicht, es kann bis zu drei Stunden dauern«, war die Antwort.
»Könnten Sie mir erklären, warum Sie ihn jetzt nicht stören dürfen?«
Nach kurzem Zögern antwortete sie: »Er wartet auf Ideen.«
Napoleon Hill lächelte: »Und was bedeutet das — auf Ideen warten?«
Die Sekretärin lächelte zurück: »Vielleicht ist es besser, Dr. Gates erklärt Ihnen das selbst. Ich weiß wirklich nicht, wie lange es noch dauern wird, aber Sie können gern warten. Wenn Sie allerdings lieber ein anderes Mal wiederkommen möchten, werde ich versuchen, einen festen Termin für Sie zu vereinbaren.«
Napoleon Hill entschloß sich, zu warten. Was er in Chevy Chase erfuhr, war eine reiche Belohnung für seine Geduld. Lassen Sie sich von Napoleon Hill erzählen, was dann geschah:

> »Als Dr. Gates schließlich ins Zimmer trat und seine Sekretärin uns einander vorstellte, erzählte ich ihm im Scherz, was sie zu mir gesagt hatte. Nachdem er Andrew Carnegies Brief gelesen hatte, meinte er freundlich: ›Möchten Sie gern sehen, wo und wie ich auf Ideen warte?‹

Er führte mich in einen kleinen schalldichten Raum. Das einzige Mobilar darin waren ein einfacher Tisch und ein Stuhl. Auf dem Tisch lagen Stöße von Blättern und mehrere Bleistifte. Mit einem Druckknopfschalter konnte das Licht ein- und ausgeschaltet werden.
Im Verlauf unseres Gesprächs erklärte Dr. Gates folgendes: Wenn er einmal ein Problem nicht lösen könne, so gehe er in dieses Zimmer, schließe die Tür, setze sich an den Tisch, schalte das Licht aus und konzentriere sich angestrengt. Er wandte das Prinzip der konzentrierten Aufmerksamkeit an und veranlaßte auf diese Weise sein Unterbewußtsein, ihm eine Antwort auf eine spezifische Frage — gleich, welcher Art — zu geben. Manchmal schienen die Ideen die Bewußtseinsschwelle nicht überspringen zu können, dann wieder kamen die Eingebungen sofort. Zuweilen dauerte es sogar zwei Stunden, bis sie sich einstellten. Sobald die Ideen sich herauszukristallisieren begannen, pflegte er das Licht einzuschalten und sie niederzuschreiben.
Dr. Elmer Gates verbesserte über 200 Patente, um die sich andere Erfinder bemüht, den Erfolg aber um Haaresbreite verfehlt hatten. Er konnte das Fehlende hinzufügen — eben jenes *»Etwas«*. Er hatte auch hierzu eine sichere Methode entwickelt: Zunächst überprüfte er den Patentantrag und die dazugehörigen Zeichnungen, bis er die schwachen Stellen der Erfindung herausfand — eben das noch fehlende *»Etwas«*. Dann nahm er eine Kopie der Patentanmeldung und die Zeichnungen in sein Zimmer mit. Während er dort auf Ideen wartete, konzentrierte er sich darauf, die Lösung für ein spezifisches Problem zu finden.«

Auf die Bitte Napoleon Hills, er möge die Gründe für den Erfolg angeben, den er beim *Warten auf Ideen* habe, erklärte Dr. Gates: »Alle Ideen kommen aus den folgenden Quellen:

1. Aus dem im Unterbewußtsein aufgespeicherten Wissen, das durch individuelle Erfahrungen, Beobachtungen und Bildung erworben wird.

2. Aus dem von anderen auf dieselbe Weise zusammengetragenen Wissen, das durch Telepathie übermittelt werden kann.

3. Aus der umfassenden Allweisheit, in der alle Kenntnisse und alle Tatsachen ruhen und mit der man sich über das Unterbewußtsein in Verbindung setzen kann.

Wenn ich auf Ideen warte, stelle ich mich auf eine oder alle drei Inspirationsquellen ein. Sollte es noch andere Quellen für Ideen geben, so sind sie mir nicht bekannt.«

In Kapitel sieben werden wir uns darüber unterhalten, wie Sie »sehen lernen« können, so daß Ihnen Ihre Suche nach dem *»Noch Etwas«* erleichtert wird. Vielleicht scheitern Sie bei Ihrer Suche. Möglicherweise entdecken Sie aber gerade durch Ihr Scheitern etwas noch viel Größeres. Fragen Sie sich: »Warum?« Beobachten Sie! Denken Sie nach! Handeln Sie!

Die Bibel, ein Werk wie der Duden und ein gutes Lexikon sollten unserer Meinung nach in jedem Haushalt vorhanden sein. Auch sie können Ihnen auf Ihrer Suche nach dem *»Noch Etwas«* helfen.

SIE BRAUCHEN SICH NICHT ZU SCHÄMEN, WENN SIE WIE CHRISTOPH COLUMBUS VERSAGEN!

Schlagen Sie in Ihrem Lexikon nach, und Sie werden die packende und aufregende Geschichte von Christoph Columbus finden. Er studierte Astronomie, Geometrie und Kosmographie an der Universität von Pavia. *Das Buch des Marco Polo,* von Geographen aufgestellte Theorien, von Seeleuten mitgebrachte Berichte und Überlieferungen sowie vom Meer angeschwemmte Kunstwerke und handwerkliche Gegenstände außereuropäischer Herkunft — alles das wirkte zusammen und regte seine schöpferische Phantasie an.

In langen Jahren gewann er durch induktive Beweisführung allmählich die feste Überzeugung, daß die Welt eine Kugel sei. Nachdem er zu dieser Schlußfolgerung gelangt war, kam er auf die gleiche Weise zu der Überzeugung, daß man den asiatischen Kontinent von Spanien aus nach Westen segelnd ebenso erreichen könne, wie es Marco Polo auf seinen Reisen nach Osten gelungen war. Er entwickelte den brennenden Wunsch, seine Theorien zu beweisen, und bemühte sich um den notwendigen finanziellen Rückhalt, um Schiffe und Männer, die mit ihm das Unbekannte erforschen sollten, und — *um noch etwas.*

Er handelte! Er konzentrierte sich auf sein Ziel. Zehn Jahre hindurch sah es immer wieder so aus, als sollte er die notwendige Hilfe erhalten. Aber die Vorurteile eines Königs, der Spott, der Argwohn und die Furcht untergeordneter Hofbeamter, die Zweifel derjenigen, die ihm helfen wollten, sich jedoch dann im letzten Augenblick von ihren skeptischen wissenschaftlichen Beratern umstimmen ließen — das alles bereitete ihm eine Niederlage nach der anderen. *Aber er gab nicht auf.*

Im Jahre 1492 erhielt er endlich die Unterstützung, die er mit seiner Ausdauer gesucht, in seinen Gebeten erfleht hatte. Im August desselben Jahres segelte er nach Westen, um auf diese Weise Indien, China und Japan zu erreichen. Sie kennen die Geschichte. Nach seiner Landung auf den Inseln des karibischen Meeres kehrte er nach Spanien zurück und brachte Gold, Baumwolle, Papageien, seltsame Waffen, geheimnisvolle Pflanzen, unbekannte Vögel und Tiere und mehrere Eingeborene mit. Er glaubte, er habe sein Ziel — die vor Indien liegenden Inseln — erreicht. Trotzdem war er gescheitert. Er hatte Asien nicht erreicht. Ohne sich dessen sofort bewußt zu sein, hatte Columbus jedoch *noch etwas* gefunden — hier kann man wohl sagen, sogar noch vieles mehr!

Wie Christoph Columbus gelingt es vielleicht auch Ihnen nicht, Ihre hochgesteckten Endziele zu erreichen oder Ihre Pläne zu verwirklichen. Mag sein, daß auch Sie bei dem Versuch scheitern, zu einem fernen Ziel im Reich des Unbekannten vorzustoßen. Aber womöglich entdecken Sie dafür sogar *»etwas mehr«* — etwas, das für Sie ebensoviel Wert hat wie für Columbus die Reichtümer des amerikanischen Doppelkontinents. Wie er werden Sie vielleicht diejenigen, die Ihnen nachfolgen, anspornen und anleiten, den richtigen Kurs einzuschlagen und weiter ins Unbekannte vorzudringen, bis jene die lohnenden Ziele erreicht haben, die Sie erahnten und anstrebten. Nützen Sie, wie Columbus, Zeit und Kraft zum Nachdenken. Wie er können Sie sich mit einer positiven Geisteshaltung unablässig darum bemühen, Ihre festumrissenen Hauptziele zu erreichen, um *noch etwas mehr* zu finden.

Sie brauchen sich nicht zu schämen, wenn Sie auf dieselbe Art wie Christoph Columbus versagen.

... und noch etwas mehr! Wie können Sie dieses Prinzip anwenden?

Jetzt müßten Sie eigentlich bereits in der Lage sein, aus den verschiedenen Geschichten, die Ihnen als Beispiel dienen sollen, Grundsätze abzuleiten, sie zueinander in Beziehung zu setzen, zu assimilieren und anzuwenden. Wir stimmen grundsätzlich mit Admiral H. G. Rickover überein, der sagt:

»Unter den jungen Ingenieuren sind nur wenige, die eine umfassende Ausbildung in den Grundlagen und Prinzipien der Technik genossen haben; die meisten haben sich nur Unmengen von Fakten angeeignet, die zwar viel leichter zu lernen sind als Prinzipien, die aber ohne die Anwendung eben dieser Prinzipien wenig nützen. Sobald ein Mensch einmal ein Prinzip erfaßt hat, wird es Teil seiner selbst und geht nie verloren. Es kann auf neuartige Probleme angewandt werden und veraltet nicht, wie es alle Fakten einer sich wandelnden Gesellschaft tun . . .«*

Lernen Sie die Prinzipien! Wenden Sie sie an! Wenn Sie keine befriedigenden Fortschritte in Richtung auf Ihre Ziele machen, dann suchen Sie nach dem *»noch mehr«!* Es kann etwas Bekanntes oder Unbekanntes sein. Sie werden es finden, wenn Sie sich die Zeit zum Überlegen, Denken, Planen und Suchen nehmen.

Dieses Kapitel wäre jedoch nicht vollständig ohne einen Hinweis auf das *Kosmische Beharrungsvermögen. Bedienen Sie sich des kosmischen Beharrungsvermögens,* heißt eines der 17 Erfolgsprinzipien.

Der Begriff des kosmischen Beharrungsvermögens ist leicht zu verstehen, denn wir haben damit die *angewandte Kraft* jedes beliebigen natürlichen oder universellen Prinzips oder Gesetzes — sei es nun bekannt oder unbekannt — bezeichnet.

Kosmisches Beharrungsvermögen kann einfach folgendermaßen definiert werden: Die *Anwendung* des universellen Gesetzes — gleichgültig, ob es Ihnen bekannt ist oder nicht.

Es ist zum Beispiel leicht zu verstehen, daß das Gesetz der Schwerkraft wirkt, wenn ein Gegenstand zu Boden fällt. Sobald Sie also einen Gegenstand von einer gegebenen Höhe aus zu Boden fallen lassen, bedienen Sie sich des kosmischen Beharrungsvermögens — in diesem besonderen Fall des Gesetzes der Schwerkraft.

Das Gesetz der Schwerkraft oder jedes andere Gesetz ist jedoch keine Kraft für sich. Erst wenn Sie das Prinzip richtig *anwenden,* kommt im Einklang mit dem universellen Gesetz Kraft zur Wirkung. Daher ist auch die Atomspaltung und jede Erfindung, jede chemische Formel, jede übersinnliche Erscheinung, jede individuelle Aktion und Reaktion — auf physischer, geistiger oder seelischer Ebene — das Ergebnis der

* Aus *„Education and Freedom"*, H. C. Rickover, Verlag E. P. Dutton & Co., Inc.

Anwendung der Naturgesetze. Jede Wirkung hat eine Ursache, und die Wirkung wird erzielt durch die Anwendung des kosmischen Beharrungsvermögens.

Außerdem *ist der Körper nur die Hülle des menschlichen Geistes.* Der Mensch kann denken. Indem er denkt, lernt er das kosmische Beharrungsvermögen anzuwenden. Durch Denken kann er seinen Ideen feste Gestalt verleihen.

Das ist nicht schwer zu begreifen, denn im Jahre 1905 gab Albert Einstein der Welt seine berühmt gewordene Formel: $E = mc^2$. Diese Formel erklärt die Beziehungen zwischen Energie und Materie. Wenn die Materie Lichtgeschwindigkeit erreicht, nennen wir sie Energie, sinkt ihre Geschwindigkeit aber auf Null ab, so bleibt sie Materie. In der Einsteinschen Formel bedeutet E Energie, m Masse oder Materie und c die Lichtgeschwindigkeit.

Wir sehen also, daß auch Einsteins Formel ein Wortsymbol für eines der Gesetze des kosmischen Beharrungsvermögens ist. Und weil der Mensch diese Formel verstand und anwandte, gelang es ihm, Materie in Energie und Energie in Materie umzuwandeln und Atomkraft für konstruktive Zwecke zu verwenden, um zum Beispiel eine ganze Stadt mit Licht zu versorgen, Schiffe anzutreiben oder auch um so alltägliche Dinge zuwege zu bringen, wie eine Kochplatte zu erhitzen.

... und noch etwas mehr — denn wir sehen, daß im Universum alles in Beziehung zueinander steht, weil Materie und Energie dasselbe sind.

»Haben Sie ein Problem? Ausgezeichnet!« Im nächsten Kapitel werden Sie sehen, wie Sie vieles aus dieser soeben abgeschlossenen Lektion auf Ihr eigenes Leben anwenden können. Dann werden Sie erfolgreich an die Lösung der Probleme gehen können, die das universelle Gesetz des Wandels aller Dinge mit sich bringt — denn auch dieses Gesetz ist, wie alle Naturgesetze, das Ergebnis des kosmischen Beharrungsvermögens.

LEITGEDANKEN

1. ... *und noch etwas mehr.* Was bedeutet das in diesem Kapitel enthaltene Prinzip für Sie, und wie können Sie es anwenden?

2. Wenn Sie bei einem Versuch gescheitert sind, so liegt es vielleicht daran, daß Ihnen das *»Etwas«* fehlt — eine Nummer in der Zahlenkombination, die Sie zum Erfolg führen soll.

3. Das Ganze ist gleich der Summe aller Teile und größer als jedes seiner Teile. Haben Sie keinen Erfolg, weil einer dieser Teile fehlt?

4. Der kleine Unterschied zwischen Erfolg und Mißerfolg ist oft das berühmte *»noch etwas«:* der Ruf »Hipp, hipp, hurra!«, die bewegliche Klappe an den Tragflächen des Flugzeugs, die Vierteldrehung einer Schraube.

5. Sind Sie im Bunde mit dem stillen Seniorpartner LeTourneaus?

6. Verwenden Sie die einfachsten und doch wichtigsten Werkzeuge, die je erfunden wurden — Papier und Bleistift —, um blitzartige Eingebungen niederzuschreiben, wenn sie Ihnen durch den Kopf schießen.

7. Wie unterscheidet sich die Methode der Gedankenblitze von derjenigen des »Wartens auf Ideen«? Welche Vorteile bietet jede der beiden?

8. Wenden Sie das Erfolgsprinzip der *konzentrierten Aufmerksamkeit* an.

9. Haben Sie es sich angewöhnt, grundlegende Prinzipien zu lernen — oder nehmen Sie nur Unmengen von Fakten in sich auf?

SIE BRAUCHEN SICH NICHT ZU SCHÄMEN, WENN SIE AUF DIESELBE ART WIE CHRISTOPH COLUMBUS VERSAGEN!

TEIL II

Fünf geistige Waffen, um den Erfolg zu erobern

KAPITEL 6

Sie haben ein Problem? Um so besser!

Sie haben also ein Problem? Um so besser! Und warum? Weil gelöste Probleme die Sprossen sind, die Sie die Leiter Ihres Erfolges erklimmen lassen. Mit jedem Sieg über eines Ihrer Probleme wachsen Weisheit, menschliche Größe und Erfahrung. Jedesmal, wenn Sie ein Problem mit PGH lösen, werden Sie daran emporsteigen und ein besserer, ein erfolgreicherer Mensch werden.
Halten Sie inne und denken Sie einmal nach: Ist Ihnen in Ihrem oder im Leben irgendeiner geschichtlichen Persönlichkeit ein Fall bekannt, in dem ein echter Erfolg nicht auf ein Problem zurückzuführen war, vor das der Betreffende sich gestellt sah?
Jeder hat Probleme, weil er, wie das ganze Universum, in einem ständigen Wandlungsprozeß begriffen ist. Der Wandel aller Dinge ist ein unabänderliches Gesetz der Natur. Wichtig für Sie ist nur, daß es von Ihrer geistigen Einstellung abhängt, ob Sie bei der Bewältigung der aus diesem ständigen Wandel sich ergebenden Schwierigkeiten Erfolg oder Mißerfolg haben.
Sie können Ihre Gedanken auf ein bestimmtes Ziel lenken und Ihre Gefühle beherrschen, um auf diese Weise eine bestimmte Geisteshaltung einzunehmen. Sie können wählen, ob Sie eine positive oder negative Geisteshaltung einnehmen wollen. Sie können entscheiden, ob Sie auf

die Veränderungen Ihrer Persönlichkeit und Ihrer Umwelt einwirken, sie ausnutzen, beherrschen oder sich mit ihnen in Einklang bringen wollen. Sie können Ihr Schicksal selbst bestimmen! Wenn Sie den Anforderungen, die diese ständige Veränderung an Sie stellt, mit PGH entgegentreten, können Sie jedes neue Problem durch den Einsatz Ihres Verstandes erfolgreich lösen.

Wie gehen Sie mit PGH an die Lösung eines Problems?

Wenn Sie das erste und wichtigste Element einer positiven Geisteshaltung — den Glaubenssatz, daß Gott immer ein guter Gott ist — kennen und davon überzeugt sind, dann können Sie jedes Ihrer Probleme lösen (ganz gleich, wie schwierig es auch sein mag). Sie sind dann nämlich in der Lage, folgende Methode wirksam anzuwenden:

1. Sie bitten um Gottes Rat und Führung. Sie beten zu Gott, er möge Ihnen helfen, die richtige Lösung zu finden.
2. Sie denken nach.
3. Nun machen Sie sich ein genaues Bild von dem Problem. Sie analysieren und definieren es.
4. Begeistert sagen Sie sich: »Ich stehe vor einem Problem — um so besser!«
5. Jetzt stellen Sie sich einige spezifische Fragen, zum Beispiel:
   a) Was ist das Gute an diesem Problem?
   b) Wie kann ich diese Widrigkeit des Schicksals in den Keim eines gleichgroßen oder noch größeren Vorteils für mich verwandeln; oder wie kann ich dieses Soll zu einem noch größeren Haben machen?
6. Sie suchen so lange nach Antworten auf diese Fragen, bis Sie mindestens *eine* brauchbare gefunden haben.

Sie werden es hauptsächlich mit zweierlei Problemen zu tun haben: mit persönlichen (emotioneller, finanzieller, geistiger, sittlicher oder gesundheitlicher Art) und mit geschäftlichen bzw. beruflichen Problemen. Weil uns aber persönliche Dinge am unmittelbarsten berühren, möchten wir

Ihnen die Geschichte eines Mannes erzählen, der einige der schwierigsten Probleme löste, vor die ein Mensch gestellt werden kann. Beachten Sie beim Lesen, daß der Held unserer Geschichte mit PGH an die Lösung aller Probleme ging, bis er schließlich endgültig Sieger blieb.

Im Staatsgefängnis von Leavenworth fühlte er den Ansporn, sich zu ändern — und er handelte mit PGH

Dieser Mann wurde in ärmliche Verhältnisse hineingeboren. Während seiner Grundschulzeit verkaufte er Zeitungen und arbeitete als Schuhputzer in den Kneipen und auf den Straßen des Hafenviertels von Seattle, um seine Mutter finanziell unterstützen zu können. Später wurde er während der Sommermonate Schiffsjunge auf einem Frachter aus Alaska. Als er mit 17 Jahren seine Highschool-Ausbildung beendet hatte, ging er von zu Hause fort. Er schloß sich einer Horde von Landstreichern an, die mit Güterzügen durch ganz Amerika trampte.

Seine Gefährten waren rauhe Männer. Er spielte und tat sich mit Gesindel zusammen — mit Männern der sogenannten »Border Legion«. Glücksritter, Männer auf der Flucht vor dem Gesetz, Schmuggler, Viehdiebe und dergleichen waren seine Gefährten. In Mexiko schloß er sich den Truppen Pancho Villas an. »Man kann nicht am Rande der Legalität leben und von diesem ungesetzlichen Treiben unberührt bleiben, auch wenn man gar nichts damit zu tun hat«, sagte Charlie Ward. »Mein Fehler war es, daß ich mir die falschen Gefährten aussuchte; meine größte Sünde, daß ich mich schlechten Menschen anschloß.« Von Zeit zu Zeit gewann er beim Spielen große Summen und verlor sie wieder. Schließlich wurde er wegen Rauschgiftschmuggels verhaftet, vor Gericht gestellt und für schuldig befunden. Sein ganzes Leben lang betonte Charlie Ward jedoch seine Unschuld an dem Verbrechen, dessen man ihn angeklagt und weswegen man ihn verurteilt hatte.

Charlie Ward war 34 Jahre alt, als er in das Gefängnis von Leavenworth kam. Trotz des Umgangs, den er vordem gepflegt hatte, war er noch nie im Gefängnis gewesen. Voller Verbitterung schwor er sich, daß keine Gefängnismauern stark genug sein würden, um ihn zu halten, und suchte nach einer Ausbruchsmöglichkeit.

Und dann geschah etwas! Charlie entschloß sich, seine negative Haltung mit PGH in eine positive zu verwandeln. Etwas in ihm befahl ihm, seine *feindselige Haltung aufzugeben* und sich am besten unter allen Gefängnisinsassen zu führen. In diesem Augenblick nahm sein Leben eine für ihn außerordentlich günstige Wendung. Der *Wechsel vom negativen zum positiven Denken* half Charlie Ward, allmählich Meister seiner selbst zu werden.

Er lenkte seine Energie in eine andere Richtung. Er verzieh den Polizeibeamten, die ihn in diese mißliche Lage gebracht hatten, und legte seinen Haß gegen die Richter ab, die ihn verurteilt hatten.

Er nahm den Charlie Ward, der er früher gewesen war, einmal unter die Lupe und beschloß, in Zukunft selbst den bloßen Anschein des Bösen zu meiden. Er suchte nach Möglichkeiten, seinen Gefängnisaufenthalt so angenehm wie möglich zu gestalten.

Zunächst stellte er sich einige Fragen, und zum erstenmal in seinem Erwachsenenleben fand er die Antwort darauf in Büchern. In seiner Gefängniszelle begann er die *Bibel* zu lesen, und er las sie wieder und wieder. Bis er 73jährig starb, las er von da an jeden Tag in der Bibel, um daraus Erbauung, Rat und Hilfe zu empfangen.

Dank seiner veränderten Geisteshaltung begann er den Gefängnisbeamten angenehm aufzufallen. Eines Tages erzählte ihm ein Gefängnisgeistlicher, daß ein im Kraftwerk des Gefängnisses arbeitender Sträfling in drei Monaten entlassen und dieser Vertrauensposten frei werde. Charlie Ward wußte nur wenig über Elektrizität, aber in der Gefängnisbücherei gab es Fachbücher. Er studierte sie und prägte sich alles ein, was es daraus zu lernen gab.

Nach drei Monaten war Charlie bereit. Er bewarb sich um die Stelle. Etwas in seinem Verhalten und in seiner Stimme beeindruckte den stellvertretenden Direktor. Dieses *Etwas* war der Ernst und die Aufrichtigkeit in Charlie Wards positiver Geisteshaltung. Er bekam den Posten.

Weil Charlie Ward weiterhin mit PGH lernte und arbeitete, wurde er bald Leiter des gefängniseigenen Kraftwerks und hatte damit 150 Mann Personal unter sich. Er versuchte nun, jeden einzelnen dazu zu bringen, aus seiner Lage das Beste zu machen.

Als Herbert Hughes Bigelow, Präsident von Brown & Bigelow in St. Paul, Minnesota, wegen Steuerhinterziehung nach Leavenworth kam, freundete sich Charlie Ward auch mit ihm an. Es gelang ihm, auch Bigelow anzuspornen, sich seiner neuen Umgebung anzupassen. Bigelow war für Charlies Freundschaft und Hilfe so dankbar, daß er nach verbüßter Strafe zu ihm sagte: »Sie waren sehr gut zu mir. Wenn Sie entlassen werden, dann kommen Sie nach St. Paul. Sie werden bei uns eine Stelle bekommen.«

Fünf Wochen danach wurde Charlie aus dem Gefängnis entlassen und ging nach St. Paul. Seines Versprechens eingedenk verschaffte Bigelow Charlie eine Stelle als ungelernter Arbeiter mit 25 Dollar Wochenlohn. Charlie arbeitete mit PGH und wurde innerhalb von zwei Monaten Vorarbeiter. Nach einem Jahr war er Direktor. Schließlich machte man ihn zum Vizepräsidenten und Generaldirektor. Im September 1933 starb Bigelow. Charlie Ward wurde Präsident von Brown & Bigelow. Dieses Amt übte er bis zu seinem Tode im Sommer 1959 aus. Während dieser Zeit stiegen die Verkaufsziffern von weniger als drei Millionen Dollar auf über fünfzig Millionen pro Jahr an. Brown & Bigelow wurde die größte Gesellschaft ihrer Art.

Wards positive Geisteshaltung und sein Wunsch, anderen zu helfen, die weniger glücklich waren als er selbst, brachten ihm innere Ruhe, Glück, Liebe und alles, was das Leben an Schönem zu bieten hat. In Anerkennung seines beispielhaften Lebens erkannte ihm Präsident Roosevelt seine bürgerlichen Ehrenrechte wieder zu. Wer ihn kannte, achtete ihn hoch und fühlte bald selbst den Ansporn, anderen zu helfen.

Vielleicht am ungewöhnlichsten und lobenswertesten war es jedoch, daß er über 500 ehemalige Gefängnisinsassen — Männer und Frauen — in seiner Gesellschaft beschäftigte. Seine strenge und doch verständnisvolle und anspornende Führung half ihnen, sich wieder in das normale Leben einzugliedern. Er vergaß nie, daß auch er ein Sträfling gewesen war. An seinem Armband trug er als stete Mahnung einen Anhänger mit seiner alten Sträflingsnummer.

Charlie Ward war zu einer Gefängnisstrafe verurteilt worden. Für ihn war das nur gut gewesen! Warum? Wer weiß, was aus Charlie Ward geworden wäre, wenn er den vorher eingeschlagenen Weg fortgesetzt hätte. Im Gefängnis aber fand er den Ansporn, sich zu ändern. Dort lernte er auch, PGH zur Lösung seiner persönlichen Probleme zu gebrauchen. So wurde aus seiner Welt eine bessere Welt. Der Wert seiner Persönlichkeit wuchs, und er wurde ein besserer Mensch. Niemand wird je wissen, wie viele einmal in Not geratene Menschen Gottes Segen auf Charlie Ward herabflehten, weil sie des Bibelspruchs gedachten:

»Ich war nackt, und ihr habt mich bekleidet. Ich war krank, und ihr habt mich besucht. Ich war gefangen, und ihr seid zu mir gekommen.«

Glücklicherweise steht nicht jeder vor so schwierigen Problemen, wie

Charlie Ward sie meistern mußte. Aber außer der Umwandlung seiner negativen Haltung in eine positive Einstellung steckt noch eine weitere Lehre in Charlies Geschichte. Sie werden sich an das erinnern, was Charlie selbst sagte: »Mein größter Fehler war es, daß ich mir die falschen Gefährten aussuchte.« Eine negative Geisteshaltung ist oft, schlechte Gewohnheiten sind immer ansteckend. Wir sollten alle sorgfältig darauf achten, mit wem wir Umgang pflegen, und versuchen, dabei ein so hohes Niveau wie möglich zu wahren. Denken Sie daran:

> Das Laster ist ein gräßlich' Ungeheuer.
> Allein sein Anblick lehrt uns, es zu hassen.
> Doch allzu oft geseh'n, verliert es seinen Schrecken.
> Wir dulden es, bedauern's und können's schließlich selbst nicht lassen.

Eine andere Kraft, mit der jeder Mensch zu kämpfen hat, ist die Macht des Geschlechtlichen. Begegnet man ihr nicht mit PGH, so kann sie körperlichen, moralischen und geistigen Verfall hervorrufen. Diese Macht stellt uns am unerbittlichsten vor die Entscheidung. Jeder hat in seinem Leben mit sexuellen Problemen zu kämpfen.

Sie können aus dem Geschlechtlichen eine Tugend oder ein Laster machen

Eine der größten Gaben, die Gott der Menschheit schenkte, ist die Fähigkeit, neues Leben hervorzubringen. Das Geschlecht dient der Zeugung neuen Lebens. Es ist eine Kraft, und wie jede Kraft kann es zum Guten oder zum Bösen dienen.

Das Geschlecht ist eine Funktion des Körpers, die sowohl vom Unterbewußtsein als auch vom Bewußtsein gesteuert und durch Vererbung bestimmt wird. Die körperlichen Geschlechtsorgane sind ein Werk Gottes, und wie alles, was Gott geschaffen hat, sind sie gut. Was aus der Macht des Geschlechts so entgegengesetzte Dinge wie Tugend oder Laster machen kann, ist die *geistige Einstellung.*

Die aus dem Geschlechtlichen resultierende Gefühlsbewegung ist eine der stärksten Kräfte des Unterbewußtseins, deren Wirkungen bereits lange vor der Pubertät beobachtet werden können. Sie verschmilzt mit der Triebkraft aller anderen Gefühlsbewegungen und verstärkt diese.

Gerät die Vorstellungskraft, die ja auf die geschlechtliche Erregung einwirkt, mit dem bewußten Willen in Konflikt, so neigt sie dazu, die

Oberhand zu gewinnen — wenn nicht das Bewußtsein auf die Kräfte des Unterbewußtseins einwirkt, sie benutzt, beherrscht oder sich mit ihnen in Einklang bringt. Sie können wählen. Wählen Sie klug — mit PGH! Machen Sie aus dem Geschlechtlichen eine Tugend! Auf diese Weise werden Sie eines der größten Probleme überwinden, das Ihnen je in Ihrem Leben begegnen wird, und außerdem werden Sie körperlich, geistig und moralisch gesünder.

Welches sind nun die sieben Tugenden? *»Tugend«* ist moralisches Verhalten oder Handeln, ein ausgeprägtes Moralbewußtsein, Redlichkeit, Tapferkeit, Keuschheit. *Die sieben Tugenden sind: Weisheit, Stärke, Mäßigung, Gerechtigkeit, Glaube, Hoffnung und Liebe.*

Ein führendes Lexikon gibt folgende Definition:

1. *Weisheit* — die Fähigkeit, vernünftige Lebensregeln aufzustellen und sich streng daran zu halten.

2. *Stärke* — die Fähigkeit, körperliche oder geistige Mühen oder Leiden zu ertragen, ohne dem Druck der Verhältnisse nachzugeben. Festigkeit gegenüber Gefahren und Widrigkeiten; entschlossenes Ausharren; Mut und Stehvermögen. Außerdem bedeutet sie die Widerstandskraft, die notwendig ist, um abstoßenden oder furchteinflößenden Dingen entgegenzutreten oder sich mit den Mühen abzufinden, die eine pflichtgemäße Tätigkeit mit sich bringt. Stärke trägt den Erfolg bereits in sich. Andere Begriffe dafür sind: Charakterfestigkeit, Rückgrat, Mut und Mumm.

3. *Mäßigung* — die Gewohnheit, sich bei der Befriedigung von Gelüsten und Leidenschaften Bescheidung aufzuerlegen.

4. *Gerechtigkeit* — der Grundsatz der Redlichkeit und des gerechten Verhaltens des einzelnen gegenüber seinen Mitmenschen; auch die Unterwerfung unter diesen Grundsatz; Rechtschaffenheit.

5. *Glaube* — Gottvertrauen.

6. *Hoffnung* — der Wunsch und die gleichzeitige Erwartung, man werde das Gewünschte bekommen, oder Glaube an seine Erreichbarkeit.

7. *Liebe* — die brüderliche Liebe zu allen Menschen, weil alle Gottes Kinder sind. Sie äußert sich in Güte und gutem Willen, in verständnisvoller Toleranz gegenüber den Mitmenschen.

Wie können Sie die Macht des Geschlechts zum Guten und Schönen wenden?

Sie finden in diesem Buch eine eindeutige und unmißverständliche Antwort. Bringen Sie die hier dargestellten Prinzipien zueinander in Beziehung und richten Sie Ihr Leben danach ein, dann werden Ihre Bemühungen Erfolg haben.
Jeder muß jedoch das nötige Wissen selbst erwerben. Die folgenden Vorschläge werden Ihnen bei der Lektüre dieses Buches auf Ihrer Suche nach einer Antwort helfen:

1. Konzentrieren Sie Ihre Gedanken auf die Dinge, die Sie sich wünschen, und wenden Sie sie von jenen ab, die Ihnen unwillkommen sind. Das bedeutet, daß Sie Ihren Geist auf nahe, mittlere und entferntere wünschenswerte Ziele richten müssen. Der Geschlechtstrieb im Unterbewußtsein wird so lange geduldig schlummern, wie Hoffnung besteht, daß Sie den Zweck des Lebens erfüllen werden. Ein junger Mensch, der wirklich liebt und heiraten will, wird nicht mit den sexuellen Problemen zu kämpfen haben, mit denen er sich sonst herumschlagen müßte.

2. Wenn mehr Menschen heiraten würden — wenn sie vor allem früher heirateten —, dann gäbe es weniger sexuelle Probleme. Der Zweck des Lebens, nämlich die Schaffung neuen Lebens, wird durch die Ehe erfüllt; heiraten Sie jedoch aus Liebe, und nicht etwa nur, weil der Geschlechtstrieb Sie dazu veranlaßt.

3. Führen Sie ein wohlausgewogenes, geordnetes Leben.

4. Widmen Sie viel von Ihrer Zeit einem wohltätigen Zweck. Er wird Sie beschäftigen, Ihre Gedanken ausfüllen und überschüssige Energie in Anspruch nehmen.

5. Suchen Sie sich ein begeisterndes Lebensziel. Vertiefen Sie sich in die Bedeutung von Kapitel 15.

6. Setzen Sie die Begriffe »Sie können Ihre Welt verändern« aus dem zweiten und »Lernen Sie sehen« aus dem siebenten Kapitel zueinander in Beziehung und richten Sie Ihr Leben danach ein.

7. Wählen Sie sich diejenige Umgebung, die für Ihre Ziele am förderlichsten ist.

8. Wählen Sie solche Selbstansporne zur Selbstsuggestion, die Ihnen Ihrer Meinung nach helfen werden. Lernen Sie sie auswendig. Sie müssen Ihnen in Fleisch und Blut übergehen, so daß sie in Krisenzeiten in Form einer Autosuggestion blitzartig aus dem Unterbewußtsein in Ihr Bewußtsein aufsteigen.

Nicht alle persönlichen Probleme sind jedoch von so tiefgreifender Art. Nicht selten kann ein unmittelbares Problem einfach durch rasches Denken, Anpassungsfähigkeit und genauere Prüfung der Situation, die das Problem hervorrief, gelöst werden.

Oft sind nur eine Idee und unverzügliches Handeln nötig, um dort Erfolg zu haben, wo andere scheiterten

In der North Michigan Avenue in Chicago — also in dem Gebiet der heutigen »Magnificent Mile« — gingen 1939 die Büroräume weg wie saures Bier. In den meisten Gebäuden standen ganze Stockwerke leer; die Eigentümer schätzten sich schon glücklich, wenn ein Gebäude zur Hälfte vermietet war. Es war ein schlechtes Jahr für das Geschäftsleben und NGH hing wie eine schwere, dunkle Wolke über dem Chicagoer Immobilienmarkt. Man hörte Kommentare wie: »Werbung hat keinen Sinn, die Leute haben einfach kein Geld.« Oder: »Was soll man denn tun? Gegen den Zug der Zeit kommt man nicht an.« Inmitten dieses düsteren Bildes aber begann ein Hausverwalter mit PGH. Er hatte eine Idee und handelte!

Die Northwestern Mutual Life Insurance Company hatte ihn zur Verwaltung eines großen Gebäudes in der North Michigan Avenue angestellt. Als er das Gebäude übernahm, war es nur zu zehn Prozent belegt. Innerhalb eines Jahres war es jedoch vollständig vermietet, und die Namen wartender Interessenten füllten eine lange Liste. Was war das Geheimnis dieses Erfolges? Der neue Verwalter betrachtete das Problem der mangelnden Nachfrage nach Büroräumen nicht als ein Mißgeschick, sondern als eine Herausforderung. In einem Interview beschrieb er, wie er das Problem löste:

»Ich wußte genau, was ich wollte, nämlich das Gebäude zu hundert Prozent mit ausgesuchten, zahlungskräftigen Mietern belegen. Ich war mir darüber klar, daß die Büroräume unter den gegebenen Bedingungen wahrscheinlich jahrelang leerstehen würden. Deshalb erdachte ich folgenden Plan, mit dem wir alles zu gewinnen und nichts zu verlieren hatten:

1. Zunächst wollte ich wünschenswerte Mieter ausfindig machen.
2. Jedem möglichen Kunden würde ich die schönsten Büroräume in ganz Chicago anbieten.
3. Diese ausgezeichneten Büroräume würde ich ihm zu demselben Mietpreis offerieren, den er bisher bezahlt hatte.
4. Und mein zusätzliches Angebot: Die Wiederinstandsetzung der gemieteten Räume geht zu Lasten des Vermieters. Ich würde schöpferische Architekten und Innendekorateure verpflichten und die Büroräume des mir anvertrauten Gebäudes nach dem persönlichen Geschmack des jeweiligen neuen Mieters umgestalten lassen.

Dabei ging ich von diesen Überlegungen aus:

1. Wenn ein Büro während der folgenden paar Jahre nicht vermietet werden kann, so werden wir daraus keine Einnahmen erzielen. Wenn wir die oben beschriebenen Verpflichtungen eingehen, haben wir also nichts zu verlieren. Es ist natürlich möglich, daß wir damit bis zum Ende des Jahres keine Einnahmen erzielen, aber dann ist unsere Lage nicht schlechter, als wenn wir überhaupt nichts unternommen hätten. Im Gegenteil, wir sind sogar in einer besseren Lage, weil wir dann über zufriedene Mieter verfügen, die in den folgenden Jahren zuverlässig ihre Miete entrichten werden.
2. Außerdem ist es üblich, Büroräume jeweils nur für ein Jahr zu vermieten. In den meisten Fällen sind es daher nur mehr wenige Monate bis zum Auslaufen des alten Mietvertrages des neuen Mieters. Das Versprechen, die Entrichtung der Miete für die vorhergehenden Büroräume zu übernehmen, bedeutet also kein allzu großes Risiko.
3. Sollte ein Mieter tatsächlich nach dem Ende des ersten Jahres seine Räume wieder aufgeben, dann ist es verhältnismäßig leicht, Büros in einem voll besetzten Gebäude neu zu vermieten. Die Instandsetzung seines Büros bedeutet kein verlorenes Geld, da ja dadurch der Nettowert des ganzen Gebäudes erhöht wird.

Das Ergebnis dieser Taktik war unglaublich. Jedes neu ausgestaltete Büro schien noch schöner zu sein als das vorhergehende. Die Mieter waren so begeistert, daß sie zum großen Teil selbst zusätzliche Mittel — in einem Fall sogar 22 000 Dollar — für die Ausgestaltung ihrer Räume aufwendeten.

Nach einem Jahr war das Gebäude, das anfangs nur zu zehn Prozent vermietet gewesen war, vollständig belegt. Keiner der Mieter wollte nach Ablauf seines Mietvertrages ausziehen. Es gefiel ihnen in ihren neuen, ultramodernen Büroräumen. Nach Ablauf ihres ersten einjährigen Mietvertrages sahen wir außerdem davon ab, die Mieten zu erhöhen, und schufen damit die Grundlage für langjährige gute Geschäftsbeziehungen.«

Wir möchten, daß Sie über diese Geschichte noch einmal nachdenken. Da stand ein Mann vor einem außerordentlich schwierigen Problem. Er verfügte über ein riesiges Bürogebäude, in dem aber nur jedes zehnte Büro belegt war. Und doch war das Gebäude innerhalb eines Jahres zu hundert Prozent vermietet. In den Nachbargebäuden entlang der Magnificent Mile standen dagegen Dutzende von Büroräumen leer.

Diesen Unterschied bewirkte natürlich die Geisteshaltung, mit der die einzelnen Verwalter das Problem in Angriff nahmen. Einer sagte: »Ich stehe vor einem Problem. Wie furchtbar!« Der andere meinte: »Ich stehe vor einem Problem. *Um so besser!*«

Wer seine Probleme als versteckte Glücksfälle erkennt und in ihnen seinen Nutzen sucht, hat das Wesen von PGH begriffen. Wer eine brauchbare Idee entwickelt und danach handelt, wird Mißerfolg in Erfolg verwandeln.

Es erweist sich immer von neuem, daß Probleme und Schwierigkeiten das Beste sind, was uns begegnen kann — vorausgesetzt, wir verstehen es, ihnen die gute Seite abzugewinnen.

Sie werden bemerkt haben, daß das Problem des Gebäudeverwalters eine Folge der Wirtschaftskrise war. Als er dieses Problem 1939 löste, hatte sich die Lage zwar schon wesentlich gebessert, bot aber immer noch genug Schwierigkeiten.

Die Wirtschaftskrise stellte Amerika und die ganze Welt vor schwierigste Probleme. Wirtschaftskrisen sind die Folge von Zyklen im Wirtschaftsleben einer oder mehrerer Nationen. Man braucht aber solchen Entwicklungen nicht einfach untätig zuzusehen, braucht sich von den Zyklen des Lebens nicht zum hilflosen Spielball machen zu lassen. Sie können auch dieses Problem mit Verstand anpacken und lösen und dabei oft ein Vermögen verdienen.

Erwerben Sie ein Vermögen und erreichen Sie Ihre Ziele durch Ihr Verständnis der Zyklen und Tendenzen

Vor vielen Jahren erwies Paul Raymond, der Leiter der Kreditabteilung und Vizepräsident der Chicagoer American National Bank and Trust Company, den Kunden seiner Bank einen großen Dienst: Er schickte ihnen das Buch »*Cycles*« von Dewey und Dakin. In der Folge erwarben viele dieser Kunden ein Vermögen. Sie lernten und verstanden die Theorie der wirtschaftlichen Zyklen und Tendenzen. Einige dieser Kunden werden sich ihr Vermögen bewahren, wie immer auch die wirtschaftlichen Tendenzen verlaufen mögen.

Edward R. Dewey, der viele Jahre lang Direktor der »Foundation for the Study of Cycles« war, erklärt, daß jeder lebende Organismus — sei es nun ein Mensch, ein Betrieb oder eine Nation — bis zum Höhepunkt seiner Entwicklung heranreift, sich eine Zeitlang auf dieser Höhe hält und dann verfällt. Was aber ebenso wichtig ist: Dewey zeigt eine Möglichkeit auf, wie Sie als einzelner ohne Rücksicht auf Tendenzen oder Zyklen etwas gegen diese Entwicklung tun können. Sie können mit Erfolg dem Ruf nach Veränderung nachkommen. Mit Hilfe von neuem Leben, neuem Blut, neuen Ideen und neuen Tätigkeitsbereichen können Sie, soweit es um Sie selbst und Ihre Interessen geht, die Richtung ihrer Entwicklung ändern — ganz gleich, wie die allgemeine Tendenz verläuft.

Er sah eine rückläufige wirtschaftliche Entwicklung voraus und bereitete sich darauf vor, trotzdem voranzukommen

Bevor die Zeitungen von dem Wirtschaftsrückgang berichteten, der gegen Ende 1957 begann, wurde ein Kunde der Bank bereits aktiv. Seine Organisation bemühte sich intensiv und mit positiver Geisteshaltung um eine Steigerung des Geschäftsvolumens. 1958 erzielte seine Gesellschaft eine Dividendenerhöhung auf über dreißig Prozent, während es im Vorjahr nur fünfundzwanzig Prozent gewesen waren. In der ganzen übrigen Industrie herrschte eine rückläufige Entwicklung.

Manchmal handelt es sich bei einem solchen Problem um einen Zyklus, der nicht für einen ganzen Industriezweig oder eine Nation zutrifft, sondern lediglich für einen einzelnen Betrieb. Auch dieses Problem kann vorausgesehen und gelöst werden. Den Beweis dafür finden wir in der Tatsache, daß viele amerikanische Firmen ständig weiterwachsen, obwohl sie normalerweise bereits den Höhepunkt ihrer Entwicklung erreicht haben müßten, um sich dort einige Zeit zu halten und schließlich ihre Pforten wieder zu schließen. E. I. du Pont de Nemours & Co., Inc., ist ein besonders schlagendes Beispiel dafür.

Mit Hilfe von neuem Leben, neuem Blut, neuen Ideen und neuen Tätigkeitsbereichen folgten sie dem Ruf nach Veränderung

Man braucht nicht erst darauf hinzuweisen, daß E. I. du Pont de Nemours & Co., Inc. unaufhörlich gewachsen ist. Welches Geheimnis bestimmte diesen Erfolg? Warum folgte die Gesellschaft nicht dem natürlichen Zyklus?

Die leitenden Angestellten dieser Gesellschaft gingen mit PGH an das Problem der Verjüngung heran und waren von vornherein fest entschlossen, es zu lösen. Sie befassen sich weiterhin mit Forschungsarbeiten und machen ständig neue Erfindungen. Sie entwickeln neue Erzeugnisse und vervollkommnen die bisherigen. Sie führen der Geschäftsleitung neues Blut zu und untersuchen und verbessern ihre Verkaufsmethoden.

Lernen Sie aus diesem Erfolg!

Sie als Einzelperson können genauso überlegen und experimentieren wie der Eigentümer eines kleinen Geschäftsbetriebes. Genausogut können Sie die von einer großen Gesellschaft angewandten Grundsätze zueinander in Beziehung bringen und assimilieren. Auch Sie selbst können sich weiterentwickeln mit Hilfe einer stimulierenden Injektion mit neuen Ideen, neuem Leben, neuem Blut und neuen Tätigkeitsbereichen. Sie können eine fallende Tendenz in eine steigende verwandeln. Seien Sie anders als die anderen! Wo jene mit dem Strom abwärts treiben, können Sie gegen den Strom aufwärts schwimmen!

Viele der Geschichten, die Sie in diesem Buch schon gelesen haben und noch lesen werden, zeigen, *daß es nur um so besser ist, wenn Sie ein Problem haben.* Es ist gut für Sie, wenn Sie lernen, Ihren Blick dafür auszubilden, wie Sie eine Widrigkeit des Schicksals in den Keim eines gleichgroßen oder größeren Vorteils verwandeln können. Sollten Sie den Grundsatz noch nicht erkannt haben, so kann Ihnen das nächste Kapitel mit der Überschrift »Lernen Sie sehen« dabei helfen.

LEITGEDANKEN

1. Sie haben also ein Problem? Um so besser! Warum? Weil Sie jedesmal, wenn Sie mit PGH an ein Problem herangehen und es lösen, daran wachsen und ein besserer und erfolgreicherer Mensch werden.
2. Jedermann hat Probleme.
3. Ihr Erfolg oder Mißerfolg bei der Lösung der Probleme, die der Ruf nach Veränderung mit sich bringt, hängt von Ihrer Geisteshaltung ab.
4. Lenken Sie Ihre Gedanken auf ein bestimmtes Ziel, beherrschen Sie Ihre Gefühle und bestimmen Sie Ihr Schicksal!
5. *Gott ist immer ein guter Gott.*
6. Wenn Sie vor einem Problem stehen: dann a) bitten Sie um Gottes Rat und Führung; b) denken Sie nach; c) machen Sie sich ein genaues Bild von dem Problem und d) analysieren Sie es; e) betrachten Sie es im Lichte von PGH und sagen Sie sich: »Um so besser!«; f) dann verwandeln Sie diese Widrigkeit des Schicksals in den Keim eines noch größeren Vorteils.
7. Charlie Ward ist ein hervorragendes Beispiel für einen Mann, der dem Ruf nach Veränderung erfolgreich nachkam.
8. Die Macht des Geschlechts zwingt am dringendsten zur Entscheidung. Machen Sie aus dem Geschlechtlichen eine Tugend.
9. Die sieben Tugenden sind: Weisheit, Stärke, Mäßigung, Gerechtigkeit, Glaube, Hoffnung und Liebe. Setzen Sie diese Eigenschaften in Beziehung zu Ihrem Leben und richten Sie es danach ein.
10. Ein guter Gedanke, dem die Tat auf dem Fuß folgt, kann Mißerfolg in Erfolg verwandeln.

JEDE WIDRIGKEIT DES SCHICKSALS TRÄGT DEN KEIM EINES GLEICH GROSSEN ODER NOCH GRÖSSEREN VORTEILS IN SICH.

KAPITEL 7

Lernen Sie sehen

George W. Campbell wurde blind geboren. »Angeborener beidseitiger grauer Star« nannte es der Arzt.
Georges Vater sah den Arzt ungläubig an. »Können Sie denn gar nichts dagegen tun? Kann man nicht operieren?«
»Nein«, sagte der Arzt. »Für diese Krankheit haben wir bis jetzt noch keine Heilmethode gefunden.«
George Campbell konnte nicht sehen, aber die Liebe und das Gottvertrauen seiner Eltern machten sein Leben reich. Solang er noch ganz klein war, wußte er nicht einmal, daß ihm etwas fehlte.
Aber als George sechs Jahre alt war, geschah etwas, was er nicht verstehen konnte. Eines Nachmittags spielte er mit einem anderen Jungen. Der dachte nicht mehr an Georges Blindheit und warf ihm einen Ball zu: »Paß auf, sonst trifft er dich!«
Der Ball traf George tatsächlich — und danach war in seinem Leben alles irgendwie anders als früher. George war nicht verletzt, aber sehr verwirrt. Später fragte er seine Mutter: »Wie konnte Bill wissen, was mir passieren würde, bevor ich selbst es wußte?«
Nun war der Augenblick gekommen, den die Mutter gefürchtet hatte. Zum erstenmal mußte sie ihrem Sohn sagen: »Du bist blind.« Sie erklärte es ihm auf folgende Weise:
»Setz dich zu mir, George«, sagte sie sanft, streckte ihren Arm aus und nahm ihn bei der Hand. »Vielleicht kann ich es dir nicht beschreiben, und vielleicht kannst du es auch nicht verstehen. Trotzdem will ich versuchen, es dir zu erklären.« Mit diesen Worten ergriff sie liebevoll eine seiner kleinen Hände und begann, die Finger zu zählen. »Eins, zwei, drei, vier, fünf. Diese fünf Finger entsprechen dem, was wir als die fünf Sinne kennen.« Dann nahm sie einen seiner Finger nach dem anderen zwischen Daumen und Zeigefinger.
»Dieser kleine Finger ist für das Gehör, dieser für das Gefühl, dieser

für den Geruch, dieser für den Geschmack.« Sie zögerte, ehe sie fortfuhr: »Und dieser kleine Finger ist für das Sehen. Wie jeder Finger, so schickt jeder der fünf Sinne Meldungen an dein Gehirn.«

Dann bog sie Georges kleinen Finger, der das Sehvermögen darstellen sollte, nach innen und hielt ihn auf Georges Handfläche fest.

»George, du bist anders als andere Jungen«, erklärte sie weiter, »weil du nur die Sinne zur Verfügung hast, die diese vier Finger darstellen: erstens das Gehör, zweitens das Gefühl, drittens den Geruch und viertens den Geschmack. Der Gesichtssinn fehlt dir. Ich möchte dir nun etwas zeigen. Steh einmal auf.«

George stand auf. Seine Mutter nahm seinen Ball: »Jetzt streck deine Hand aus, als ob du ihn fangen wolltest«, sagte sie.

George streckte seine Hand aus, und im nächsten Augenblick fühlte er, wie der harte Ball seine Hände traf. Er schloß seine Hände fest um den Ball und hatte ihn gefangen.

»Gut, sehr gut«, sagte die Mutter. »Ich möchte, daß du nie vergißt, was du gerade getan hast. George, du kannst einen Ball mit vier anstatt mit fünf Fingern auffangen. Genauso kannst du mit vier anstatt mit fünf Sinnen in deinem Leben Erfüllung und Glück finden und dir erhalten — wenn du dich darum bemühst und es stets von neuem versuchst.«

Georges Mutter hatte hier eine Metapher gebraucht, da ein solcher bildhafter Ausdruck eine der schnellsten und wirksamsten Methoden darstellt, um einem anderen Menschen einen Gedanken nahezubringen.

George vergaß nie das Beispiel der »vier Finger anstatt fünf«. Für ihn war es das Symbol der Hoffnung. Jedesmal, wenn der Gedanke an sein Gebrechen Mutlosigkeit in ihm aufkommen ließ, benutzte er dieses Symbol als Selbstansporn. Es wurde für ihn eine Art Selbstsuggestion, denn er sagte sich das Beispiel immer wieder vor. In Augenblicken der Entmutigung tauchte es blitzartig aus seinem Unterbewußtsein auf.

Er fand bald heraus, wie recht seine Mutter hatte. Mit Hilfe der vier Sinne, die ihm zur Verfügung standen, konnte er Erfüllung und Glück in seinem Leben finden und sich erhalten.

Aber damit ist George Campbells Geschichte noch nicht zu Ende.

Als der Junge gerade ein halbes Jahr an der High School war, wurde er krank und mußte ins Krankenhaus. Er war bereits wieder auf dem Weg der Besserung, da überraschte ihn sein Vater eines Tages mit der Neuigkeit, daß Wissenschaftler eine Heilmethode für angeborenen grauen Star entwickelt hatten. Natürlich bestand die Möglichkeit eines Fehlschlags — aber die Aussicht auf Erfolg überwog bei weitem die Möglichkeit eines Mißerfolgs.

George sehnte sich so danach, sehen zu können, daß er das Risiko eines Fehlschlags bewußt in Kauf nahm.

Während der folgenden sechs Monate wurden vier komplizierte Operationen an ihm vorgenommen — zwei an jedem Auge. Tagelang lag George mit einem Verband über den Augen in seinem verdunkelten Krankenzimmer.

Schließlich kam der Tag, an dem die Verbände abgenommen werden sollten. Langsam und vorsichtig entfernte der Arzt den Verbandmull, der um Georges Kopf und über seinen Augen lag. In der plötzlichen Helle konnte George nichts erkennen.

In gewissem Sinn war George Campbell noch immer blind!

Einen entsetzlichen Augenblick lang lag er da und dachte nach. Dann hörte er, wie sich der Arzt neben seinem Bett bewegte. Etwas wurde über seine Augen gelegt.

»Können Sie jetzt sehen?« fragte der Arzt.

George hob seinen Kopf ein wenig aus den Kissen. Die verschwommene Helligkeit wurde zu Farbe, nahm Form an, verdichtete sich zu einer Gestalt.

»George«, sagte eine Stimme, die er wiedererkannte. Es war die Stimme seiner Mutter.

Mit 18 Jahren sah George Campbell zum erstenmal in seinem Leben seine Mutter: Er sah die müden Augen, das runzelige Gesicht der Zweiundsechzigjährigen und die knotig und steif gewordenen Hände — und doch erschien sie George überaus schön.

Für ihn war sie ein Engel. Die Jahre voller Mühsal und Geduld, in denen sie ihn unterrichtet und für ihn geplant, ihm seine Augen ersetzt und all die Liebe und Zuneigung entgegengebracht hatte — das alles sah George jetzt.

Bis auf den heutigen Tag bewahrt er als größten Schatz die Erinnerung an das erste, was er damals erblickte: das Bild seiner Mutter. Sie werden noch sehen, daß er durch dieses Erlebnis seinen Gesichtssinn besonders schätzen lernte.

»Niemand von uns kann das Wunder des Sehens begreifen«, sagte er, »der nicht ohne diese Fähigkeit auskommen mußte.«

Sehen ist ein erlernter Vorgang

Aber George lernte auch noch etwas anderes, das jedem helfen wird, der sich für PGH interessiert. Nie wird er den Tag vergessen, an dem er seine Mutter im Krankenzimmer vor sich stehen sah und nicht wußte, wer sie war — oder auch nur, *was* sie war —, ehe er sie nicht sprechen hörte. »Was wir sehen«, erklärte George, »ist immer eine Deutung des Geistes. Wir müssen unseren Geist darin üben, das zu deuten, was wir sehen.«

Diese Beobachtung wird durch wissenschaftliche Forschungsergebnisse erhärtet. »Das eigentliche Sehen spielt sich zum größten Teil gar nicht in den Augen ab«, erklärt Dr. Samuel Renshaw den geistigen Sehvorgang. »Die Augen funktionieren wie Hände, die ›ausgestreckt‹ werden, sinnlose ›Dinge‹ ergreifen und sie ins Gehirn holen. Das Gehirn gibt diese ›Dinge‹ an das Erinnerungsvermögen weiter. Erst wenn das Gehirn sie durch Vergleiche deutet, *sehen* wir wirklich etwas.«

Manche von uns gehen durch das Leben und »sehen« doch nur so wenig. Wir werten die Informationen, die uns unsere Augen durch die Denkvorgänge des Gehirns übermitteln, nicht richtig aus. Die Folge ist, daß wir oft Dinge erblicken, ohne sie wirklich zu *sehen.* Wir nehmen physikalische Eindrücke in uns auf, ohne ihre Bedeutung für uns zu erfassen. Mit anderen Worten: Wir unterlassen es, PGH auf die von unserem Gehirn empfangenen Eindrücke anzuwenden.

Ist es an der Zeit, Ihr geistiges Sehvermögen zu überprüfen? Nicht Ihr körperliches Sehvermögen — das ist Sache der Fachärzte. Aber wie das körperliche, so kann auch das geistige Sehvermögen gestört sein. In einem solchen Fall kann es geschehen, daß Sie sich in einem Wirrwarr falscher Begriffe umhertasten und unnötige Zusammenstöße hervorrufen, die für Sie und andere schmerzlich sind.

Die bekanntesten Sehfehler sind zwei einander entgegengesetzte Extreme — Kurzsichtigkeit und Weitsichtigkeit. Sie sind auch die am weitesten verbreiteten Störungen des geistigen Sehvermögens.

Wer geistig kurzsichtig ist, neigt dazu, entferntere Dinge und Möglichkeiten zu übersehen. Er widmet seine Aufmerksamkeit nur den unmittelbar vor ihm liegenden Problemen und ist blind für alle Möglichkeiten, die sich ihm öffneten, würde er über die Zukunft nachdenken und für sie Pläne schmieden. Sie sind kurzsichtig, wenn Sie nicht für die Zukunft planen, Ziele abstecken und Grundlagen schaffen.

Andererseits neigt der geistig weitsichtige Mensch dazu, unmittelbar vor ihm liegende Möglichkeiten zu übersehen. Er sieht nicht die greifbaren Chancen, sondern ist in einer Traumwelt der Zukunft gefangen, die in keiner Beziehung zur Gegenwart steht. Er möchte an der Spitze anfangen, statt Stufe um Stufe aufzusteigen, und erkennt nicht, daß man eigentlich nur dann oben anfangen kann, wenn man ein Loch gräbt.

Sie schauten und erkannten, was sie sahen

Da Sie wirklich sehen lernen wollen, müssen Sie also beide Fähigkeiten entwickeln, um sowohl naheliegende als auch fernliegende Dinge zu erkennen. Das sehen zu können, was unmittelbar vor einem liegt, bedeutet einen ungeheuren Vorteil. Jahrelang blickten die Bewohner der kleinen Stadt Darby in Montana zu einem Berg auf, den sie Crystal Mountain nannten. Der Name kam von einer durch Erosion freigelegten kristallenen Platte, die ähnlich wie Steinsalz aussah. Schon 1937 war ein Saumpfad direkt über diese Gesteinsplatte geführt worden, aber erst 1951 — 14 Jahre später — machte sich jemand die Mühe, sich zu bücken, ein Stück des funkelnden Materials aufzuheben und es wirklich zu betrachten.

In diesem Jahr 1951 betrachteten sich zwei Bewohner von Darby, A. E. Cumley und L. I. Thompson, eine in der Stadt ausgestellte Mineralien-Sammlung. Plötzlich wurden sie von Erregung gepackt: Unter den Mineralien waren neben anderen Gesteinen Stücke einer Beryllart ausgestellt, die, nach den Angaben der danebenliegenden Beschreibung, in der Kernforschung Verwendung findet. Unverzüglich steckten Thompson und Cumley am Crystal Mountain Grubenanteile ab. Thompson schickte eine Erzprobe an die Zweigstelle des Bergbauamts in Spokane und bat gleichzeitig, man möge einen Sachverständigen entsenden, um »ein sehr großes Lager« dieses Minerals zu untersuchen. Noch im selben Jahr schickte das Amt einen Räumpflug auf den Berg. Die von der zutage getretenen Ader entnommenen Gesteinsproben genügten, um feststellen zu können, daß es sich hier in der Tat um eines der größten Lager der Welt mit außerordentlich wertvollem Beryllium handelte. Heute quälen sich schwere Lastwagen den Berg hinauf und arbeiten sich dann, hoch beladen mit dem schweren Erz, langsam wieder hinunter, während am Fuße des Berges Vertreter der United States Steel Company und der Regierung der Vereinigten Staaten sozusagen mit den

Dollarnoten in der Hand warten, um das hochgeschätzte Erz zu kaufen. — Und das alles, weil zwei junge Männer einmal mit ihren Augen nicht nur Bilder aufnahmen, sondern sich die Mühe machten, das Gesehene auch zu deuten. Heute sind diese beiden Männer auf dem besten Wege, Multimillionäre zu werden.

Ein geistig Weitsichtiger hätte nicht das tun können, was Thompson und Cumley taten — weil eben sein geistiges Sehvermögen gestört ist. Ein solcher Mensch kann nämlich nur weit entfernte Werte sehen, während er die unmittelbar vor ihm liegenden Vorteile nicht wahrnimmt. Liegen Reichtümer vor Ihrer Haustür? Schauen Sie sich um! Gibt es bei Ihrer täglichen Arbeit Dinge, die immer von neuem Ihren Unmut hervorrufen? Vielleicht haben Sie eine Idee, wie Sie damit fertig werden können — eine Lösung, die nicht nur Ihnen, sondern auch anderen helfen könnte? Mancher hat schon ein Vermögen erworben, weil er für solche einfachen Bedürfnisse Abhilfe schaffte. Das gilt zum Beispiel für den Mann, der die Haarklemme erfand, und für denjenigen, der die Idee mit der Büroklammer hatte, und natürlich auch für die Erfinder des Reißverschlusses und des verstellbaren Hosenbundes. Schauen Sie sich um! Lernen Sie sehen! Vielleicht finden Sie in Ihrem Hinterhof *Diamantenfelder*.

Geistige Kurzsichtigkeit kann aber genauso ein Problem sein wie geistige Weitsichtigkeit. Wer darunter leidet, sieht nur das, was direkt vor seiner Nase liegt, während er weiter entfernte Möglichkeiten nicht ausnützt. Solche Menschen begreifen nicht, welche Kraft in einem Plan stecken kann oder wie wertvoll die Zeit ist, die zum Nachdenken verwendet wird. Sie sind so sehr mit den unmittelbar vor ihnen liegenden Problemen beschäftigt, daß sie sich innerlich nicht davon freimachen können, um nach neuen Möglichkeiten Ausschau zu halten, Tendenzen zu erfassen und einen Überblick zu gewinnen.

Die Fähigkeit, Zukünftiges vorauszusehen, ist eine der eindrucksvollsten Gaben des menschlichen Gehirns. Im Herzen des Anbaugebiets von Zitrusfrüchten in Florida liegt, umgeben von Ackerland, die kleine Stadt Winter Haven. Sicherlich würden die meisten Leute diese Gegend als völlig ungeeignet betrachten, um eine große Zahl von Touristen anzulocken. Sie ist einsam und verfügt weder über Badestrände noch über Berge. Es gibt dort Meile um Meile nur sanft geschwungene Hügel mit kleinen Seen und Zypressensümpfen in den Tälern.

Dann kam jedoch Richard Pope in diese Gegend und sah die Zypressensümpfe völlig anders als alle vor ihm. Dick Pope kaufte einen dieser alten Zypressensümpfe und zäunte ihn ein. Und erst vor kurzem lehnte er eine Million Dollar ab, die ihm für die inzwischen weltberühmten »Cypress Gardens« geboten wurden.

Natürlich war das alles nicht so einfach, wie es rückblickend erscheint. Immer wieder mußte Dick Pope die Möglichkeiten »erkennen«, die sich ihm boten.

Da war zum Beispiel die Frage der Werbung. Pope wußte, daß die einzige Möglichkeit, Besucher für einen so einsamen Ort zu begeistern, in einer gezielten Werbekampagne bestand. Aber Anzeigen kosten Geld. Also tat Dick Pope etwas an sich sehr Einfaches: Er stieg in das Fotogeschäft ein. Er errichtete einen Fotozubehörladen, verkaufte seinen Besuchern Filme und zeigte ihnen dann, wie sie die besten Aufnahmen von den Cypress Gardens machen konnten. Außerdem engagierte er geschickte Wasserskiläufer, die er schwierige Kunststücke ausführen ließ, während er den Zuschauern über einen Lautsprecher Anweisungen gab, welche Kameraeinstellungen zu wählen seien, um reizvolle Bilder festzuhalten. Kamen diese Reisenden dann nach Hause, so stammten ihre besten Aufnahmen stets aus den Cypress Gardens. Das verschaffte Dick Pope die beste Werbung überhaupt: Weiterempfehlung durch Wort und Bild!

Diese Art von »schöpferischem Sehen« müssen wir alle entwickeln. Wir müssen lernen, unsere Welt mit neuen Augen zu betrachten — und dabei die Möglichkeiten zu erkennen, die sich uns überall auftun. Gleichzeitig müssen wir aber auch die Zukunft auf Chancen überprüfen, die sie uns bietet.

Sehen ist eine angeborene Fähigkeit, aber nur der bringt es darin wirklich zur Fertigkeit, der es dauernd übt.

Erkennen Sie die Anlagen, Fähigkeiten und Einstellungen anderer Menschen

Man möchte glauben, daß wir unsere eigenen Talente zu erkennen vermögen, und doch sind wir gerade in dieser Hinsicht oft blind. Lassen Sie uns dies am Beispiel einer Lehrerin erklären, deren geistiges Sehvermögen einer Korrektur bedurfte. Sie war sowohl kurz- als auch weitsichtig, denn sie konnte weder die bereits entwickelten oder schlummernden

Anlagen und Fähigkeiten ihrer Schüler noch deren Einstellung erkennen.

Nun muß jedermann — die ganz Großen genauso wie die nicht ganz so Großen — erst einen Ausgangspunkt finden. Unsere großen Männer wurden nicht als glänzende und erfolgreiche Persönlichkeiten geboren. Tatsächlich wurden einige von ihnen in ihrem Leben zeitweise sogar als sehr dumm betrachtet. Erst als sie eine positive Geisteshaltung entwickelten und ihre Fähigkeiten zu begreifen bzw. fest umrissene Ziele ins Auge zu fassen lernten, begann ihr Aufstieg zum Erfolg. Da war vor allem ein junger Mann, den seine Lehrer als Kind lange Zeit für »einen stumpfsinnigen, zu klarem Denken unfähigen Dummkopf« gehalten hatten.

Der Junge saß da und zeichnete Bilder auf seine Schiefertafel. Er schaute um sich und hörte allen anderen aufmerksam zu. Er stellte »unmögliche Fragen«, weigerte sich aber zu sagen, was er wußte, auch wenn ihm deswegen Strafe drohte. Die Kinder nannten ihn »Dummkopf«, und meist war er der Letzte der Klasse.

Dieser Junge war Thomas Alva Edison. Es wird Sie inspirieren, seine Lebensgeschichte zu lesen. Die Grundschule besuchte er nicht einmal ganze drei Monate, und doch wurde er ein hochgebildeter Mann, nachdem ihn ein Ereignis in seinem Leben angespornt hatte, die NGH-Seite seines Talismans nach unten zu drehen. So kam die PGH-Seite nach oben zu liegen, und er entwickelte sich zum überaus begabten Menschen und großen Erfinder.

Was war das für ein Ereignis? Was veranlaßte Edison, seine geistige Einstellung zu ändern? Er erzählte seiner Mutter, er habe die Lehrerin zum Schulinspektor sagen hören, er, Thomas Alva Edison, sei ein »geistiger Wirrkopf« und es lohne sich nicht, ihn noch länger in der Schule zu behalten. Daraufhin ging seine Mutter mit ihm in die Schule und erklärte dort laut und deutlich, ihr Sohn besitze mehr Verstand als die Lehrerin oder der Schulinspektor.

Edison erzählte später von seiner Mutter, keine Frau habe sich je mit so viel Begeisterung für ihren Jungen eingesetzt wie sie. Von diesem Tag an war er ein anderer Mensch. Er sagte: »Sie übte auf mich einen Einfluß aus, der mein ganzes Leben lang fortwirkte. Was mir ihre Erziehung in meiner frühesten Jugend gab, wurde bleibender Besitz. Meine Mutter war immer freundlich, immer teilnahmsvoll, und nie mißverstand sie mich oder beurteilte mich falsch.« Der feste Glaube seiner Mutter an seine Fähigkeiten veranlaßte ihn, sich selbst in einem völlig neuen Licht zu sehen. Er spornte ihn an, die PGH-Seite seines Talismans nach oben zu drehen und gegenüber Studium und Lernen eine positive Geisteshaltung einzunehmen. Durch diese Einstellung lernte Edison, die Dinge mit einem tieferen geistigen Einfühlungsvermögen zu betrachten, das ihm die Entwicklung von Erfindungen ermöglichte, die der ganzen Menschheit zugutekamen. Die Lehrerin erkannte nicht, wie er wirklich war; vielleicht deshalb, weil sie nicht — wie seine Mutter — ein echtes Interesse daran hatte, dem Jungen zu helfen.

Sie neigen dazu, das zu sehen, was Sie gerne sehen möchten.

Hören bedeutet nicht unbedingt Aufmerksamkeit oder Konzentration, *zuhören* dagegen immer. In diesem ganzen Buch legen wir Ihnen immer wieder ans Herz, der Botschaft zuzuhören — das heißt zu *erkennen*, wie Sie das betreffende Prinzip mit Ihrem eigenen Leben in Einklang bringen, wie Sie es sich zueigen machen können.

Vielleicht möchten Sie sehen, wie sich das dem folgenden Erlebnis zugrunde liegende Prinzip in Ihrem Leben anwenden läßt: Dr. Roy Plunkett, ein Chemiker bei DuPont, machte ein Experiment. Es mißlang. Als er nach dem Experiment das Reagenzglas öffnete, stellte er fest, daß es offensichtlich völlig leer war. Das machte ihn neugierig, und er fragte sich: »Warum?« Er warf das Reagenzglas nicht weg, wie es andere unter den gleichen Umständen vielleicht getan hätten. Statt dessen wog er es, und zu seiner Überraschung war es schwerer als ein leeres Glas gleichen Materials und gleicher Form. Wieder stellte sich Dr. Plunkett die Frage nach dem Warum.

Auf der Suche nach einer Antwort auf diese Frage entdeckte er das wunderbare durchsichtige Plastikmaterial Tetrafluorethylen, allgemein bekannt unter der Bezeichnung Teflon. Während des Koreakrieges sicherte sich die Regierung der USA vertraglich die gesamte Produktion der Firma.

Sobald Sie etwas nicht verstehen, müssen Sie sich stets fragen: »Warum?« Betrachten Sie die Sache genauer! Vielleicht machen Sie eine große Entdeckung?!

Stellen Sie sich Fragen!

Wenn Sie sich selbst oder anderen Fragen über Sie verwirrende Dinge stellen, so kann sich das für Sie als außerordentlich lohnend erweisen.

Eben dieses Vorgehen führte nämlich zu einer der größten wissenschaftlichen Entdeckungen der Welt.
Ein junger Engländer, der höhere Mathematik studierte, verbrachte seine Ferien auf dem Bauernhof seiner Großmutter, um einmal auszuspannen. Er lag auf dem Rücken unter einem Apfelbaum und dachte nach. Plötzlich fiel ein Apfel herunter.
»Warum fällt der Apfel auf die Erde?« fragte sich der junge Mann. »Zieht die Erde den Apfel an? Zieht der Apfel die Erde an? Oder ziehen sie sich gegenseitig an? Welches Gesetz des Universums wirkt hier?«
Isaac Newton benutzte seinen Verstand und machte eine Entdeckung. Geistig sehen heißt denken. Er fand die Antworten, nach denen er suchte: Die Erde und der Apfel zogen sich gegenseitig an, und das Gesetz, nach dem sich Masse gegenseitig anzieht, gilt für das ganze Universum. Newton entdeckte das Gesetz der Schwerkraft, weil er aufmerksam beobachtete und Antworten auf die Fragen suchte, die er sich dabei stellte. Ein anderer Mann fand Glück und großen Reichtum, weil er seine Beobachtungsgabe einsetzte und entsprechend handelte. Newton suchte selbst nach den Antworten. Der andere Mann holte sich fachmännischen Rat.

Er kam zu Wohlstand, weil er einen Rat annahm

In der japanischen Stadt Toba übernahm 1869 der eben elfjährige Kokichi Mikimoto das Geschäft seines Vaters. Dieser, ein Nudelmacher des Dorfes, konnte einer Krankheit wegen seinem Beruf nicht mehr nachgehen. Der Junge ernährte mit seiner Arbeit seine Eltern und neun Geschwister. Mikimoto mußte die Nudeln nicht nur jeden Tag frisch herstellen, sondern sie auch verkaufen. Er erwies sich dabei als ein guter Verkäufer.
Mikimoto war vorher von einem Samurai unterrichtet worden, der ihn gelehrt hatte:
Wahren Glauben beweist man durch Güte und Liebe gegenüber seinen Mitmenschen, und nicht durch das rein mechanische und gedankenlose Hersagen von Gebeten.
Diese grundlegende PGH-Philosophie des positiven Handelns befolgend wurde Mikimoto ein *Tatmensch*. Er entwickelte die Gewohnheit, Gedanken Wirklichkeit werden zu lassen.
Mit 20 Jahren verliebte er sich in die Tochter eines Samurais. Der junge

Mann wußte, daß der Vater des Mädchens der Heirat seiner Tochter mit einem Nudelmacher seinen Segen verweigern würde. Das war für ihn der Ansporn, eine seiner bis jetzt brach liegenden Fähigkeiten zu verwerten. Er wechselte seinen Beruf und wurde Perlenhändler.

Wie viele Menschen, die irgendwo in der Welt erfolgreich sind, suchte Mikimoto nach Fachwissen, das ihm bei seiner neuen Tätigkeit helfen würde. Wie die großen Industriellen unserer Tage suchte er Hilfe bei einer Universität. Professor Yoshikichi Mizukuri erzählte Mikimoto dabei von einem Naturgesetz, das bis dahin allerdings nur als Theorie bekannt war.

»Eine Perle entsteht, wenn ein Fremdkörper — zum Beispiel ein Sandkorn — in einer Auster steckenbleibt. Falls der Fremdkörper die Auster nicht tötet, wird er durch einen natürlichen Prozeß mit demselben Sekret umhüllt, das auch das Perlmutter auf der Innenseite der Austerschale bildet.«

Mikimoto war gepackt! Er konnte es kaum erwarten, eine Antwort auf die Frage zu finden, die er sich selbst gestellt hatte: »Kann ich Perlen regelrecht züchten, wenn ich einen winzigen Fremdkörper in die Austern einsetze und dann der Natur ihren Lauf lasse?«

Nachdem er nun einmal sehen gelernt hatte, setzte er seine Theorie in positives Handeln um.

Durch den Universitätsprofessor hatte Mikimoto sehen gelernt. Er bediente sich der Kraft seiner Phantasie und verlegte sich auf schöpferisches Denken. Auf deduktivem Wege kam er zu der Schlußfolgerung: Falls Perlen nur entstanden, wenn ein Fremdkörper in die Austern eindrang, dann konnte er Perlen durch die Anwendung dieses Naturgesetzes züchten. Er würde Fremdkörper in die Austern einführen und diese dadurch zwingen, Perlen zu bilden. Er lernte zu beobachten und zu handeln und wurde ein erfolgreicher Mann.

Eine Untersuchung von Mikimotos Leben ergibt, daß er alle 17 Erfolgsprinzipien anwandte. Nicht das Wissen allein, erst die Anwendung des Wissens, die Handlung führt Sie zum Erfolg. *Handeln Sie!*

Vieles von dem, was uns einfällt, wenn wir mit neuen Augen sehen lernen, wird uns und anderen kühn vorkommen. Diese Einfälle können uns entweder erschrecken oder, wenn wir ihnen folgen, unser Glück bedeuten. Hier noch eine andere wahre Geschichte um Perlen. Diesmal handelt es sich um einen jungen Amerikaner, Joseph Goldstone. Er ging bei den Farmern in Iowa von Tür zu Tür und verkaufte Schmuck.

Eines Tages, als die Wirtschaftskrise gerade ihren Höhepunkt erreicht hatte, erfuhr er, daß die Japaner sehr schöne Zuchtperlen herstellten. Sie waren von hoher Qualität und konnten trotzdem zu einem Bruchteil des Preises von natürlich gewachsenen Perlen verkauft werden!
Joe »erkannte« seine große Chance. Obwohl es ein Krisenjahr war, machten er und seine Frau ihre gesamte Habe zu Bargeld und reisten nach Tokio. Sie besaßen nicht einmal mehr ganze tausend Dollar, als sie in Japan ankamen — aber sie hatten ihren Plan und viel PGH.
Es gelang ihnen, bei K. Kitamura, dem Leiter der japanischen Perlenhändlervereinigung, vorgelassen zu werden. Joe hatte sich ein hohes Ziel gesteckt. Er erzählte Kitamura von seinem Plan, japanische Zuchtperlen in den Vereinigten Staaten zu verkaufen, und bat ihn um eine Starthilfe in Höhe von 100 000 Dollar in Form von Perlen. Das war ein phantastischer Betrag, insbesondere während einer Wirtschaftskrise. Nach einigen Tagen stimmte Kitamura jedoch zu.
Die Perlen verkauften sich gut. Die Goldstones waren auf dem besten Weg, reich zu werden. Einige Jahre später beschlossen sie, eine eigene Austernfarm anzulegen, was ihnen mit Hilfe Kitamuras auch gelang. Und wieder einmal »erkannten« sie Möglichkeiten, wo andere nichts gesehen hatten. Die Erfahrung lehrte sie, daß die Sterblichkeitsziffer bei den Austern, in die künstlich ein Fremdkörper eingeführt worden war, bei über 50 Prozent lag.
»Wie können wir diese hohen Verluste ausschalten?« fragten sie sich.
Nach vielen Untersuchungen begannen die Goldstones, bei ihren Austern dieselben Methoden anzuwenden, die in Krankenhäusern üblich sind. Die Schalen der Austern wurden von Ablagerungen befreit und sauber gebürstet, um die Infektionsgefahr zu verringern. Der »Chirurg« benutzte ein flüssiges Betäubungsmittel, das die Muskeln der Austern erschlaffen ließ. Dann schob er in jede Auster ein winziges Stückchen Muschelschale, das als Kern für die spätere Perle dienen sollte. Der notwendige Einschnitt wurde mit einem sterilisierten Skalpell vorgenommen. Schließlich setzte man die Auster in einen Käfig und ließ diesen wieder ins Wasser hinunter. Alle vier Monate wurden die Käfige wieder heraufgeholt und die Austern gründlich untersucht. Auf diese Weise blieben 90 Prozent der Austern am Leben und entwickelten Perlen. Die Goldstones aber erlangten schließlich ein sagenhaftes Vermögen.
Immer wieder sehen wir, wie Menschen Erfolg hatten, weil sie ihr geistiges Wahrnehmungsvermögen einzusetzen lernten. Die Fähigkeit, zu

sehen, ist sehr viel mehr als nur ein physikalischer Vorgang, bei dem die Netzhaut des Auges Lichtstrahlen aufnimmt; es handelt sich immer auch um die Deutung dessen, was wir sehen, und um deren Anwendung im eigenen Leben wie im Leben anderer.

Lernen Sie so zu sehen, und es werden sich Ihnen bisher ungeahnte Möglichkeiten auftun. Zum Erfolg durch PGH gehört jedoch mehr als nur mit Verstand zu sehen. Sie müssen auch lernen, Ihren Beobachtungen entsprechend zu handeln. Handeln ist wichtig, denn nur dann bringen Sie etwas zuwege.

Warten Sie nicht länger! Lesen Sie *Das Geheimnis, wie Gedanken Wirklichkeit werden* im nächsten Kapitel und erklimmen Sie eine weitere Sprosse auf der Leiter des Erfolges durch PGH.

LEITGEDANKEN

1. *Lernen Sie sehen!* Richtiges Sehen ist eine durch Übung erworbene Fertigkeit. Neun Zehntel des Sehvorgangs finden im Gehirn statt.

2. *Vier Finger anstatt fünf:* Dieses Symbol half dem blinden Jungen George Campbell, für sein ganzes Leben Erfüllung und Glück zu finden.

3. *Sehen* lernt man durch Assoziation. Als George Campbell seine Mutter zum erstenmal sah, gewann ihr Anblick erst dann für ihn Bedeutung, als er ihre Stimme erkannte.

4. Ist es für Sie an der Zeit, Ihr geistiges Sehvermögen zu überprüfen? Falls es gestört ist, kann es geschehen, daß Sie — in einem Wirrwarr falscher Begriffe umhertastend — unnötige Zusammenstöße hervorrufen, die für Sie und andere schmerzhaft sind.

5. Schauen Sie — schauen Sie genau hin — und *erkennen* Sie dann, was Sie sehen. Vielleicht liegen *Diamantenfelder* in Ihrem eigenen Hinterhof!

6. Seien Sie nicht kurzsichtig — richten Sie Ihren Blick auf die Zukunft! Die Cypress Gardens wurden Wirklichkeit, weil Richard Pope sie als klares zukünftiges Ziel vor Augen hatte.

7. Erkennen Sie Anlagen, Fähigkeiten und Einstellungen anderer Menschen! Vielleicht entdecken Sie ein Genie. Die Geschichte Thomas Edisons ist ein gutes Beispiel dafür.

8. *Werden Sie sich darüber klar,* wie Sie die in »Erfolg durch positives

Denken« enthaltenen Prinzipien mit Ihrem eigenen Leben in Einklang bringen und sie darin aufnehmen können.

9. Lernen Sie von der Natur! Auf welche Weise? Stellen Sie sich Fragen, wie es Isaac Newton tat. Wenn Sie die Antworten nicht finden, dann bemühen Sie sich um fachmännischen Rat.

10. Setzen Sie Gesehenes in die Wirklichkeit um, indem Sie handeln! Mikimoto verwandelte eine Theorie in ein Vermögen an Perlen. Goldstone führte die in Krankenhäusern zur Rettung von Menschenleben üblichen Methoden in die Zuchtperlenindustrie ein.

SEIEN SIE BEREIT, DAS RISIKO EINES FEHLSCHLAGES IN KAUF ZU NEHMEN, UM ERFOLG ZU HABEN.

KAPITEL 8

Das Geheimnis, wie Gedanken Wirklichkeit werden und wie man etwas fertigbringt

In diesem Kapitel finden Sie das Geheimnis gelüftet, wie man etwas fertigbringt. Außerdem enthält es einen Selbstansporn für Sie, der so stark wirkt, daß er Sie mit Hilfe Ihres Unterbewußtseins zu wünschenswertem Handeln zwingt — hierbei handelt es sich nämlich um einen *Selbststarter*. Natürlich können Sie sich seiner auch bewußt bedienen und so Zaudern und Trägheit überwinden.

Falls Sie etwas tun, was Sie nicht tun möchten, oder etwas nicht tun, was Sie gerne tun möchten, dann ist dieses Kapitel für Sie bestimmt.

Alle bedeutenden Menschen wenden diese Methode an. Betrachten Sie zum Beispiel den Geistlichen James Keller, einen Angehörigen des Jesuitenordens. Pater Keller beschäftigte sich bereits seit geraumer Zeit mit einer Idee. Er wollte »kleine Leute zu großen Taten anspornen, indem er jeden einzelnen von ihnen ermutigte, aus dem eigenen, engen Lebenskreis hinaus in die große, weite Welt einzutreten«. Das biblische Gebot »Gehet hin in alle Welt« war für ihn das Symbol einer Idee, durch die jene Sendung, um die seine Gedanken kreisten, erfüllt werden konnte.

Als er diesem Gebot gehorchte, wandte er das Geheimnis an, wie Gedanken Wirklichkeit werden. Er handelte. Man schrieb das Jahr 1945, als er die »Christophers« begründete — eine sehr ungewöhnliche Organisation.

Es gibt darin keine Ortsverbände, keine Ausschüsse, keine Versammlungen und keine Mitgliedsbeiträge, nicht einmal eine Mitgliedschaft im üblichen Sinne. Sie besteht einfach aus Menschen — und niemand weiß, wieviele es sind —, die ihr Leben einem Ideal geweiht haben. Die Christophers gehen bei ihrer Tätigkeit von der Auffassung aus, daß es für die Menschen besser ist, »etwas zu tun und nichts zu bezahlen« als »Mitgliedsbeiträge zu bezahlen und nichts zu tun«.

Was ist das für ein Ideal?

Jedes Mitglied der Christophers widmet sich der Aufgabe, seine Religion auf seinen täglichen Wegen überallhin mitzutragen — in den Staub und die Hitze des Marktplatzes, auf die Straßen und Wege und in das eigene Heim. Auf diese Weise bringen die Christophers ihren Mitmenschen die wichtigsten Wahrheiten ihres Glaubens nahe.

Die packende Geschichte dieser Gruppe erzählt Pater James Keller in seinem Buch *»You Can Change the World«* (Du kannst die Welt verändern). Die Vereinigung der Christophers entstand, weil er ein Ideal entdeckt hatte, daran glaubte und — handelte.

Sie werden spüren, was dieses Geheimnis bedeutet, wenn Sie die Worte E. E. Bauermeisters, des Ausbildungsleiters der California Institution for Men in Chino, Kalifornien, überdenken, der den Autoren dieses Buches erklärte:

»Ich sage den Teilnehmern unseres Selbstvervollkommnungs-Kurses immer wieder, daß wir das, was wir lesen und äußern, nur allzu oft lediglich in unsere Büchersammlung und unseren Wortschatz anstatt in unser Leben aufnehmen.«

Erinnern Sie sich des Bibelspruches: »Denn das Gute, das ich will, das tue ich nicht; sondern das Böse, das ich nicht will, das tue ich.« Wie können Sie sich nun darin üben, sofort das Nötige zu tun?

Wir erklärten Herrn Bauermeister, wie das Gute, das wir lesen und äußern, Teil unseres Lebens werden kann. Wir zeigten ihm den Selbststarter, der uns hilft, einen Plan auszuführen.

Wie können Sie dieses Geheimnis zu einem Teil Ihres Lebens machen? Ganz einfach: durch Gewohnheit! Und Gewohnheiten sind das Ergebnis häufiger Wiederholung. »Säe eine Handlung, und du wirst eine Gewohnheit ernten; säe eine Gewohnheit, und du wirst einen Charakter ernten«, sagte der große Psychologe und Philosoph William James. Er meinte damit, daß Sie das sind, was Ihre Gewohnheiten aus Ihnen machen — und Sie können sich Ihre Gewohnheiten frei wählen. Sie können jede gewünschte Gewohnheit entwickeln, wenn Sie den richtigen Selbststarter anwenden.

Das Geheimnis, unsere Gedanken fruchtbare Wirklichkeit werden zu lassen, heißt — handeln. Der Selbststarter ist der Selbstansporn *TU ES GLEICH!*

Sagen Sie sich in Ihrem Leben niemals *TU ES GLEICH!*, wenn Sie nicht wirklich *sofort* das Nötige tun. *Handeln* Sie dagegen *sofort*, wenn dies wünschenswert ist und der Ansporn *TU ES GLEICH!* blitzartig aus Ihrem Unterbewußtsein in Ihr Bewußtsein aufsteigt.

Üben Sie sich darin, gerade in kleinen Dingen sofort auf den Selbststarter *TU ES GLEICH!* zu reagieren. Sie werden sich sehr schnell daran gewöhnen, und diese Gewohnheit wird schließlich so stark sein, daß Sie — wenn notwendig — sofort und instinktiv *handeln.*

Vielleicht sollten Sie zum Beispiel einen Telefonanruf erledigen, neigen aber ein wenig zu Trägheit und schieben ihn deswegen immer wieder hinaus. Sobald aber der Selbststarter *TU ES GLEICH!* in Ihrem Bewußtsein aufblitzt: Handeln Sie! Telefonieren Sie *sofort!*

Oder nehmen Sie an, Sie stellen Ihren Wecker stets auf sechs Uhr. Aber wenn er klingelt, fühlen Sie sich noch schläfrig; Sie richten sich auf, stellen den Wecker ab und legen sich wieder hin. Dann neigen Sie dazu, daraus eine Gewohnheit werden zu lassen. Taucht aber aus Ihrem Unterbewußtsein blitzartig der Befehl *TU ES GLEICH!* auf, dann — komme, was da mag — *TUN SIE ES GLEICH!* Stehen Sie sofort auf! Warum? Weil Sie die Gewohnheit entwickeln wollen, auf den Selbststarter *TU ES GLEICH!* zu reagieren.

Im dreizehnten Kapitel lesen Sie, wie einer der Autoren eine Gesellschaft kaufte, und zwar mit 1 600 000 Dollar Barkapital, das dem Verkäufer selbst gehörte. Es gelang ihm, weil er zur rechten Zeit auf den Selbstansporn *TU ES GLEICH!* reagierte.

H. G. Wells entdeckte ebenfalls das Geheimnis der Tatkraft. Deswegen war er auch als Schriftsteller so produktiv. Er versuchte, sich nie eine gute Idee entgehen zu lassen. Kam ihm ein guter Gedanke, so schrieb er ihn sofort nieder. Manchmal fiel ihm mitten in der Nacht etwas ein, aber das störte ihn nicht. Er schaltete nur schnell das Licht ein, griff nach Papier und Bleistift, die er immer neben seinem Bett liegen hatte, und kritzelte ein paar Sätze auf das Papier. Dann schlief er wieder ein. Bei Bedarf genügte ein Blick auf diese Notizen, um sein Gedächtnis wieder aufzufrischen. Diese Gewohnheit war für Wells so selbstverständlich und einfach wie das befriedigte Lächeln, mit dem auch Sie einen guten Einfall begrüßen.

Viele Menschen sind aus Gewohnheit saumselig. Deswegen versäumen sie vielleicht den Zug, kommen zu spät zur Arbeit oder — was noch schlimmer ist — verpassen eine Gelegenheit, die ihr ganzes Leben zum Besseren hätte wenden können. Die Geschichte lehrt, wie viele Schlachten verloren wurden, weil jemand einen notwendigen Schritt hinausschob.

Neue Teilnehmer an unserem Kurs »PGH — die Wissenschaft des Erfolgs« äußern häufig den Wunsch, ihre Unentschlossenheit abzulegen. Wir erklären ihnen dann Wesen und Bedeutung des Selbststarters und illustrieren seine Wirkung anhand einer wahren Geschichte aus dem zweiten Weltkrieg.

Was der Selbststarter für einen Kriegsgefangenen bedeutete

Als die Japaner in Manila landeten, arbeitete dort Kenneth Erwin Harmon als ziviler Angestellter bei der Kriegsmarine. Er wurde gefangengenommen, vor seinem Abtransport in ein Gefangenenlager jedoch noch zwei Tage lang in einem Hotel festgehalten.

Am ersten Tag sah Kenneth, daß sein Zimmergefährte ein Buch unter seinem Kopfkissen hatte. »Darf ich es mir ausleihen?« fragte er. Das Buch hieß *»Denke nach und werde reich«*. Kenneth begann zu lesen und begegnete dabei dem wichtigsten heute lebenden Menschen mit seinem Talisman, der die Inschrift PGH auf der einen und NGH auf der anderen Seite trägt.

Bevor er zu lesen begann, hatte ihn die Verzweiflung übermannt. Angstvoll dachte er daran, daß ihn im Gefangenenlager möglicherweise Folterung oder sogar der Tod erwarteten. Je weiter er aber bei seiner Lektüre kam, desto mehr schlug seine Verzweiflung in Hoffnung um. Er fühlte das lebhafte Verlangen, das Buch zu besitzen. Er wollte es bei sich haben während der vor ihm liegenden Tage des Schreckens. Er sprach mit seinem Mitgefangenen über *»Denke nach und werde reich«* und erkannte, daß dieses Buch seinem Eigentümer sehr viel bedeutete.

»Darf ich es mir abschreiben?« fragte er.

»Ja gern, fangen Sie nur an«, lautete die Antwort.

Kenneth Harmon wandte das Geheimnis der Tatkraft an. Er *handelte sofort.* In fieberhafter Eile begann er, Wort für Wort, Seite für Seite, Kapitel für Kapitel abzutippen. Der Gedanke, das Buch könnte ihm jederzeit genommen werden, quälte und spornte ihn an, Tag und Nacht zu arbeiten.

Das war gut so, denn kaum eine Stunde nach Beendigung der letzten Seite wurde er abgeholt und in das berüchtigte Gefangenenlager von Santo Tomas gebracht. Er war rechtzeitig fertiggeworden, weil er sofort angefangen hatte. Kenneth Harmon war drei Jahre und einen Monat lang in Gefangenschaft, und während dieser ganzen Zeit hatte er das Manuskript bei sich. Er las es wieder und wieder, und es gab ihm Stoff zum Nachdenken. Es spornte ihn dazu an, nicht den Mut sinken zu lassen, für die Zukunft zu planen und sich geistig und körperlich gesund zu erhalten. Viele Gefangene in Santo Tomas trugen infolge von Unterernährung und Angst bleibende körperliche und geistige Schäden davon. »Aber als ich Santo Tomas verließ, war ich in besserer Verfassung als zur Zeit meiner Internierung: Ich war vollkommener für das Leben gerüstet und geistig wacher«, erzählte uns Kenneth Harmon. Was er meinte, sagt Ihnen am deutlichsten der Satz: »Erfolg muß ständig geübt werden, sonst wachsen ihm Flügel und er fliegt auf und davon!«

Die Zeit, zu handeln, ist *jetzt!*

Das Geheimnis der Tatkraft hilft uns, eine negative mit einer positiven Geisteshaltung zu vertauschen. Ein Tag, der sonst vielleicht verdorben und sinnlos gewesen wäre, kann dann noch viel Angenehmes und Nützliches bringen.

Der Tag, der sonst vielleicht vergeudet worden wäre

Jorgan Juhldahl, Student an der Universität Kopenhagen, arbeitete einen Sommer lang als Fremdenführer. Er war dabei immer sehr freundlich und tat für die Besucher, die er betreute, stets sehr viel mehr als nur seine Pflicht. Deshalb luden ihn einige Reisende aus Chicago nach Amerika ein. Auf dem Programm stand unter anderem auch ein Besuch der Bundeshauptstadt Washington.

In seinem dortigen Hotel waren die Kosten für seinen Aufenthalt bereits im voraus bezahlt worden. Er hatte das Gefühl, daß ihm die ganze Welt gehörte. In seiner Manteltasche steckte die Flugkarte nach Chicago und in seiner Hüfttasche seine Brieftasche mit Paß und Geld. Und dann traf ihn ein vernichtender Schlag!

Als er gerade zu Bett gehen wollte, stellte er den Verlust seiner Brieftasche fest. Er rannte nach unten in die Hotelhalle zum Empfang.

»Wir werden alles tun, was in unseren Kräften steht«, versprach der Geschäftsführer.

Aber am nächsten Morgen war die Brieftasche noch immer nicht gefunden. Jorgan Juhldahl hatte nicht einmal mehr zwei Dollar Wechselgeld in der Tasche. Er war allein in einem fremden Land und fragte sich, was er nun machen solle. Seinen Freunden in Chicago telegraphisch mitteilen, was geschehen war? Zur dänischen Botschaft gehen und das Abhandenkommen seines Passes melden? Oder im Polizeipräsidium warten, bis etwas über den verlorenen Paß in Erfahrung gebracht werden konnte?

Doch plötzlich entschloß er sich: »Nein! Nichts dergleichen werde ich tun! Ich werde Washington besichtigen. Mir steht für diese Weltstadt nur ein kostbarer Tag zur Verfügung. Schließlich habe ich für heute abend meine Flugkarte nach Chicago; dann bleibt immer noch genug Zeit, um das Problem von Geld und Paß zu lösen. Wenn ich Washington *jetzt* nicht besichtige, werde ich es vielleicht nie mehr sehen. Zu Hause bin ich kilometerweit gelaufen, also wird es mir auch hier Spaß machen, zu Fuß zu gehen.

Jetzt ist die Zeit, um glücklich zu sein.

Ich bin derselbe, der ich gestern war, bevor ich meine Brieftasche verlor. Gestern war ich glücklich. Darum muß ich auch jetzt glücklich sein können — einfach, weil ich in Amerika bin — einfach, weil ich das Glück habe, einen Ferientag in dieser herrlichen Stadt genießen zu dürfen.

Ich werde meine Zeit nicht damit vergeuden, nutzlos den verlorenen Dingen nachzutrauern.«

So machte er sich zu Fuß auf den Weg. Er sah das Weiße Haus und das Kapitol, besuchte die großen Museen und bestieg das Washington Monument. Zwar konnte er nicht nach Arlington und zu einigen anderen Sehenswürdigkeiten fahren, die er gerne besucht hätte; aber dafür besichtige er anderes um so genauer. Seinen Hunger stillte er mit Erdnüssen und Süßigkeiten.

Wieder zu Hause in Dänemark, war es gerade dieser Teil seiner Amerikareise, an den er sich am besten erinnerte — der Tag, an dem er Washington zu Fuß durchwandert hatte — ein Tag, der für Jorgen Juhldahl ohne das Geheimnis der Tatkraft verloren gewesen wäre. Er kannte die Wahrheit des Satzes *TU ES GLEICH! »GLEICH«* ist der richtige Zeitpunkt zum Handeln. Er wußte, daß die Gegenwart genutzt werden muß, will man sich nicht zu spät vorwerfen: Gestern hätte ich dies oder jenes tun können ...

Übrigens, um diese Geschichte zu Ende zu erzählen: Fünf Tage nach diesem ereignisreichen Tag fand die Washingtoner Polizei Brieftasche und Paß und schickte sie Jorgen Juhldahl nach.

Haben Sie Angst vor Ihren besten Ideen?

Einer der Faktoren, die uns oft daran hindern, *GLEICH* zu handeln, ist eine gewisse Gehemmtheit gegenüber unseren eigenen Einfällen. Wir haben ein wenig Angst vor unseren Ideen, wenn sie uns zum erstenmal durch den Kopf gehen. Vielleicht erscheinen sie uns völlig abwegig oder zu weit hergeholt. Zweifellos braucht man eine gewisse Kühnheit, um sich an die Verwirklichung einer unerprobten Idee zu wagen, aber gerade diese Art von Mut bringt oft die erstaunlichsten Erfolge. Die bekannte Schriftstellerin Elsie Lee erzählte zum Beispiel von Ruth Butler und ihrer Schwester Eleanor, den Töchtern eines überall in den Vereinigten Staaten bekannten New Yorker Pelzhändlers.

»Mein Vater war ein verhinderter Maler«, sagte Ruth. »Er hatte Talent, aber die Notwendigkeit, seinen Lebensunterhalt zu verdienen, ließ ihm keine Zeit, sich einen Namen als Künstler zu machen. Also sammelte er Gemälde. Später kaufte er auch Bilder für Eleanor und mich.« Auf diese Weise erwarben die beiden Mädchen großen Kunstverstand, fundiertes Wissen und einen sicheren Geschmack. Als sie älter wurden, pflegten ihre Freunde sie beim Kauf von Bildern um Rat zu bitten. Oft liehen sie auch für kurze Zeit Werke ihrer Sammlung aus.

Eines Tages weckte Eleanor Ruth um drei Uhr morgens: »Fang nicht erst zu schimpfen an, ich habe eine tolle Idee! Wir werden einen ›Bund der klugen Köpfe‹ schließen.«

»Was um alles in der Welt ist ein Bund der klugen Köpfe?« fragte Ruth. *»Ein Bund der klugen Köpfe bedeutet die im Geist der Harmonie erfolgte Vereinigung des Wissens und der Bemühungen zweier oder mehrerer Personen in der Absicht, ein bestimmtes Ziel zu verwirklichen.* Genau das werden wir tun. Wir machen das Bildervermieten zum Geschäft.«

Ruth stimmte zu. Noch am selben Tag machten sie sich an die Arbeit — obwohl Freunde versuchten, sie vor möglichen Gefahren zu warnen: Ihre wertvollen Gemälde könnten verlorengehen oder gestohlen werden, auch Prozesse und Versicherungsprobleme seien zu erwarten. Aber die Schwestern ließen sich durch nichts von ihrem Plan abbringen; sie beschafften sich ein Kapital von 300 Dollar und überredeten ihren Vater, ihnen den Keller seines Pelzladens mietfrei zu überlassen.

»Wir schleppten 1800 Bilder aus unseren eigenen Sammlungen hinunter zwischen die Mantelständer«, erinnert sich Ruth, »und sahen geflissentlich über Vaters traurige und mißbilligende Blicke hinweg. Das erste Jahr war hart — war ein richtiger Kampf.«

Aber die neuartige Idee machte sich bezahlt. Ihre Gesellschaft, bald bekannt unter der Bezeichnung »New York Circulating Library of Paintings« (New Yorker Bilderverleih), wurde ein Erfolg: Rund 500 Bilder sind ständig an Firmen, Ärzte, Rechtsanwälte und Privatleute ausgeliehen. Geschätzter Kunde war acht Jahre lang ein Insasse des Staatsgefängnisses von Massachusetts. Er fragte ganz bescheiden an, ob man ihm wohl trotz seines Aufenthaltsortes etwas ausleihen werde. Zu seiner Überrachung bekam er die Bilder gebührenfrei und mußte nur die Transportkosten bezahlen. Von der Gefängnisbehörde erhielten Ruth und Eleanor die Mitteilung, ihre Bilder würden in einem Kurs zur Wekkung eines größeren Kunstverständnisses verwendet, der vielen hundert Gefängnisinsassen zugute kam.

Ruth und Eleanor begannen ihre geschäftliche Tätigkeit mit einer Idee, die sie sofort in die Tat umsetzten. Das Ergebnis war neben dem eigenen Gewinn Freude und Glück für viele andere Menschen.

Wollen Sie Ihr Einkommen verdoppeln?

1955 gehörte W. Clement Stone zu den sieben leitenden Herren, die als Vertreter der National Sales Executives International (Landesverband der Internationalen Vereinigung der Verkaufsleiter) Asien und das pazifische Gebiet bereisten. An einem Dienstag im November hielt er in Melbourne, Australien, vor einer Gruppe von Geschäftsleuten einen Vortrag über Motivierung. Zwei Tage später erhielt er einen Anruf von Edwin H. East, dem Leiter einer Firma, die Metallschränke verkaufte. East war ganz aufgeregt: »Etwas Wundervolles ist geschehen! Wenn Sie es hören, werden Sie ebenso begeistert sein wie ich!«

»Sprechen Sie! Was ist denn geschehen?«

»Etwas sehr Erstaunliches! Am Dienstag hielten Sie Ihren Vortrag über Motivierung. Darin empfahlen Sie zehn Erbauungsbücher. Ich kaufte mir *»Denke nach und werde reich«* und begann noch am selben Abend, es zu lesen. Stundenlang war ich davon gefangen. Am nächsten Morgen nahm ich es mir wieder vor und schrieb auf einen Zettel:

Mein größtes festumrissenes Ziel ist es, die Verkaufsziffern des vergangenen Jahres zu verdoppeln. Das Erstaunlichste daran ist nun, daß mir dies bereits innerhalb von 48 Stunden gelungen ist.«

»Und wie haben Sie das angepackt?« fragte Stone. »Wie konnten Sie Ihr Einkommen verdoppeln?«
»In Ihrem Vortrag über Motivierung«, antwortete East, »erzählten Sie von Al Allen, einem Ihrer Vertreter aus Wisconsin, der einmal in einem bestimmten Häuserblock auf gut Glück Policen zu verkaufen suchte. Sie sagten, es sei sein Glück gewesen, daß er den ganzen Tag arbeitete und doch keinen einzigen Verkauf tätigen konnte. So vermochte Al Allen die *Inspiration der Unzufriedenheit* zu entwickeln. Er beschloß, am folgenden Tag bei genau denselben Kunden vorzusprechen und so an einem Tag mehr Versicherungspolicen zu verkaufen als irgendein anderer Vertreter seiner Gruppe in der ganzen Woche. Er besuchte also dieselben Leute im selben Häuserblock und verkaufte 66 neue Unfallversicherungsverträge. Ich erinnere mich noch genau an Ihre Worte: ›Manche glauben vielleicht, es sei unmöglich — aber Al gelang es.‹ Ich glaubte Ihnen. Ich war bereit.
Ich erinnerte mich an den Selbststarter, den Sie uns gaben: *TU ES GLEICH!* Sofort ging ich meine Kundenkartei durch und griff zehn Konten von Kunden heraus, die schon lange nichts mehr bestellt hatten. Anschließend arbeitete ich für jeden ein Verkaufsprogramm aus, das vielleicht früher als ungeheuer umfangreich erschienen wäre. Dabei wiederholte ich innerlich mehrere Male den Selbststarter *TU ES GLEICH!* Dann rief ich mit einer positiven Einstellung bei den zehn Kunden an und schloß acht große Verkäufe ab. Es ist erstaunlich, — wirklich erstaunlich —, was PGH alles für den Verkäufer tun kann, der sich seiner ihm innewohnenden Kraft bedient!«
Edwin H. East war bereit, als er den Vortrag über Motivierung besuchte. Er folgte der Botschaft, die ihn anging. Er suchte nach etwas, und er fand das Gesuchte. Wir haben diese Geschichte erzählt, weil auch Sie von Al Allen gelesen haben. Aber vielleicht ist Ihnen nicht klar geworden, wie Sie das in dieser Geschichte enthaltene Prinzip in Ihrem eigenen Leben anwenden können. Darum möchten wir, daß Sie sich den Selbststarter *TU ES GLEICH!* aneignen. Gleich! Denn manchmal kann der Entschluß zu sofortigem Handeln Ihre kühnsten Träume wahr werden lassen. Das war zum Beispiel bei Manley Sweazey der Fall.

Sie können Arbeit und Vergnügen miteinander verbinden

Manley war begeisterter Jäger und Fischer. Seiner Vorstellung von einem schönen Leben entsprach es, mit seiner Angelrute und seinem Gewehr 80 km weit durch die Wälder zu wandern und nach ein paar Tagen erschöpft, schmutzig und doch sehr glücklich zurückzukehren.
Problematisch an seinem Hobby war nur, daß es zu viel von seiner Arbeitszeit als Versicherungsvertreter in Anspruch nahm. Eines Tages verließ er wieder einmal sehr widerwillig einen See, in dem er besonders reiche Beute gemacht hatte. Doch auf dem Weg zurück zu seiner Arbeit kam Manley plötzlich eine phantastische Idee. Angenommen, irgendwo in der Wildnis lebten Menschen — Menschen, die Versicherungsschutz brauchten. Dann konnte er doch arbeiten und gleichzeitig im Freien sein! Tatsächlich entdeckte Manley, daß es eine solche Gruppe von Menschen gab: die Männer nämlich, die für die Alaska Railroad arbeiteten. Sie lebten in weit verstreuten Bahnwärterhäusern entlang der 800 km langen Schienenstrecke. Wenn er nun versuchte, diesen Bahnarbeitern und den Pelztierjägern und Goldgräbern entlang dieser Bahnlinie Versicherungspolicen zu verkaufen?
Noch am selben Tag begann Sweazey bereits Pläne zu schmieden. Er ließ sich in einem Reisebüro beraten und begann, seine Sachen zu packen. Er gönnte sich keine Pause, um nicht erst Zweifeln Raum zu geben, die in ihm womöglich die bängliche Überzeugung geweckt hätten, daß seine Idee verrückt sei ... daß er damit scheitern könne. Anstatt die Idee zu zerpflücken, um eventuelle Fehlerquellen herauszufinden, bestieg er ein Schiff nach Seward, Alaska.
Viele Male wanderte er dann die ganze Schienenstrecke entlang. »Der wandernde Sweazey«, wie er nun hieß, war bald ein willkommener Anblick für diese in der Einsamkeit lebenden Familien. Nicht nur weil er ihnen als erster Versicherungspolicen verkaufte, nachdem es vorher niemand der Mühe wert gefunden hatte, sich um sie zu kümmern. Er stellte für sie auch die Verbindung zur Außenwelt dar. Sweazey scheute keine Mühe. Er lernte Haare schneiden und betätigte sich kostenlos als Friseur. Er lernte auch kochen, und weil die Junggesellen meistens nur Konserven und Speck aßen, machten seine kulinarischen Fähigkeiten Manley Sweazey zum gern gesehenen Gast. Immer tat er das, was seinem Wesen und seiner Neigung entsprach: Das Land zu durchstreifen, zu jagen, zu fischen und — wie er sich ausdrückte — »zu leben wie Sweazey!«

Im Lebensversicherungsgeschäft gibt es einen besonderen Ehrenplatz für diejenigen, denen es gelingt, innerhalb eines Jahres Versicherungspolicen im Wert von mindestens einer Million Dollar zu verkaufen. Dieser Ehrenplatz heißt »Der runde Tisch der Million Dollar«. Und hier beginnt der bemerkenswerteste, ja fast unglaubliche Teil von Manley Sweazeys Geschichte: Er hatte aus einem Impuls heraus gehandelt, war in die Wildnis von Alaska gegangen, hatte einen Weg eingeschlagen, den zu gehen kein anderer der Mühe wert gehalten hatte — und gerade dort erzielte er in einem Jahr einen Umsatz von über einer Million Dollar und damit auch seinen Platz am »Runden Tisch«.

Das alles wäre nicht so gekommen, wenn er gezögert hätte, das Geheimnis der Tatkraft anzuwenden — damals, als er seine »verrückte« Idee hatte.

Machen Sie den Selbststarter *TU ES GLEICH!* zu einem Teil Ihrer selbst!

TU ES GLEICH! kann sich auf jede Phase Ihres Lebens auswirken. Es kann Ihnen helfen, das zu tun, was Sie tun sollten, aber nicht tun möchten. Es kann Sie daran hindern, eine unangenehme Pflicht hinauszuschieben. Wie Manley Sweazey kann es Ihnen aber auch helfen, das zu tun, was Sie gerne tun möchten. Dieser Selbststarter hilft Ihnen, kostbare Augenblicke auszunutzen, die, einmal verpaßt, nie wiederholt werden können. Ob es sich nun um ein gutes Wort für einen Freund oder um einen Telefonanruf bei einem Geschäftspartner handelt, mit dem Sie ihm einfach sagen, daß Sie ihn bewundern — das alles tun Sie, wenn Sie auf den Selbststarter *TU ES GLEICH!* reagieren.

Schreiben Sie sich selbst einen Brief

Dieser Vorschlag soll Ihnen helfen, einen Anfang zu finden. Setzen Sie sich hin und schreiben Sie sich selbst einen Brief, in dem Sie die Dinge, die Sie schon immer tun wollten, so beschreiben, als seien sie bereits geschehen — gleichgültig, ob es sich dabei um persönliche Angelegenheiten, wohltätige Zwecke oder dem Allgemeinwohl dienende Unternehmungen handelt. Schreiben Sie den Brief so, als spräche ein Biograph über den wunderbaren Menschen, der Sie in Wirklichkeit sind, wenn Sie unter dem Einfluß von PGH stehen. Aber lassen Sie es damit nicht genug sein. Wenden Sie das Geheimnis der Tatkraft an! Reagieren Sie auf den Selbststarter *TU ES GLEICH!*

Egal, was immer Sie waren oder sind: Bedenken Sie, daß Sie werden können, was Sie werden wollen — wenn Sie mit PGH *handeln.* Der Selbststarter *TU ES GLEICH!* ist ein wichtiger Selbstansporn und hilft Ihnen ein großes Stück weiter auf dem Weg zum Verständnis und zur Anwendung der im nächsten Kapitel *»Wie man sich selbst anspornt«* enthaltenen Prinzipien.

LEITGEDANKEN

1. Es ist besser für die Menschen, etwas zu tun und nichts zu bezahlen, als Mitgliedsbeiträge zu bezahlen und nichts zu tun.
2. »Nur allzu oft nehmen wir das, was wir lesen und äußern, lediglich in unsere Büchersammlung und unseren Wortschatz anstatt in unser Leben auf.«
3. »Säe eine Handlung, und du wirst eine Gewohnheit ernten; säe eine Gewohnheit, und du wirst einen Charakter ernten; säe einen Charakter, und du wirst ein Schicksal ernten!«
4. Das Geheimnis der Tatkraft lautet: *TU ES GLEICH!*
5. Sagen Sie nie in Ihrem Leben *»TU ES GLEICH!«* zu sich selbst, wenn Sie nicht sofort so handeln, wie es wünschenswert wäre.
6. Die Zeit, zu handeln, ist *jetzt!*
7. *Jetzt* ist es Zeit, glücklich zu sein!

TU ES GLEICH!

KAPITEL 9

Wie man sich selbst anspornt

Was ist Motivierung?

Motivierung ist alles, was zum Handeln veranlaßt, eine Entscheidung bestimmt bzw. einen Ansporn liefert. Ein Ansporn ist der »innere Drang« zum Handeln — zum Beispiel eine Idee, eine Gefühlsregung, ein Wunsch oder ein Impuls.

In Gestalt der Hoffnung oder anderer *Triebkräfte* leitet Motivierung eine Aktivität ein, die bestimmte Ergebnisse bringen soll.

Wie man sich selbst und andere anspornt

Wenn Sie Prinzipien kennen, die Sie selbst anspornen, dann wissen Sie auch, welche Prinzipien andere anspornen können. Kennen Sie andererseits Prinzipien, die andere anspornen, dann wissen Sie auch, welche Prinzipien Sie selbst anspornen können.

Wie man sich selbst anspornt, erfahren Sie in diesem Kapitel. Wie man andere anspornt, lernen Sie im nächsten. Denn *»Erfolg durch positives Denken«* behandelt ja im Grunde nichts anderes als das Wesen und Wirken der Motivierung und soll Ihnen zeigen, wie man mit Hilfe einer positiven Geisteshaltung sich selbst und andere anspornt.

Wenn wir Ihnen Beispiele vom Erfolg oder Mißerfolg anderer erzählen, so möchten wir Sie damit zum richtigen Handeln anspornen. Wollen Sie also sich selbst anspornen, dann müssen Sie jene Prinzipien zu begreifen versuchen, die andere anspornen; wollen Sie dagegen andere anspornen, dann müssen Sie sich über die Prinzipien klar werden, die Sie selbst anspornen.

Spornen Sie sich mit PGH an; so werden Sie Ihre Gedanken auf ein bestimmtes Ziel lenken, Ihre Gefühle beherrschen und Ihr Schicksal bestimmen!

Spornen Sie sich selbst und andere mit dem »Wundermittel« an

Was ist das für ein Wundermittel? Ein Mann fand es. Hier ist seine Geschichte:

Vor einigen Jahren zog sich dieser Mann — ein erfolgreicher Kosmetikwarenfabrikant — 65jährig aus dem Geschäftsleben zurück. Jedes Jahr veranstalteten seine Freunde für ihn eine Geburtstagsfeier, und jedesmal baten sie ihn bei dieser Gelegenheit, er möge ihnen doch seine Erfolgsformel verraten. Jahr für Jahr wehrte er freundlich ab. An seinem 75. Geburtstag stellten ihm seine Freunde, halb im Scherz und halb im Ernst, wieder einmal die Frage nach seinem Geheimnis.

»Ihr wart mir all die Jahre hindurch so großartige Freunde, daß ich es euch jetzt doch verraten will«, sagte er. »Ich habe eben die Formeln, die die anderen Kosmetikfirmen auch verwenden, noch durch das Wundermittel vervollständigt.«

»Was ist denn das für ein Wundermittel«, wollten seine Freunde wissen.

»Ich habe nie einer Frau versprochen, daß sie durch meine Kosmetika schöner wird, aber ich ließ sie dies zumindest hoffen.«

Das Wundermittel heißt Hoffnung!

Hoffnung ist ein Wunsch, der sich zusammensetzt aus der Erwartung, man werde das Gewünschte bekommen, und aus dem Glauben an seine Erreichbarkeit. Der Mensch reagiert bewußt auf alles, was ihm wünschenswert, glaubhaft und erreichbar erscheint.

Unbewußt reagierte er auch auf den inneren Drang, der zum Handeln veranlaßt, wenn Umwelteinflüsse, Selbstsuggestion oder Autosuggestion die Kräfte des Unterbewußtseins freisetzen. Seine Reaktion auf die von einem bestimmten Symbol ausgehende Suggestion kann sich darin äußern, daß er entweder sein Handeln auf dieses Symbol ausrichtet, sich neutral verhält oder dem Symbol entgegengesetzt handelt. Mit anderen Worten: Es gibt verschiedene Arten und Abstufungen der Faktoren, die als Ansporn wirken können.

Jedes Ergebnis beruht auf einer gegebenen Ursache. Jede Ihrer Handlungen ist das Ergebnis einer gegebenen Ursache — das heißt Ihrer Motive.

Hoffnung veranlaßte zum Beispiel den Kosmetikwarenfabrikanten, sein Geschäft aufzubauen. Hoffnung veranlaßte die Frauen, seine Erzeugnisse zu kaufen. Hoffnung wird auch Sie anspornen.

Die zehn grundlegenden Motive, auf die sich alles menschliche Handeln zurückführen läßt

Jeder Ihrer Gedanken und jede Ihrer bewußt vollzogenen Handlungen kann auf ein oder mehrere Motive zurückgeführt werden. Es gibt zehn grundlegende Motive, die alles Denken und alles bewußte Handeln auslösen. Niemand handelt jemals ohne Veranlassung.
Wenn es Ihnen darauf ankommt, sich selbst oder andere zur Erreichung irgendeines gegebenen Ziels anzuspornen, so sollten Sie eine klare Vorstellung von diesen zehn grundlegenden Motiven gewinnen:

1. Der SELBSTERHALTUNGSTRIEB
2. Das Gefühl der LIEBE
3. Das Gefühl der ANGST
4. Der GESCHLECHTSTRIEB
5. Der Wunsch, NACH DEM TODE WEITERZULEBEN
6. Der Wunsch nach GEISTIGER UND KÖRPERLICHER FREIHEIT
7. Das Gefühl des ZORNES
8. Das Gefühl des HASSES
9. Der Wunsch nach ANERKENNUNG und SELBSTVERWIRKLICHUNG
10. Der Wunsch nach MATERIELLEM GEWINN

Beim Studium dieses Kapitels haben Sie vielleicht bemerkt, daß es viel Stoff zum Nachdenken enthält. Ein gutes Sandwich besteht zu neun Zehnteln aus Brot und zu einem Zehntel aus Fleisch. Im Gegensatz dazu enthält dieses Kapitel neun Zehntel »Fleisch«. So hatten es die Autoren auch beabsichtigt, und wir hoffen, daß Sie diese geistige Nahrung sorgfältig aufnehmen und verarbeiten werden.

Sind negative Gefühle von Nutzen?

Bei der Lektüre von *»Erfolg durch positives Denken«* sehen Sie sehr deutlich, daß negative Empfindungen, Gefühle und Gedanken für den einzelnen schädlich sind; gibt es aber auch Zeiten, wo sie von Nutzen sein können?

Allerdings: Negative Empfindungen, Gefühle, Gedanken und Einstellungen können auch vorteilhaft sein — zur rechten Zeit und unter den richtigen Umständen.

Was nämlich für die Menschheit ganz allgemein von Nutzen ist, ist auch für den einzelnen von Vorteil. Es ist nicht zu übersehen, daß negative Gedanken, Empfindungen, Gefühle und Einstellungen das Einzelwesen im Entwicklungsprozeß der Menschheit vor vielem schützten. Tatsächlich bewahrten sie die Menschheit vor dem Aussterben. Was nun die einzelnen Menschen betrifft, so stießen sie — wie der negative Pol eines Magnets — die negativen Einflüsse und Eigenschaften anderer ab. Das war noch immer so, und weil es sich hier um ein universelles Gesetz handelt, wird es auch in Zukunft so bleiben.

Wie der Mensch haben sich auch Kultur, Bildung und Zivilisation von einem primitiven Stadium zu ihrem heutigen Stand entwickelt. Je kultivierter, gebildeter und zivilisierter aber eine Gesellschaft oder Umwelt ist, desto weniger besteht für den einzelnen die Notwendigkeit, sich der erwähnten negativen Faktoren zu bedienen. In einer negativen, ihm feindlich gesonnenen Umgebung wird dagegen ein vernünftiger Mensch alle diese negativen Kräfte mit PGH zur Abwehr des Bösen einsetzen, dem er begegnet.

Weil Sie aber in einem Land leben, dessen Gesetze dem Ziel dienen, möglichst vielen Menschen möglichst viel Gutes zu sichern; weil der einzelne über unveräußerliche Rechte verfügt; weil Sie schließlich in einer kultivierten und gebildeten Gesellschaft und Umwelt auf der Höhe der Zivilisation leben, brauchen Sie die negativen Gedanken, Gefühle, Empfindungen und Leidenschaften, die als Erbteil Ihrer Vorfahren in Ihnen schlummern, in unserer Zeit nicht mehr. Der Urmensch sah sich Problemen gegenüber, die er nur auf diese Weise lösen konnte; denn er war sich selbst oberstes Gesetz. Das Gesetz des einzelnen aber wurde heute zu seinem eigenen Vorteil dem der Gesellschaft untergeordnet.

Lassen Sie uns nun diese Begriffe klären. Betrachten wir zunächst Zorn, Haß und Furcht.

Zorn und Haß. Gerechte Empörung über das Böse ist eine Form von Zorn und Haß. Der Wunsch, sein Vaterland zu verteidigen, wenn es von einem Feind angegriffen wird, oder der Wunsch, die Schwachen gegen den verbrecherischen Angriff eines Verrückten zu schützen, um so Menschenleben zu retten, ist gut. Im Notfall dabei auch zu töten, ist ein Beispiel für die extremste Form aller negativen Gefühle und Empfindungen, die zur Erreichung eines guten Zweckes eingesetzt werden. Deshalb können der Patriotismus eines Soldaten oder die Pflichterfüllung eines Polizeibeamten Tugenden sein.

Furcht. Vor jeder neuen Erfahrung und in jeder neuen Umgebung schützt Sie die Natur vor möglichen Gefahren, indem sie Sie durch ein leises Gefühl der Furcht in Alarmzustand versetzt. Sie können sicher sein, daß auch der Tapferste in einer neuen Umgebung zunächst eine erhöhte Wachsamkeit in sich wahrnimmt, die in Wirklichkeit ein bewußtes oder unbewußtes Gefühl der Gehemmtheit oder Furcht ist. Sobald dieser Mensch mit PGH entdeckt, daß ihm die Furcht schadet, wird er das unerwünschte negative Gefühl neutralisieren, indem er es durch ein positives Gefühl ersetzt.

Was können Sie dazu tun?

Der Mensch ist der einzige Vertreter des Tierreichs, der durch die Funktionen seines Bewußtseins seine Empfindungen bewußt von innen heraus beherrschen kann, anstatt auf eine Beeinflussung von außen angewiesen zu sein.

Er allein kann auch gewohnheitsmäßige Gefühlsreaktionen bewußt ändern. Je zivilisierter, kultivierter und gebildeter Sie sind, *desto leichter* können Sie Herr Ihrer Gefühle werden, wenn Sie sich dazu entschließen.

Wie ist das zu bewerkstelligen?

Gefühle sind zwar nicht immer sofort durch logisches Denken, wohl aber durch Handeln beeinflußbar. Sie können rein verstandesmäßig die Nutzlosigkeit des negativen Gefühls einsehen und sich auf diese Weise zum Handeln anspornen. Sie können Ihre Furcht durch ein positives Gefühl ersetzen. Wie ist dabei vorzugehen?

Ein wirksames Mittel ist die Selbstsuggestion oder vielmehr die Gewohnheit, sich selbst den Befehl zum Handeln zu geben. Dies geschieht durch ein Wortsymbol dessen, was Sie sein möchten. Falls Sie also Angst haben und mutig sein möchten, sagen Sie das Wort *mutig* mehrere Male rasch vor sich hin und handeln dann *sofort.* Wenn Sie mutig sein *wollen,* dann *handeln* Sie mutig.

Wie?

Verwenden Sie den Selbststarter *TU ES GLEICH!*, und dann handeln Sie!

In diesem und dem nächsten Kapitel werden Sie lernen, wie man seine Gefühle und Handlungen durch Selbstsuggestion beherrscht. Inzwischen:

Konzentrieren Sie Ihre Gedanken auf das, was Sie wollen, und wenden Sie sie ab von dem, was Sie nicht wollen!

Eine unfehlbare Erfolgsformel

Gehören Sie zu den Hunderttausenden in aller Welt, die *Benjamin Franklins* Autobiographie gelesen haben, oder zählen Sie zu den anderen Hunderttausenden von Lesern des Buches *»Die Macht Ihres Unterbewußtseins«* von Dr. Joseph Murphy, das nebst anderen faszinierenden Büchern dieses Autors im Ariston Verlag, Genf, erschienen ist? Wenn nicht, dann empfehlen wir Ihnen, diese beiden Bücher zu lesen. Sie enthalten eine unfehlbare Erfolgsformel.

In seiner Autobiographie erklärt Franklin, er habe sich bemüht, Benjamin Franklin zu helfen, genauso wie der wichtigste heute lebende Mensch Ihnen helfen möchte. Er schrieb (wir haben seine Sprache unserer modernen Ausdrucksweise angepaßt):

»Ich hatte die Absicht, mir die Ausübung aller dieser Tugenden zur Gewohnheit zu machen. Deshalb kam ich zu dem Schluß, daß es nicht gut für mich sei, meine Aufmerksamkeit mit dem Versuch zu verzetteln, alles auf einmal in Angriff zu nehmen; vielmehr mußte ich mich jedesmal nur auf eine dieser Tugenden konzentrieren. War sie mir zur Gewohnheit geworden, dann wollte ich zur nächsten übergehen und so fort, bis alle dreizehn mein Eigentum geworden seien. Zudem berücksichtigte ich bei der Festlegung ihrer Reihenfolge, daß mir einige dieser guten Gewohnheiten die spätere Aneignung anderer Tugenden erleichtern konnten ...«

Benjamin Franklin legte folgende Reihenfolge fest, wobei er jede Tugend noch mit einer Lebensregel (Selbstansporne zum Zwecke der Selbstsuggestion) versah:

1. ENTHALTSAMKEIT: Iß nicht bis zum Überdruß; trinke nicht über den Durst.

2. SCHWEIGEN: Äußere nur, was anderen oder dir selbst nützt; vermeide leeres Gerede.
3. ORDNUNG: Tue alles an seinen Platz und alles zu seiner Zeit.
4. ENTSCHLOSSENHEIT: Sei entschlossen, deine Pflicht zu tun; führe alles aus, wozu du dich entschlossen hast.
5. SPARSAMKEIT: Vermeide jegliche Ausgabe, die nicht anderen oder dir selbst zugute kommt, das heißt, verschwende nichts.
6. FLEISS: Verliere keine Zeit; sieh zu, daß du immer einer nützlichen Beschäftigung nachgehst; tue nichts Sinnloses.
7. AUFRICHTIGKEIT: Bringe nie andere durch Täuschung zu Schaden; dein Denken sei lauter und gerecht, und wenn du sprichst, dann sprich, wie du denkst.
8. GERECHTIGKEIT: Tue niemandem Unrecht, indem du ihm Schaden zufügst oder die Werke der Liebe verweigerst, zu denen du verpflichtet bist.
9. MÄSSIGUNG: Vermeide Extreme; verzeihe Ungerechtigkeiten, soweit sie dir verzeihenswert erscheinen.
10. REINLICHKEIT: Dulde keine Unreinlichkeit an dir selbst, an deinen Kleidern oder in deiner Wohnung.
11. GELASSENHEIT: Laß dich nicht von Kleinigkeiten und alltäglichen oder unvermeidlichen Ereignissen aus der Ruhe bringen.
12. KEUSCHHEIT: Suche den Geschlechtsgenuß nur, um ein natürliches Bedürfnis zu stillen oder Kinder zu zeugen, jedoch nie bis zum Überdruß, zur Erschöpfung oder zum Schaden der inneren Ruhe oder des guten Rufes deiner selbst oder eines anderen.
13. DEMUT: Folge Jesus und Sokrates nach.

Franklin fuhr fort: »Aus der Überlegung heraus, daß — wie schon Pythagoras in seinen Goldenen Sprüchen rät — eine tägliche Gewissenserforschung nötig sei, ersann ich dafür folgende Methode:
Ich machte mir ein kleines Büchlein, in dem ich jeder Tugend eine Seite widmete. Mit roter Tinte teilte ich jede Seite in sieben Spalten ein, von denen wiederum jede einem Tag der Woche entsprach, und trug oben in

jeder Spalte den Anfangsbuchstaben des jeweiligen Tages ein. Quer zu diesen Spalten zog ich dreizehn rote Linien und trug am Anfang jeder Linie den Anfangsbuchstaben einer der Tugenden ein. So konnte ich nun in der entsprechenden Zeile bzw. Spalte durch einen kleinen schwarzen Punkt jede Unterlassungssünde bezeichnen, die meine Gewissenserforschung an dem betreffenden Tag für die jeweilige Tugend ergab.

SO SIEHT DIE TABELLE AUS

Seiteneinteilung

ENTHALTSAMKEIT							
Iß nicht bis zum Überdruß; trinke nicht über den Durst!							
	S.	M.	D.	M.	D.	F.	S.
E.	●	●				●	
S.	●●	●	●		●	●	●
O.			●				●
E.			●				
S.			●				
F.							
A.							
G.							
M.							
R.							
G.							
K.							
D.							

Eine Formel anwenden zu können, ist ebenso wichtig, wie die Formel zu kennen. Und so können Sie Ihr Wissen verwerten:

HANDELN SIE NACH DIESER FORMEL

1. *Konzentrieren Sie sich eine ganze Woche lang* jeden Tag *auf ein wichtiges Prinzip* bzw. eine Tugend. Wenden Sie bei jeder sich bietenden Gelegenheit das betreffende Prinzip an.

2. Nehmen Sie sich in der zweiten Woche die zweite Tugend vor, während Ihr Unterbewußtsein die erste voll aufnimmt. Sollte bei irgendeiner Gelegenheit der Befehl zur Anwendung eines früher geübten Prinzips in Ihrem Bewußtsein aufblitzen, dann verwenden Sie den Selbststarter *TU ES GLEICH!* — und *HANDELN SIE SOFORT!* Konzentrieren Sie sich weiterhin jede Woche auf ein Prinzip und lassen Sie sich bei der Anwendung der übrigen jeweils von den Gewohnheiten leiten, die in Ihrem Unterbewußtsein verwurzelt sind.

3. Sobald Sie eine Serie durchexerziert haben, fangen Sie wieder von vorn an. Am Ende eines Jahres haben Sie dann den ganzen Zyklus viermal durchlaufen.

4. Wenn Sie eine gewünschte Eigenschaft erworben haben, dann wählen Sie ein neues Prinzip, mit dessen Hilfe Sie sich eine weitere Tugend, positive Einstellung oder Handlungsweise aneignen können, die Ihnen wünschenswert erscheint.

Soweit Benjamin Franklin, wie er Benjamin Franklin half. *»Erfolg durch positives Denken«* ist ein Selbsthilfebuch; Sie sind deshalb gut beraten, wenn Sie Franklins Methode studieren und sich überlegen, wie die darin enthaltenen Prinzipien anzuwenden sind. In dem Kapitel mit der Überschrift »Wie man andere anspornt« werden Sie erfahren, wie Frank Bettger sich mit Hilfe von Franklins Plan von einem erfolglosen zu einem erfolgreichen Menschen emporarbeitete.
Sollten Sie einen eigenen Plan aufstellen wollen und nicht genau wissen, mit welchen Prinzipien zu beginnen ist, dann könnten Sie zum Beispiel mit den dreizehn von Benjamin Franklin verwendeten Tugenden oder, wenn Sie diese vorziehen, mit den 17 Erfolgsprinzipien beginnen.

Und nun möchten wir Ihnen noch von dem Mann erzählen, der als erster Bürsten der Marke »Fuller« verkaufte

Alfred C. Fuller, der erste »Fuller-Bürstenverkäufer«, stammte aus einer armen Farmersfamilie in Neuschottland. Al schien sich in keiner Stellung lange halten zu können. Während der ersten beiden Jahre, in denen er versuchte, sich seinen Lebensunterhalt zu verdienen, wurde ihm dreimal gekündigt.

Aber dann änderte sich Fullers Leben von Grund auf. Er versuchte, Bürsten zu verkaufen, und hier fühlte er den Ansporn, etwas zu leisten. Er erkannte, daß seine ersten drei Stellen nicht das Richtige für ihn gewesen waren.

Es hatte ihm dort nicht gefallen.

Die Arbeit, die er hatte tun müssen, lag ihm nicht, wohl aber der Verkauf von Waren. Es war ihm sofort klar, daß er ein guter Verkäufer werden würde. Diese Tätigkeit gefiel ihm. Er stellte sich geistig darauf ein, seine Sache unvergleichlich gut zu machen, und er hatte damit einen durchschlagenden Erfolg.

Als erfolgreicher Verkäufer setzte er sich ein noch höheres Ziel: Er wollte selbst ein Unternehmen gründen. Dies entsprach durchaus Als Vorstellungen, vorausgesetzt, er konnte weiterhin als Verkäufer tätig sein.

Alfred C. Fuller verkaufte nun nicht mehr die Bürsten einer anderen Firma. Jetzt hatte er noch mehr Freude an seiner Arbeit als je zuvor: Abends stellte er seine eigenen Bürsten her, und am nächsten Tag verkaufte er sie. Als seine Verkaufsziffern stiegen, mietete er für elf Dollar pro Monat einen Raum in einem alten Schuppen und stellte einen Gehilfen ein, der für ihn die Bürsten anfertigte, während er selbst sich auf den Verkauf konzentrierte. Und wie endet die Geschichte von dem jungen Mann, dem dreimal gekündigt worden war?

1959 verfügte die Fuller Brush Company über mehr als 7000 Vertreter und erzielte einen Jahresumsatz von über hundert Millionen Dollar.

Sie sehen, daß Sie schneller Erfolg haben, wenn Sie das tun, was Ihnen liegt.

Es gibt jedoch Umstände, von denen ein wesentlich stärkerer Ansporn ausgeht als vom Verlust des Arbeitsplatzes, dem Wunsch, Geld zu verdienen oder geschäftlichen Erfolg zu erzielen. Der stärkste dieser Faktoren ist zweifellos der Selbsterhaltungstrieb.

Sieben kamen durch

Captain Edward V. Rickenbacker ist einer der erfolgreichsten und höchstgeachteten Männer der Vereinigten Staaten. Er ist Direktor der Eastern Air Lines und genießt seiner persönlichen Vorzüge wegen große Wertschätzung.

Captain Eddie, wie er liebevoll genannt wird, ist das Sinnbild des unerschütterlichen Glaubens, der Rechtschaffenheit, der Freude an harter Arbeit und des gesunden Menschenverstandes.

Wer ihn kennenlernt, seine Vorträge hört oder sein Buch *»Seven came through«* (Sieben kamen durch) liest, fühlt sich von all den hohen Idealen inspiriert, die er verkörpert.

Das Flugzeug mit Captain Eddie und seiner Mannschaft stürzte über dem Pazifik ab. Nach einer Woche verzweifelter Suche hatte man weder von dem Wrack noch von der Besatzung eine Spur gefunden. Auch die zweite Woche verlief ergebnislos. Die ganze Welt horchte auf bei der Nachricht, daß Captain Eddie am 21. Tag gerettet wurde.

Stellen Sie sich nun Captain Eddie und seine Mannschaft vor, wie sie auf drei Flößen im Pazifik treiben, weit und breit nichts als Wasser und Himmel. Stellen Sie sich diese Männer vor, die den Schock noch nicht überwunden haben, den sie beim Aufschlagen ihres Flugzeugs auf dem Wasser erlitten, und die nun, hungrig und durstig, unter sengender Sonnenhitze stöhnen. Und dann stellen Sie sich vor, wie die drei Flöße jeden Morgen und jeden Abend zusammengebunden werden und jedes Besatzungsmitglied demütig sein Haupt zum Gebet neigt oder aufmerksam den Worten des 23. Psalms lauscht, oder den Versen 31 bis 34 aus dem 6. Kapitel des Matthäus-Evangeliums.

Dieses Bild vor Augen, wollen wir von Captain Eddie selbst hören, welche Gedanken ihn damals bewegten. Er schrieb:

»Wie ich bereits gesagt habe, verlor ich nie den festen Glauben an unsere Rettung, aber die anderen schienen diese Überzeugung nicht ganz zu teilen. Es war offenbar, daß meine Gefährten darüber nachzudenken begannen, was nach dem Tode sei, und daß sie dabei das Ende ihres eigenen Lebens vor Augen hatten.

Es ist die reine Wahrheit, wenn ich sage, daß ich zu keinem Zeitpunkt den geringsten Zweifel an unserer Rettung hegte.

Ich versuchte, diesen Männern meine eigene Philosophie nahezubringen, weil ich hoffte, auf diese Weise in ihnen den Willen zum Durchhalten zu wecken. Meine Philosophie beruhte auf der einfachen Beobachtung, daß ich meiner Rettung um so sicherer sein konnte, je mehr ich unter schwierigen Bedingungen zu leiden hatte. Das ist ein Teil der Weisheit, die man mit zunehmendem Alter erwirbt.«

LEITGEDANKEN

1. Motivierung ist alles, was zum Handeln veranlaßt oder eine Entscheidung herbeiführt bzw. einen Ansporn liefert. In Gestalt der Hoffnung oder anderer Triebkräfte löst sie eine Tat aus, die bestimmte Ergebnisse zeitigen soll.

2. Spornen Sie sich mit PGH an, und Sie werden Ihre Gedanken auf ein bestimmtes Ziel lenken, Ihre Gefühle beherrschen und Ihr Schicksal bestimmen.

3. Hoffnung ist das Wundermittel.

4. Negative Empfindungen, Gefühle, Gedanken und Einstellungen können von Nutzen sein — zur rechten Zeit und unter den richtigen Umständen.

5. Die zehn grundlegenden Motive sind: der Selbsterhaltungstrieb, Liebe, Angst, der Geschlechtstrieb, der Wunsch, nach dem Tode weiterzuleben, der Wunsch nach geistiger und körperlicher Freiheit, Zorn, Haß, der Wunsch nach Anerkennung und Selbstverwirklichung und der Wunsch nach materiellem Gewinn.

6. Spornen Sie sich selbst an, wie Benjamin Franklin es tat.

7. Haben Sie einen so festen Glauben wie Captain Eddie Rickenbacker?

8. Sind Sie darauf vorbereitet, in Zeiten höchster Not nach Ihrem Glauben zu handeln?

HOFFNUNG IST DAS WUNDERMITTEL, DAS SIE SELBST UND ANDERE ANSPORNT.

KAPITEL 10

Wie man andere anspornt

Es ist wichtig zu wissen, wie man andere Menschen wirksam zu wünschenswertem Verhalten anspornt. Das ganze Leben hindurch spielen Sie eine Doppelrolle, denn Sie spornen andere an und werden selbst von anderen angespornt: Ob es sich nun um Eltern und Kinder, Lehrer und Schüler, Käufer und Verkäufer oder Herr und Diener handelt — Sie spielen beide Rollen.

Wie ein Kind seinen Vater anspornte

Ein zweieinhalbjähriger Junge ging mit seinem Vater nach einem sehr reichlichen Weihnachtsessen spazieren. Als sie bis zur Hälfte des zweiten Häuserblocks gekommen waren, blieb der Kleine stehen, schaute lächelnd zu seinem Vater auf und sagte: »Vati ...« Er zögerte. »Ja?« Der Junge machte eine kleine Pause, dann fuhr er fort: »Wenn du ›bitte‹ sagst, darfst du mich tragen.« Wer könnte einem solchen Vorschlag widerstehen? Schon ein Neugeborenes veranlaßt seine Eltern, zu handeln. Natürlich spornen auch die Eltern ihre Kinder an, wie wir es am Beispiel Thomas Edisons und seiner Mutter gesehen haben. Wenn man zu einem Kind Vertrauen hat, lernt dieses auch sich selbst zu vertrauen. Wenn es sich geborgen fühlt in dem warmherzigen und unerschütterlichen Glauben seiner Eltern, daß es seine Sache gut machen wird, dann wird es sich tatsächlich selbst übertreffen. Sein Abwehrmechanismus ruht, es ist nicht ständig auf der Hut: Es braucht seine geistig-seelischen Kräfte nicht mehr darauf zu richten, sich vor einem möglichen schmerzlichen Versagen in Acht zu nehmen; statt dessen kann es seine Energie auf ein erfolgreiches Abschneiden und die zu erwartende Belohnung konzentrieren. Es kann sich ganz entspannen. Das in ein Kind gesetzte Vertrauen läßt das Beste in ihm zutage treten. »Meine Mutter hat mich zu dem gemacht, was ich bin«, sagte Edison. Napoleon Hill hatte selbst ein ähnliches Erlebnis. Lassen Sie es sich von ihm erzählen:

»Als ich ein Junge war, hielt man mich für einen Lausebengel. Jedesmal, wenn eine Kuh von der Weide entkommen, ein Bewässerungsdamm beschädigt oder ein Baum heimlich abgesägt worden war, verdächtigten alle zuerst den kleinen Napoleon Hill.

Bis zu einem gewissen Grad war dieser Argwohn in der Tat berechtigt. Meine Mutter war gestorben, und da mein Vater und meine Brüder mich für einen schlimmen Rangen hielten, machte ich meinem Ruf auch einigermaßen Ehre. Wenn man schon so über mich dachte, wollte ich auch niemanden enttäuschen.

Eines Tages kündigte mein Vater an, er werde wieder heiraten. Besorgt versuchten wir uns alle vorzustellen, was für eine neue ›Mutter‹ wir wohl bekommen würden, und besonders ich war felsenfest entschlossen, keiner neuen Mutter einen Platz in meinem Herzen einzuräumen. Schließlich kam der Tag, an dem die fremde Frau zu uns ins Haus kam. Mein Vater hielt sich im Hintergrund und überließ es ihr, selbst mit der Situation fertig zu werden. Sie ging im Zimmer umher und begrüßte fröhlich einen nach dem anderen — das heißt, bis sie zu mir kam. Ich stand stocksteif da, hatte die Arme über der Brust verschränkt und funkelte sie alles mehr als einladend an.

›Das ist Napoleon‹, sagte mein Vater, ›der schlimmste Bengel weit und breit.‹

Nie werde ich vergessen, was meine Stiefmutter nun tat: Sie legte mir die Hände auf die Schultern und sah mich gerade an. Dabei lag ein lustiges Lächeln in ihren Augen. ›Der schlimmste Bengel?‹ fragte sie. ›Aber nein. Er ist der klügste Junge weit und breit; wir müssen nur aus ihm herausholen, was alles an Gutem in ihm steckt.‹

Immer war es meine Stiefmutter, die mich ermutigte, meinen eigenen Weg zu gehen und kühne Vorhaben von der Art in Angriff zu nehmen, wie sie später die Grundlage meiner Karriere bildeten. Nie werde ich vergessen, wie sie mich damals lehrte, andere anzuspornen, indem man ihnen Selbstvertrauen gibt.

Denn meine Stiefmutter machte mich zu dem, was ich heute bin. Ihre tiefe Liebe und ihr unerschütterliches Vertrauen weckten in mir den Ehrgeiz, der Junge zu werden, den sie in mir sah.«

Sie können andere also dadurch anspornen, daß Sie Vertrauen in sie setzen. Richtig verstanden, ist Vertrauen aktiv, nicht passiv. Passives

Vertrauen ist genauso wenig eine Kraft wie sehen ohne *wahrzunehmen*. Aktives Vertrauen bedeutet, seiner Überzeugung entsprechend zu handeln und das Risiko eines Fehlschlages in Kauf zu nehmen, in der sicheren Annahme, daß das Ziel doch erreicht wird.
Wenn Sie andere dadurch anspornen wollen, daß Sie Vertrauen in sie setzen, müssen Sie aktiv vertrauen. Sie müssen sich selbst auf Ihre Überzeugung festnageln und sagen: »Weil ich weiß, daß Sie diese Aufgabe erfolgreich ausführen werden, vertraue ich Ihnen mein Wohl und das der Firma an. Wir zählen auf Sie ...«
Wenn Sie diese Art von Vertrauen in einen anderen setzen, wird er seine Sache gut machen.
Vertrauen kann auch in einem Brief ausgedrückt werden. Ein Brief ist sogar ein ausgezeichnetes Mittel, um die eigenen Gedanken zum Ausdruck zu bringen und dadurch andere anzuspornen.

Ein Brief kann ein Leben zum Besseren wenden

Wer einen Brief schreibt, übt durch Suggestion einen Einfluß auf das Unterbewußtsein des Empfängers aus. Die Stärke dieser Suggestion hängt natürlich von verschiedenen Faktoren ab.
Ist zum Beispiel Ihr Sohn oder Ihre Tochter in einem Internat, so können Sie auf diesem Weg vieles erreichen, was Ihnen sonst nicht möglich wäre. Sie können die Gelegenheit benützen, um a) den Charakter Ihres Kindes zu formen, b) Dinge zu erörtern, die Sie im Gespräch nur nach einigem Zögern oder aus Zeitmangel überhaupt nicht berühren würden, und c) Ihre innersten Gedanken zum Ausdruck zu bringen.
Ein Junge oder ein Mädchen nimmt möglicherweise einen mündlich gegebenen Rat nicht so ohne weiteres an, weil Umgebung und Gefühle, die den jungen Menschen zum Zeitpunkt der Unterhaltung beeinflussen, dem vielleicht entgegenwirken. Derselbe junge Mensch würde aber eben diesen Rat zu schätzen wissen, wenn er in einem sorgfältig geschriebenen, aufrichtigen Brief ausgesprochen würde.
Einem außer Haus lebenden Jungen oder Mädchen ist ein Brief mit allem, was er enthält — einschließlich der guten Ratschläge — stets sehr willkommen. Ist dieser Brief nun noch gut geschrieben, so wird er vielleicht immer wieder sorgfältig gelesen und durchdacht.
Der Verkaufsleiter, der seinen Vertretern den richtigen Brief schreibt, kann sie dadurch anspornen, alle früheren Rekorde zu brechen. Ebenso

wendet auch der Vertreter, der an seinen Verkaufsleiter schreibt, diese Art des Ansporns an.
Beim Briefeschreiben ist man gezwungen, sorgfältiger zu überlegen, und bringt deshalb seine Gedanken auch geordneter zu Papier. Man kann Fragen stellen, die die Gedanken des Empfängers in die gewünschten Bahnen lenken sollen. Man kann auch Fragen stellen, um einen Antwortbrief zu bekommen. Und falls derjenige, von dem man etwas hören möchte, nicht reagiert, kann man schließlich auch — wie ein Werbefachmann — ein Lockmittel verwenden. So jedenfalls ging J. Pierpont Morgan vor.

Von der Möglichkeit, einen Studenten zum Schreiben eines Briefes zu veranlassen

J. Pierpont Morgan bewies, daß es zumindest *eine* Möglichkeit gibt, Studenten zu veranlassen, einen Brief zu beantworten. Seine Schwester hatte sich beklagt, daß ihre beiden Söhne, die ein College besuchten, einfach nicht nach Hause schrieben. Pierpont Morgan erklärte daraufhin, er würde die Jungen sofort zu einer Antwort veranlassen, wenn er ihnen einen Brief schreibe. Darauf forderte ihn seine Schwester auf, seine Behauptung zu beweisen. Also schrieb er jedem seiner beiden Neffen — und erhielt auch umgehend von beiden eine Antwort.
Ganz überrascht fragte ihn seine Schwester, wie er das angestellt habe. Morgan gab ihr die Briefe, und sie stellte fest, daß beide Interessantes über das Leben im College berichteten und daß die Jungen auch an zu Hause dachten. Die Nachschrift war jedoch in beiden Briefen die gleiche: »Die zehn Dollar, die Du beilegen wolltest, waren nicht in dem Umschlag!«

Spornen Sie andere an, indem Sie mit gutem Beispiel vorangehen

Ein erfolgreicher Verkaufsleiter weiß, daß die praktische Arbeit mit einem Verkäufer und das gute Beispiel, das man ihm dabei gibt, eines der wirksamsten Mittel ist, um ihn anzuspornen. W. Clement Stone hat schon viele Menschen mit seiner Geschichte inspiriert, in der er erzählt, wie er einen Verkäufer aus Sioux City, Iowa, ausbildete. Lassen Sie ihn selbst berichten:

»Mehr als zwei Stunden lang hörte ich eines Abends einem unserer Vertreter in Sioux City zu, der sich mißmutig darüber beklagte, er habe zwei Tage lang ohne einen einzigen Abschluß in dieser Stadt gearbeitet: ›Es ist unmöglich, in Sioux City eine Police zu verkaufen. Die Leute hier sind holländischer Abstammung; sie halten zusammen und kaufen nichts von Fremden. Außerdem haben sie dieses Jahr schon die fünfte Mißernte.‹

Ich schlug vor, uns am folgenden Tag Sioux City noch einmal vorzunehmen. Am nächsten Morgen brachen wir auf. Ich wollte dem Vertreter beweisen, daß ein Mann mit PGH, der an das System unserer Gesellschaft glaubt und es anwendet, trotz aller Hindernisse Abschlüsse tätigen kann.

Während der Vertreter am Steuer saß, schloß ich die Augen, entspannte mich, dachte nach und bereitete mich geistig auf meine Arbeit vor. Ich konzentrierte meine Gedanken auf die Gründe, mit denen ich diesen Leuten unsere Versicherungspolice verkaufen wollte und würde, anstatt darüber nachzudenken, weshalb ich das nicht tun würde oder könnte.

Ich überlegte mir folgendes: Wie ich von dem Vertreter hörte, sind die Leute hier holländischer Abstammung, sie halten fest zusammen und kaufen deshalb keine Policen von Außenseitern. Aber das ist doch gut! Was daran so gut ist? Wenn man dem Mitglied einer Gruppe, insbesondere einem führenden Mitglied, eine Police verkauft, dann kann man auch allen übrigen Mitgliedern Policen verkaufen; das ist eine wohlbekannte Tatsache. Ich brauchte jetzt nur noch die erste Police an den richtigen Mann zu verkaufen — und das würde mir auch gelingen, selbst wenn es einige Zeit dauern sollte.

Außerdem, sagte der Vertreter, sei dieses Jahr schon die fünfte Mißernte eingetreten. Kann einem etwas Besseres passieren? Die Holländer sind doch wundervolle Menschen, die ihr Geld auf die hohe Kante legen. Sie haben auch ein ausgeprägtes Verantwortungsgefühl und möchten ihre Familie und ihr Eigentum schützen. Wahrscheinlich haben sie deshalb noch von keinem Versicherungsvertreter Policen gekauft, weil sie alle es gar nicht erst versucht hatten. Diese Vertreter legten eben eine negative Geisteshaltung an den Tag, genau wie jener, mit dem ich jetzt im Auto sitze. Unsere Policen bieten ausgezeichneten Schutz bei niedrigen Prämien. Mein Angebot wird deshalb völlig konkurrenzlos sein!

Dann vertiefte ich mich in das, was ich ›seelische Vorbereitung‹ nenne.

Ich wiederholte im Geiste ehrfurchtsvoll, aufrichtig, erwartungsvoll und voll Gefühl: ›Bitte, lieber Gott, hilf mir verkaufen! Bitte, lieber Gott, hilf mir verkaufen!‹ Immer von neuem wiederholte ich: ›Bitte, lieber Gott, hilf mir verkaufen!‹ Dann gönnte ich mir einen kurzen Schlummer.

In Sioux Center angekommen, sprachen wir zunächst in der Bank vor. Das Bankpersonal bestand aus einem stellvertretenden Vorsitzenden, einem Kassierer und einem Schalterbeamten. Innerhalb von 20 Minuten hatte der stellvertretende Vorsitzende eine Police gekauft, und zwar für sämtliche Versicherungsleistungen, die unsere Gesellschaft bot. Auch der Kassierer erwarb eine. Den Schalterbeamten werde ich nie vergessen, denn er kaufte nichts.

Angefangen mit dem ersten Geschäftslokal neben der Bank, sprachen wir dann unangemeldet und systematisch in jedem Laden und jedem Büro vor. Wir unterhielten uns in jeder Firma mit jedem Angestellten. Und da geschah etwas Erstaunliches: Jeder, den wir an jenem Tag ansprachen, erwarb den vollen Versicherungsschutz. Keiner machte eine Ausnahme.

Auf dem Heimweg dankte ich Gott für seine Hilfe.

Warum hatte ich an demselben Ort Erfolg, an dem der andere Vertreter bei dem Versuch, Policen zu verkaufen, Schiffbruch erlitten hatte? Tatsächlich war ich aus denselben Gründen erfolgreich, die für sein Versagen maßgeblich waren — mit Ausnahme des ›*etwas mehr*‹. Der Vertreter sagte, es sei unmöglich, diesen Menschen etwas zu verkaufen, weil sie holländischer Abstammung seien und Außenseiter ablehnten. Das ist NGH. Ich wußte, daß sie aus eben diesen Gründen Policen kaufen würden. Das ist PGH.

Außerdem war es seiner Meinung nach unmöglich, in Sioux City eine Police zu verkaufen, weil nun schon die fünfte Mißernte zu erwarten sei. Das ist NGH. Ich wußte, daß die Leute aus eben diesem Grund kaufen würden. Und das ist PGH.

Das ›*etwas mehr*‹ war der Unterschied zwischen PGH und NGH, denn ich hatte um Gottes Rat und Führung und um seine Hilfe gebetet, und zudem hatte ich fest daran geglaubt, daß sie mir gewährt würden.

Dieser Vertreter kehrte nach Sioux City zurück und blieb lange Zeit dort, und jeder Tag, den er dort arbeitete, brachte ihm einen neuen Verkaufsrekord.

Diese Geschichte zeigt den Wert der hier angewandten Methode — jemanden dadurch anzuspornen, daß man mit gutem Beispiel vorangeht; denn dieser Vertreter war nun auch dort erfolgreich, wo er vorher versagt hatte. Er hatte nämlich gelernt, wie wertvoll eine positive Geisteshaltung für seine Arbeit war.«

Es gibt viele Möglichkeiten, jemanden anzuspornen, aber ganz besonders wirksam ist in solchen Fällen ein Selbstvervollkommnungsbuch.

Wenn Sie einen Ansporn geben wollen, sagen Sie es mit einem Buch

Die wichtigsten Erfolgsfaktoren im Verkaufswesen sind in der Reihenfolge ihrer Bedeutung: a) Ansporn zur Tat, b) die Kenntnis einer erfolgreichen Verkaufsmethode für das besondere Erzeugnis oder die jeweilige Dienstleistung, was man als »Gewußt-Wie« bezeichnet, c) die genaue Kenntnis des Erzeugnisses oder der Dienstleistung selbst. Diese drei Prinzipien können in jedem Geschäftszweig oder Beruf zum Erfolg verhelfen.

In bezug auf die oben erzählte Geschichte können Sie mit Sicherheit annehmen, daß der Vertreter sowohl das Gewußt-Wie hinsichtlich der Verkaufsmethode als auch die entsprechende Kenntnis der Dienstleistung, die er verkaufte, besaß — und doch fehlte ihm das Wichtigste: der Ansporn zur Tat.

1937 erhielt W. Clement Stone das Buch *»Denke nach und werde reich«* von Morris Pickus, einem außerordentlich erfolgreichen Geschäftsmann und Verkaufsberater. Seither benutzte er die in *»Erfolg durch positives Denken«* erwähnten Bücher, um Vertretern den Ansporn zur Tat zu vermitteln. W. Clement Stone weiß, daß Schwung und Begeisterung der Motor jeder Verkaufsorganisation sind. Weil aber das Feuer von Schwung und Begeisterung allmählich erlischt, wenn es nicht ständig neue Nahrung erhält, machte er es sich zur Gewohnheit, seinen Vertretern regelmäßig alle drei Monate ein Selbsthilfebuch überreichen zu lassen, und zwar zusätzlich zu den Wochen- und Monatsschriften, die als »geistige Vitamine« gedacht sind.

Wenn Sie wissen, was einen anderen anspornt, können Sie ihn anspornen

Als Junge wollte Walter Clarke von der Firma Walter Clarke Associates in Providence, Rhode Island, Arzt werden. Als er aber älter wurde,

interessierte er sich mehr für den Ingenieurberuf. Also studierte er Maschinenbau.
An der Columbia-Universität erschien ihm jedoch das Studium der Arbeitsweise des menschlichen Geistes so interessant und packend, daß er vom Maschinenbau- zum Psychologiestudium überwechselte, das er mit der Diplomprüfung abschloß.
Walter Clarke arbeitete in der Personalabteilung von Macy's Department Store und mehreren anderen bekannten Firmen. Die damals bekannten und angewandten psychologischen Tests lieferten die speziellen Aufschlüsse, die man durch sie zu erhalten hoffte: Sie ermittelten den Intelligenzquotienten eines Bewerbers, seine Eignung für den jeweiligen Beruf und erhellten seine Persönlichkeit. Etwas Wichtiges fehlte jedoch!
Walter versuchte, den fehlenden Faktor zu finden. Er dachte: »Ein Ingenieur kann den richtigen Teil wählen und ihn richtig einsetzen, so daß die Maschine reibungslos funktioniert. Genau das möchte ich mit den Menschen tun. Ich möchte den richtigen Mann für den richtigen Platz finden.«
Wie viele Personalchefs stellte auch Walter fest, daß Menschen auf ihrem Arbeitsplatz versagten, obwohl aus den psychologischen Tests hervorging, daß sie aufgrund ihrer Intelligenz, ihrer Fähigkeiten und ihrer Persönlichkeit für diese Tätigkeit geeignet waren. »Warum kommt es dann so häufig vor, daß Arbeitnehmer unentschuldigt der Arbeit fernbleiben, die Stelle wechseln oder versagen?« fragte er sich. »Welcher Faktor wurde bisher nicht berücksichtigt?«
Die Antwort auf diese Frage stellte sich als so einfach und selbstverständlich heraus, daß es wirklich erstaunlich war, warum andere Psychologen sie nicht schon früher entdeckt hatten. Ein Mensch ist nun einmal mehr als ein mechanisches Gebilde. Sein Körper ist nur die Hülle seines Geistes. Sein Erfolg oder Versagen hängt davon ab, ob er angespornt wird oder nicht.

Walter bemühte sich daher, eine Art der Analyse zu entwickeln, die

a) die zu erwartenden Verhaltensweisen des einzelnen in einer freundlichen oder in einer abweisenden Umgebung anzeigte,

b) die Art der Umwelt erkennen ließ, die den Betreffenden in günstigen bzw. ungünstigen Situationen anzieht oder abstößt,

c) erkennen läßt, welche Bedingungen dem Wesen des einzelnen entsprechen.

Er bemühte sich deshalb, eine Methode zu entwickeln, mit deren Hilfe man die Anforderungen, die eine gegebene Beschäftigung an den Menschen stellt, wirksam analysieren konnte.
In harter und unermüdlicher Arbeit fand und erkannte Walter Clarke genau das, wonach er gesucht hatte. Er entwickelte eine Methode, die er *»Activity Vector Analysis«* (Beschäftigungsvektoranalyse) nannte, die jedoch unter der Bezeichnung AVA besser bekannt geworden ist. Sie beruht auf der Semantik und insbesondere auf der Reaktion des einzelnen auf Wortsymbole. Aufgrund der Antworten des Bewerbers zeichnete Clarke jeweils eine Tabelle. Darüber hinaus entwickelte er eine Formel, die es ermöglicht, solche Tabellen für jede beliebige Tätigkeit anzufertigen.
Entsprach dann das Diagramm eines Bewerbers dem Diagramm der fraglichen Tätigkeit, so war eine vollkommene Kombination erreicht.
Warum?
In diesem Fall bekam nämlich der Bewerber eine Stelle, in der seine Tätigkeit seinem Wesen entsprach. Man tut aber gerade das am besten, was man gerne tut — weil es Freude macht.
Der einzige Zweck der von Walter Clarke entwickelten AVA-Methode ist es, den Betriebsleitungen folgendes zu erleichtern: a) die Auswahl geeigneter Bewerber, b) die Rationalisierung der Verwaltung, c) die Senkung der hohen Kosten, die durch häufiges unentschuldigtes Fernbleiben von Arbeitnehmern entstehen, und d) Förderung der Betriebstreue.
Walter Clarke hatte ein klar umrissenes Hauptziel erreicht. W. Clement Stone dagegen hatte jahrelang nach einer wissenschaftlichen Methode gesucht, die es ihm erleichtern würde, den unter seiner Leitung arbeitenden Vertretern bei der Bewältigung ihrer persönlichen, familiären, gesellschaftlichen und beruflichen Probleme zu helfen. Er suchte nach einer einfachen, genauen und brauchbaren Formel, die alle auf Vermutungen basierenden Beurteilungen ausschloß und deren Anwendung auf eine bestimmte Person in einer gegebenen Umwelt nicht viel Zeit in Anspruch nahm.
Als W. Clement Stone von der AVA hörte, stellte er genauere Erkundigungen darüber an und erkannte, daß es sich hier um die Methode

handelte, nach der er so lange gesucht hatte. Er erkannte, daß die AVA auf Gebieten verwendet werden konnte, die weit über die Zwecke hinausgingen, für die diese Methode zunächst entwickelt worden war. Als er sie dann unter Walter Clarks Leitung eingehend studierte, erwiesen sich seine Überlegungen als richtig.

Wenn Sie nämlich a) die Persönlichkeit eines Menschen, b) seine Umwelt und c) die ihn anspornenden Faktoren kennen, dann können Sie diesen Menschen auch anspornen.

Wie man einen anderen Menschen anspornt

Das Buch *»Erfolg durch positives Denken«* insbesondere dessen viertes Kapitel hat Ihnen die Bedeutung der Semantik, der Wortsymbole, der Suggestion, der Selbstsuggestion und der Autosuggestion gezeigt. W. Clement Stone verband alle diese Erkenntnisse mit dem, was er von der AVA erlernt hatte.

Auf diese Weise machte er eine bedeutsame Entdeckung auf dem Gebiet der Motivierung.

Seine Entdeckung bestand in der Erkenntnis: Mit PGH können Sie das sein, was Sie sein wollen, wenn Sie nur bereit sind, den Preis dafür zu bezahlen. Dabei spielen weder Ihre früheren Erfahrungen noch ihre angeborenen Fähigkeiten, weder Ihr Intelligenzquotient noch Ihre Umwelt eine Rolle. Denken Sie daran: Die Entscheidung liegt in Ihrer Hand!

Natürlich brauchen Sie nicht die ganze AVA-Methode zu studieren, um zu lernen, wie man sich selbst und andere anspornt. Sicherlich wäre es jedoch eine große Hilfe für Sie, denn wenn Sie wissen, wodurch ein Mensch angespornt wird, können Sie die richtige Technik anwenden.

Die einfachste Methode, die es Ihnen erleichtern kann, sich selbst und andere anzuspornen, beruht auf der Anwendung von Suggestion, Selbstsuggestion und Autosuggestion. Nehmen wir einmal ganz konkrete Beispiele:

1. Falls ein Vertreter schüchtern ist, während seine Tätigkeit ja ein aggressives Auftreten verlangt, so könnte das Problem folgendermaßen gelöst werden:

   a) Der Verkaufsleiter erklärt dem Vertreter, daß Schüchternheit etwas ganz Natürliches ist. Er beweist, daß andere ihre Schüchternheit überwunden haben, und empfiehlt ihm dann, er solle sich häufig ein Wort oder einen Selbstansporn vorsagen, der die gewünschte Eigenschaft symbolisiert.

b) Der Vertreter sagt jeden Morgen und auch im Laufe des Tages schnell und häufig die Worte »Sei aggressiv! Sei aggressiv!« vor sich hin. Er ruft sich diese Worte insbesondere dann zu, wenn ihn seine Schüchternheit zu übermannen droht, in einer Umgebung, die sofortiges Handeln erfordert. In diesem Fall reagiert er auf den Selbststarter *TU ES GLEICH!*

2. Falls ein Verkaufsleiter entdeckt, daß einer seiner Leute betrügt oder unehrlich handelt, wird er mit diesem Vertreter sprechen. Wenn er dann sieht, daß der Betreffende diese schlechten Eigenschaften ablegen möchte, könnte er folgendermaßen vorgehen:

a) Der Verkaufsleiter erzählt, wie andere mit solchen Schwierigkeiten fertig geworden sind. Er gibt dem Vertreter ein Selbsthilfebuch, einen Artikel bzw. ein Gedicht mit ähnlicher Themenstellung zu lesen, oder er empfiehlt besondere Bibelstellen. Wir haben festgestellt, daß Bücher wie *»I Can«* (Ich kann es) und *»I Dare You«* (Beweise, was du kannst) besonders wirksam sind.

b) Der Vertreter sagt, wie im vorherigen Beispiel unter b) bereits beschrieben, jeden Morgen und im Laufe des Tages rasch und häufig »Sei ehrlich! Sei ehrlich!« vor sich hin. Er tut dies ganz besonders in Augenblicken, in denen die Versuchung unehrlichen oder betrügerischen Verhaltens an ihn herantritt und von ihm eine Entscheidung fordert. Er reagiert dann auf den Selbstansporn »Habe den Mut, der Wahrheit ins Gesicht zu sehen!« sowie auf den Selbststarter *TU ES GLEICH!*

Diese Methode dürfte von jedermann leicht anzuwenden sein, um so mehr, als sie in diesem Buch häufig durch Beispiele erhellt wird.
Und weil Sie ihre Wirksamkeit erkennen, werden Sie selbst sie auch anwenden.
Außerdem aber werden Sie zum Unterschied von den Hunderttausenden, die Benjamin Franklins *Autobiographie* gelesen haben, nun sofort Franklins Erfolgsmethode anwenden — denn im Gegensatz zu diesen

Hunderttausenden wurde Ihnen *das Geheimnis* enthüllt, *wie man seine Gedanken in die Tat umsetzt: TU ES GLEICH!*

Verwenden Sie Franklins Methode, um Ihre Ziele zu erreichen!

Viele Hunderttausende lasen Benjamin Franklins *Autobiographie,* ohne jedoch zu erkennen, wie die darin enthaltenen Erfolgsprinzipien angewandt werden. Aber zumindest ein Mann machte eine Ausnahme — Frank Bettger.

Er hörte die Botschaft, die ihm galt, denn er hatte ein Problem: Geschäftlich war er ein Versager. Nun suchte er nach einer brauchbaren, realistischen Formel, die ihm helfen sollte, sich selbst zu helfen. Und weil er genau wußte, was er suchte, entdeckte er Franklins Geheimnis.

Franklin hatte festgestellt, daß er all seinen Erfolg und sein Glück einer einzigen Idee verdankte — einer Formel, die zu persönlicher Leistung und Erfolg verhilft. Bettger erkannte diese Formel und wandte sie an. Was geschah? Er arbeitete sich von einem *erfolglosen* zu einem *erfolgreichen* Menschen empor. In seinem großartigen und inspirierenden Buch erzählt er uns davon.

Warum sollten nicht auch Sie Franklins Erfolgsformel anwenden? Sie können es, wenn Sie wollen. Falls es den Autoren dieses Buches gelingt, Sie zur Anwendung dieser einen Idee anzuspornen, wird es auch Ihnen gelingen, sich wie Bettger von einem erfolglosen zu einem erfolgreichen Menschen emporzuarbeiten. Sie können mit Hilfe von Franklins Methode das erreichen, wonach Sie suchen — sei es nun Weisheit, Tugend, Glück, Gesundheit oder Reichtum.

Bettger schrieb seine Ziele einzeln auf dreizehn Karten. Die erste trug die Aufschrift »Begeisterung«. Der Selbstansporn heißt: *Um begeistert zu sein, HANDLE begeistert!* Der große Lehrer und Psychologe William James konnte es überzeugend beweisen: Die Gefühle werden nicht unmittelbar vom Verstand, sondern vielmehr vom Handeln bestimmt.

Dabei ist es gleichgültig, ob Sie körperlich oder geistig aktiv werden. Für die Umwandlung eines negativen Gefühls in ein positives kann ein Gedanke ein ebenso wirksamer Anreiz sein wie eine Handlung. In diesem Fall geht die Handlung — sei sie nun körperlicher oder geistiger Natur — dem Gefühl voraus.

Und so wirkt die Methode

Weil *»Erfolg durch positives Denken«* Ihnen helfen soll, lesen Sie, wie wir viele Tausende von Kursteilnehmern dazu angespornt haben, den Franklin-Bettger-Plan anzuwenden, und zwar mit Hilfe der Karte »Begeisterung« und des Selbstansporns *»Um begeistert zu sein, HANDLE begeistert!«*. Wir rufen einen Kursteilnehmer heraus und geben ihm eine einfache, aber wirkungsvolle Lektion, die er sofort lernen kann. Wir zeigen Ihnen hier an einem Beispiel, wie wir dabei vorgehen — machen Sie gleich mit! Folgender Dialog könnte zwischen dem Lehrgangsleiter und dem Hörer stattfinden:
(Anmerkung: Die Antworten des Schülers auf Fragen und Erklärungen des Lehrgangsleiters sind in Kursivdruck wiedergegeben.)
Möchten Sie begeistert an die Bewältigung Ihrer Aufgaben herangehen können?
Ja.
Dann lernen Sie den Selbstansporn *»Um begeistert zu sein, handle begeistert!«* auswendig. Wiederholen Sie diesen Satz.
Um begeistert zu sein, handle begeistert.
Richtig. Welches ist das Schlüsselwort in diesem Satz?
Handeln.
Richtig. Wir wollen nun die darin enthaltene Botschaft mit anderen Worten umschreiben. Auf diese Weise werden Sie das Prinzip lernen, es zu Ihrem eigenen Leben in Beziehung setzen und es darin aufnehmen können. Was tun Sie, wenn Sie krank sein möchten?
Ich handle so, als ob ich krank wäre.
Richtig. Und was tun Sie, wenn Sie traurig sein möchten?
Ich handle so, als ob ich traurig wäre.
Auch richtig. Und wenn Sie nun begeistert sein wollen?
Um begeistert zu sein, handle ich begeistert.
Wir erklären dann, daß dieser Selbstansporn auf jede wünschenswerte Tugend oder jedes persönliche Ziel angewandt werden kann. Wir könnten auch *»Gerechtigkeit«* als Beispiel nehmen, und auf der Leitkarte könnte stehen: »Um *gerecht* zu sein, *HANDLE gerecht!«*
Dann würde der Lehrgangsleiter fortfahren:
Denken Sie daran: Wenn Sie von jemand anderem eine Idee übernehmen, wird sie auch *Ihre* Idee, und *Sie* können sie anwenden. Sie gehört Ihnen. Ich möchte nun, daß Sie mit Begeisterung in der Stimme *spre-*

chen. Ich möchte, daß Sie begeistert *handeln.* Um begeistert sprechen zu können, müssen Sie folgendes tun:

1. *Sprechen Sie laut,* insbesondere, wenn Sie innerlich aufgewühlt sind, heimlich vor Aufregung zittern, vor einem Publikum sprechen sollen oder Lampenfieber haben.
2. *Sprechen Sie schnell!* Ihr Geist arbeitet schneller, wenn Sie auch schnell sprechen. Wenn Sie konzentriert und schnell lesen, können Sie zwei Bücher mit mehr Gewinn in derselben Zeit lesen, die Sie sonst für eines brauchen.
3. *Betonen Sie einzelne Worte!* Betonen Sie wichtige Worte, solche, die für Sie oder Ihre Zuhörer von Bedeutung sind — zum Beispiel die Anrede »Sie«.
4. *Machen Sie Pausen!* Wenn Sie schnell sprechen, machen Sie überall da kleine Pausen, wo in einem geschriebenen Text ein Punkt, ein Komma oder anderes Satzzeichen stehen würde. Damit machen Sie sich die dramatisierende Wirkung des Schweigens zunutze. Ihre Zuhörer können Ihrem Gedankengang besser folgen. Eine Pause nach einem betonten Wort unterstreicht dessen Bedeutung noch mehr.
5. *Sprechen Sie mit freundlichem Tonfall!* Damit vermeiden Sie den Eindruck von Schroffheit, den Ihr schnelles und lautes Sprechen hervorrufen könnte. Diesen freundlichen Tonfall können Sie unterstützen, indem Sie lächeln oder Ihre Zuhörer freundlich anblicken.
6. *Modulieren Sie Ihre Stimme!* Das ist vor allem wichtig, wenn Sie längere Zeit sprechen. Denken Sie daran, daß Sie sowohl Stimmhöhe als auch Lautstärke modulieren können. Sie können laut sprechen und in Abständen zu einem Plauderton und einer niedrigeren Stimmlage übergehen, wenn Ihnen das lieber ist.

TU ES GLEICH! Im vorigen Kapitel haben Sie gelesen, welche dreizehn Prinzipien Franklin anwandte. In diesem Kapitel haben wir Ihnen gesagt, daß *Begeisterung* das erste der dreizehn Prinzipien Frank Bettgers war. Außerdem wissen Sie, daß eine positive Geisteshaltung das erste der 17 Erfolgsprinzipien ist.
Falls Sie es also noch nicht getan haben, dann beginnen Sie jetzt und schreiben Sie auf die erste Ihrer 17 Karten »Entwickle eine positive Geisteshaltung«. Dann legen Sie auch für jedes weitere der 17 Erfolgs-

prinzipien eine Karte an und — gebrauchen Sie Franklins Methode, um Ihre Ziele zu erreichen.

Wenn Sie jetzt auf den Selbststarter *TU ES GLEICH!* reagieren, ist dies ein schlüssiger Beweis dafür, daß Sie sich selbst anspornen können. *Sie können es!* Wenn Sie sich aber erst einmal selbst anspornen können, wird Ihnen dies auch bei anderen leichter fallen.

Nachdem Sie nun wissen, wie man sich selbst und andere anspornt, können Sie nach dem Schlüssel zur Schatzkammer greifen. Das nächste Kapitel gibt Antwort auf die Frage: Kann man den Weg zum Reichtum abkürzen?

LEITGEDANKEN

1. Das ganze Leben hindurch spielen Sie eine Doppelrolle, denn Sie spornen andere an und werden von anderen angespornt.
2. Wecken Sie Selbstvertrauen in anderen Menschen, indem Sie ihnen zeigen, daß Sie an sie glauben.
3. Ein Brief kann ein Leben zum Besseren wenden.
4. Spornen Sie andere an, indem Sie mit gutem Beispiel vorangehen.
5. Falls Sie einen Ansporn geben wollen, so tun Sie es doch mit einem Selbstvervollkommnungsbuch.
6. Wenn Sie wissen, was einen anderen anspornt, können Sie ihn anspornen.
7. Spornen Sie andere durch Suggestion an. Und spornen Sie sich selbst durch Selbstsuggestion an.
8. Gefühle können zwar nicht immer durch den Verstand, stets aber durch Handeln beeinflußt werden.
9. Um begeistert zu werden, handeln Sie begeistert!
10. Folgendes hilft Ihnen, begeistert zu sprechen und Schüchternheit und Furcht zu überwinden: a) Sprechen Sie laut, b) sprechen Sie schnell, c) betonen Sie einzelne Worte, d) machen Sie Pausen, e) sprechen Sie in freundlichem Tonfall, f) modulieren Sie Ihre Stimme.
11. Beginnen Sie mit der ersten Ihrer 17 PGH-Erfolgskarten. *TU ES GLEICH!*

WAS SO WERTVOLL IST, DASS MAN ES BESITZEN SOLLTE, IST ES AUCH WERT, DASS MAN NACH IHM STREBT!

TEIL III

Ihr Schlüssel zur Zitadelle des Reichtums

KAPITEL 11

Kann man den Weg zum Reichtum abkürzen?

Mit einem abgekürzten Verfahren erreicht man sein Ziel unmittelbarer und schneller, als es normalerweise der Fall wäre. Man schlägt einen direkteren Weg ein als üblich.

Wer aber einen solchen Abkürzungsweg wählt, *kennt* sein Ziel. Er kennt den direkteren Weg. Er wird sein Ziel jedoch nur dann erreichen, wenn er sich auf diesem Weg weder durch Unterbrechungen noch durch Hindernisse beirren läßt.

Im zweiten Kapitel stellten wir eine Liste der 17 Erfolgsprinzipien auf:

1. Positive Geisteshaltung
2. Zielstrebigkeit
3. der Wille, keine Mühe zu scheuen
4. logisches Denken
5. Selbstdisziplin
6. ein überlegener Verstand
7. angewandter Glaube
8. ein angenehmes Wesen
9. persönliche Initiative
10. Begeisterung
11. konzentrierte Aufmerksamkeit
12. die Bereitschaft zur Zusammenarbeit
13. die Bereitschaft, aus Fehlschlägen zu lernen

14. schöpferische Phantasie
15. eine sorgfältige Einteilung von Zeit und Geld
16. Gesunderhaltung von Geist und Körper
17. Einsatz des kosmischen Beharrungsvermögens (das Universelle Gesetz)

Warum wiederholen wir hier diese 17 Erfolgsprinzipien?
Wir möchten *Ihnen* zeigen, wie Sie den Weg zum Reichtum abkürzen können. Wir möchten, daß *Sie* den direktesten Weg wählen.
Um den direktesten Weg einschlagen zu können, müssen *Sie* notwendigerweise *mit PGH denken,* und als Folge der Anwendung dieser Erfolgsprinzipien stellt sich eine positive Geisteshaltung ein.
Das Wort *»denken«* ist ein Symbol. Was es für *Sie* bedeutet, hängt davon ab, wer *Sie* sind.
Wer sind *Sie?*
Sie sind das Produkt Ihrer Erbmasse, Ihrer Umwelt, Ihrer körperlichen Beschaffenheit, der bewußten und unterbewußten Schichten Ihres Geistes, Ihrer Erfahrung sowie Ihrer Stellung und Richtung in Zeit und Raum ... Darüber hinaus sind Sie das Produkt vieler anderer bekannter und unbekannter Faktoren und Kräfte.
Wenn Sie *mit PGH denken,* steht es in Ihrer Macht, auf all diese Faktoren einzuwirken, sie zu nutzen, zu kontrollieren oder sich mit ihnen in Einklang zu bringen.
Nur *Sie selbst* können für *sich selbst* denken.
Der kürzeste Weg zum Reichtum für *Sie* kann deshalb in sechs Worten ausgedrückt werden:
Denke mit PGH und werde reich!

EIN LEITGEDANKE

Der kürzeste Weg zum Reichtum: Denke mit PGH und werde reich!

SIE KÖNNEN ALLES, WAS SIE SICH ZUTRAUEN!

KAPITEL 12

Ziehen Sie Reichtum magnetisch an, anstatt ihn abzustoßen!

Wer Sie auch sein mögen, gleichgültig, wie alt Sie sind, welche Ausbildung Sie genossen haben oder was Ihre jetzige Beschäftigung ist, Sie können Reichtum magnetisch anziehen — aber Sie können ihn auch abstoßen. Wir sagen Ihnen: »Ziehen Sie Reichtum magnetisch an, anstatt ihn abzustoßen!«

Dieses Kapitel zeigt Ihnen, wie Sie zu Geld kommen können. Möchten Sie gerne reich sein? Seien Sie ehrlich gegen sich selbst: Natürlich möchten Sie das. Oder — haben Sie Angst, reich zu sein?

Vielleicht sind Sie krank und versuchen deswegen nicht, Reichtum zu erwerben. Dann erinnern Sie sich an Milo C. Jones, von dem das zweite Kapitel berichtete!

Wenn Sie zum Beispiel im Krankenhaus liegen, können Sie Reichtum magnetisch anziehen, indem Sie wie George Stefek Ihre Zeit auf Studieren, Denken und Planen verwenden.

Wenn Sie im Krankenhaus liegen — denken Sie!

Bei der Analyse der Laufbahn erfolgreicher Männer entdeckten wir immer wieder, daß ihr Erfolg in ihren Augen mit dem Tag begann, an dem sie ein Buch, das Selbstvervollkommnung lehrt, zur Hand nahmen. Unterschätzen Sie nie den Wert eines Buches! Bücher sind ein Ansporn, sie geben Ihnen Mut, ein kühnes, neues Vorhaben auszuführen, und bringen Licht in die dunklen Tage, welche die Verwirklichung eines solchen Vorhabens unweigerlich mit sich bringt.

Im Hines-Krankenhaus erholte sich George Stefek von einer schweren Krankheit. Dort entdeckte er durch Zufall, wie wertvoll die zum Nachdenken genützte Zeit sein kann. Finanziell war er ruiniert. Als Rekonvaleszent hatte George sehr viel Zeit, und er konnte nicht viel mehr tun als lesen und nachdenken. Er las *»Denke nach und werde reich«* und faßte den Entschluß, das dort Gelernte anzuwenden.

George hatte eine Idee. Er wußte, daß viele Wäschereien die frisch gebügelten Hemden über ein Stück Karton falten, um ein Verrutschen oder Knittern der Hemden zu verhindern. Durch einige schriftliche Anfragen hatte George erfahren, daß tausend dieser Hemden-Kartons die Wäschereien etwa vier Dollar kosteten. Er wollte nun den Preis auf einen Dollar vermindern, indem er die Kartons als Werbeträger benutzte. Die Interessenten würden einen bestimmten Anzeigentarif zu entrichten haben, der dann zum größten Teil ihm zufließen würde. Als er aus dem Krankenhaus kam, handelte er!

Da er nie zuvor mit Anzeigen zu tun gehabt hatte, stand er vor manchen Problemen. Schließlich gelang es ihm aber, erfolgreiche Verkaufstechniken zu entwickeln, und zwar auf dem Weg, den andere »die Methode von Versuch und Irrtum« nennen und den wir als »die Methode von Versuch und Erfolg« bezeichnen.

Im Krankenhaus hatte George es sich angewöhnt, täglich einige Zeit auf Studium, Denken und Planen zu verwenden. Diese Gewohnheit behielt er nun bei.

Georges Geschäft entwickelte sich zwar schon nach einiger Zeit sehr gut; trotzdem beschloß er, seine Verkaufsziffern durch eine Verbesserung seiner Dienstleistungen noch zu erhöhen. Sobald nämlich die Kunden die Hemden ausgepackt hatten, warfen sie die Kartons weg.

George fragte sich darum: »Wie kann ich die Kunden dazu bringen, diese Hemdenkartons mit den Anzeigen aufzuheben?« Blitzartig kam ihm der richtige Einfall.

Was tat George? Auf eine Seite seiner Hemdenkartons ließ er weiterhin eine schwarzweiße oder farbige Anzeige drucken. Auf der anderen fügte er jedoch etwas Neues hinzu — ein interessantes Spiel für die Kinder, ein delikates Rezept für die Hausfrau oder ein fesselndes Kreuzworträtsel für die ganze Familie. George erzählt, daß sich einmal ein Mann darüber beschwert habe, weil seine Wäschereirechnung aus unerfindlichen Gründen in die Höhe geschnellt sei. Plötzlich habe er entdeckt, daß seine Frau Hemden, die er normalerweise noch einmal hätte anziehen können, in die Wäscherei gegeben habe, nur um noch mehr von Georges Rezepten zu bekommen!

Aber George gab sich auch damit noch nicht zufrieden. Er war ehrgeizig und wollte seine Firma weiter vergrößern. Von neuem fragte er sich: »Wie kann ich das bewerkstelligen?« Und wieder fand er die gesuchte Antwort.

George Stefek gab sämtliche Zahlungen, die er von den Wäschereien auf der Basis von einem Dollar pro tausend Hemdenkartons erhielt, an das American Institute of Launering (Amerikanisches Waschinstitut) weiter. Als Gegenleistung empfahl das Institut, daß jedes Mitglied sich selbst und seinem Verband durch den ausschließlichen Gebrauch von George Stefeks Hemdenkartons nützen solle.

So machte George eine weitere wichtige Entdeckung: *Je mehr Gutes und Wünschenswertes man gibt, desto mehr bekommt man!*

Stunden sorgfältigen und planvollen Nachdenkens hatten George beträchtlichen Wohlstand gebracht. Er entdeckte, daß es von größter Bedeutung ist, sich eine Zeitlang zurückzuziehen und nachzudenken, wenn man wirklich zu Wohlstand gelangen will.

In der Stille kommen uns die besten Ideen. Machen Sie nicht den Fehler, zu glauben, daß Sie am meisten ausrichten und leisten, wenn Sie ruhelos umherjagen. Glauben Sie auch nicht, daß Sie Zeit verschwenden, wenn Sie sich Zeit zum Nachdenken nehmen. Nachdenken ist die Grundlage, auf welcher der Mensch alle seine Werke aufbaut.

Natürlich brauchen Sie nicht in ein Krankenhaus zu gehen, wenn Sie sich daran gewöhnen wollen, gute und anspornende Bücher zu lesen, nachzudenken und zu planen. Auch braucht die Zeit, die Sie zum Denken, Studieren und Planen verwenden, nicht allzu lang zu sein. Wenn Sie nur 1 Prozent Ihrer Zeit zum Studieren, Denken und Planen nutzen, werden Sie erstaunt feststellen, um wieviel schneller Sie Ihre Ziele erreichen.

Ihr Tag hat 1440 Minuten. Investieren Sie 1 Prozent dieser Zeit in Studieren, Denken und Planen. Sie werden erstaunt sein, was 14 Minuten Ihnen nützen. Sie werden nämlich überrascht wahrnehmen, daß diese Gewohnheit Sie in die Lage versetzt, fast zu jeder Zeit oder an jedem beliebigen Ort konstruktive Ideen zu entwickeln, gleichgültig, ob Sie nun gerade Geschirr abwaschen, in einem Bus fahren oder ein Bad nehmen.

Vergessen Sie auch nicht, zwei der größten und doch einfachsten Werkzeuge zu verwenden, die je erfunden worden sind — Werkzeuge, die ein Genie wie Thomas Edison anwandte —, nämlich Papier und Bleistift. Thomas Alva Edison hatte immer Papier und Bleistift zur Hand.

Wie er werden auch Sie dann die Ideen sofort festhalten können, die Ihnen im Lauf des Tages oder der Nacht kommen.
Wer Reichtum magnetisch anziehen will, muß ebenfalls lernen, sich ein festes Ziel zu setzen. Dieser Punkt ist sehr wichtig. Selbst wenn sie die Bedeutung dieses Vorgangs erkennen, verstehen sich doch nur wenige darauf, sich ein Ziel zu wählen.

Lernen Sie, sich ein Ziel zu setzen

Dabei müssen Sie sich vier wichtige Punkte vor Augen halten:

a) *Legen Sie Ihr Ziel schriftlich fest.* Dabei wird sich das Wesentliche aus Ihren Gedanken herauskristallisieren. Gerade der Denkvorgang während des Schreibens wird einen unauslöschlichen Eindruck in Ihrem Gedächtnis hinterlassen.

b) *Setzen Sie sich eine Frist.* Setzen Sie eine Zeit fest, vor deren Ablauf Sie Ihr Ziel erreichen wollen. Dieser Punkt ist ein wichtiger Faktor, der Sie anspornt, Ihr Ziel unbeirrbar anzusteuern.

c) Verlangen Sie viel von sich. Es scheint einen direkten Zusammenhang zwischen der Leichtigkeit, mit der ein Ziel erreicht wird, und der Stärke der Motive zu geben. Im neunten Kapitel lernten Sie bereits, sich selbst, im zehnten Kapitel, andere anzuspornen.
   Je höher Sie Ihr Ziel stecken, desto entschlossener werden Sie sich bemühen, es zu erreichen.
   Aus der Notwendigkeit, sich von logischen Gründen leiten zu lassen, werden Sie sich nicht nur ein Fernziel, sondern auch ein Nah- und Zwischenziel wählen. Also fassen Sie ein hohes Ziel ins Auge, und gehen Sie auf dem Weg über verschiedene Zwischenstufen unbeirrbar darauf zu.
   Das wird Sie zum Nachdenken anregen: Wo werden Sie heute in zehn Jahren stehen und was werden Sie sein, wenn Sie Ihre heutige Tätigkeit beibehalten?

d) *Stecken Sie sich ein hohes Ziel.* Es ist seltsam, daß das Bemühen, im Leben viel zu erreichen, und das Bemühen um Wohlstand und Überfluß nicht mehr Anstrengung erfordern als die Hinnahme von Elend und Armut.

Sie müssen den Mut haben, vom Leben mehr zu verlangen, als Sie vielleicht gerade jetzt beanspruchen zu dürfen glauben. Es ist eine immer wieder beobachtete Tatsache, daß die Menschen über sich selbst hinauswachsen, um den gestellten Anforderungen gerecht zu werden.

Nun ist es zwar außerordentlich wünschenswert, daß Sie Ihr Programm von Anfang bis Ende genau festlegen, doch wird das nicht immer möglich sein. Wenn man vor einem großen Unternehmen oder einer großen Reise steht, kennt man nicht immer im voraus die Lösungen aller Probleme, die sich während des Verlaufs ergeben. Falls Sie aber wissen, wo Sie stehen und wo Sie stehen möchten, und falls Sie den Weg zu Ihrem Ziel dort beginnen, wo Sie jetzt stehen, dann werden Sie sich — wenn Sie sich auf die richtige Weise selbst anspornen — Schritt für Schritt und unaufhaltsam diesem Ziel nähern.

Tun Sie diesen ersten Schritt

Sobald Sie sich einmal ein Ziel gesetzt haben, ist es das Wichtigste, nicht in Untätigkeit zu verharren, sondern zu handeln. Kürzlich beschloß eine 63jährige Großmutter, Frau Charles Philipia, zu Fuß von New York City nach Miami, Florida, zu gehen. Nach ihrer Ankunft in Miami wurde sie von Zeitungsreportern interviewt, die wissen wollten, ob sie der Gedanke, einen so weiten Weg zu Fuß zurückzulegen, nicht geängstigt habe. Wie habe sie nur den Mut zu einer solchen Reise aufbringen können, bei der sie sich auf ihre Füße als einziges Fortbewegungsmittel verlassen habe?

»Man braucht keinen Mut, um einen Schritt zu tun«, erklärte Frau Philipia. »Und das war es im Grunde, was ich getan habe. Ich habe immer nur einen Schritt getan. Und dann noch einen und noch einen und noch einen, und da bin ich.«

Das ist es: Sie müssen den ersten Schritt tun. Sie können so viel Zeit auf Denken und Studieren verwenden, wie Sie wollen — wenn Sie nicht handeln, wird Ihnen das alles nichts nützen.

Einem der beiden Autoren dieses Buches wurde von einem Freund ein Mann aus Phoenix, Arizona, vorgestellt, und zwar auf folgende, etwas ausgefallene Weise:

»Ich möchte Dir den Mann vorstellen, der eine Million Dollar in bar für eine Goldmine erhielt und jetzt die Million Dollar und die Goldmine dazu besitzt.«

»Wie um alles in der Welt haben Sie denn das fertiggebracht?« fragte der Autor, beinahe ehrfürchtig.

»Sehen Sie, ich hatte eine Idee, aber kein Geld. Aber ich hatte Hacke und Schaufel. Also nahm ich meine Hake und meine Schaufel und zog aus, um meine Idee in die Wirklichkeit umzusetzen.

Dann fiel mir etwas ein: Ich würde nach einer Goldmine suchen und, wenn ich eine fände, den Verlauf des Erzganges feststellen. Eine der großen Bergwerksgesellschaften könnte dann die Mine ausbeuten, denn ich selbst hatte ja nicht das nötige Kapital. Sie wissen ja, daß Bergbaumaschinen heute sehr viel Geld kosten.

Ich suchte also nach einer Goldader und fand tatsächlich eine. Alle Anzeichen deuteten darauf hin, daß sie sehr ergiebig war. Ich verkaufte sie für zwei Millionen Dollar. Dem Vertrag zufolge sollte ich eine Million Dollar in bar erhalten, während die zweite Million in Form einer ersten Hypothek zu leisten sei. Nach einiger Zeit war die Mine jedoch erschöpft. Ich benachrichtigte die Bergwerksgesellschaft, daß ich die Mine zurücknehmen und ihre Hypothek annullieren würde, wenn sie die Absicht habe, die Ausbeutung einzustellen. Die Gesellschaft nahm meinen Vorschlag an, und auf diese Weise habe ich eine Million Dollar in bar und dann auch wieder die Mine selbst bekommen. So besitze ich heute die Mine und die Million Dollar.«

Wie NGH den Reichtum abstößt

Eine positive Geisteshaltung zieht Reichtum magnetisch an, eine negative Geisteshaltung hat jedoch die entgegengesetzte Wirkung.

Mit einer positiven geistigen Einstellung werden Sie so lange nicht aufgeben, bis Sie den angestrebten Wohlstand erreicht haben. Es kann jedoch auch geschehen, daß Sie mit einer positiven Geisteshaltung beginnen und den ersten Schritt tun, dann aber unter den Einfluß der negativen Seite Ihres Talismans geraten und aufhören, wenn nur noch ein Schritt Sie von Ihrem Ziel trennt. Vielleicht wenden Sie das eine oder andere der 17 Erfolgsprinzipien nicht an. Lesen Sie selbst, was in einem solchen Fall geschehen kann:

Es war gegen Ende des Jahres 1929. Oscar, wie wir ihn in unserer Geschichte nennen wollen, wartete auf dem Bahnhof von Oklahoma City auf seinen Anschlußzug in den Osten der Vereinigten Staaten, der erst einige Stunden später kommen sollte. Monatelang hatte er sich in den

Wüsten des amerikanischen Westens aufgehalten, wo die Temperaturen zum Teil bis auf 40 Grad kletterten. Er hatte Öl für eine Firma aus den Oststaaten gesucht, und er war erfolgreich gewesen.

Oscar war Absolvent des Massachusetts Institute of Technology (Technische Hochschule von Massachusetts). Wie es heißt, hatte er unter Verwendung der früher benutzten Wünschelrute, eines Galvanometers, eines Magnetometers, eines Oszillographen, von Radioröhren und anderen Instrumenten ein revolutionäres Gerät zur Aufspürung von Ölvorkommen entwickelt.

Nun hatte Oscar die Nachricht erhalten, daß die von ihm vertretene Gesellschaft zahlungsunfähig sei. Die Firma hatte Bankrott gemacht, weil ihr Präsident ihre reichlichen Geldmittel zu Börsenspekulationen verwendet hatte. Der Markt brach Ende 1929 zusammen. Oscar war auf dem Weg nach Hause, und die Aussichten für ihn waren ziemlich trübe.

Der Einfluß von NGH begann sich auf ihn auszuwirken.

Weil er mehrere Stunden Wartezeit vor sich hatte, beschloß er, sich die Zeit mit dem Aufbau seines Geräts auf dem Bahnhof zu vertreiben. Die Anzeigeskala für Ölvorkommen zeigte einen so hohen Wert, daß Oscar in einem plötzlichen Wutanfall danach trat und das Gerät zerstörte. »So viel Öl kann es hier doch gar nicht geben!« rief er ein ums andere Mal angewidert aus.

Aber Oscar war eben enttäuscht und verbittert. Er stand unter dem Einfluß einer negativen Geisteshaltung. Die Gelegenheit, nach der er gesucht hatte, lag direkt zu seinen Füßen. Er hätte nur einen Schritt tun müssen, um sie sich zunutze zu machen, aber unter dem Einfluß von NGH weigerte er sich, sie überhaupt zu erkennen.

Er verlor den Glauben an seine eigene Erfindung. Wäre er unter dem Einfluß von PGH gestanden, hätte er den Reichtum magnetisch angezogen anstatt ihn abzustoßen.

Angewandter Glaube ist eines der 17 Erfolgsprinzipien. Die Stärke Ihres Glaubens erweist sich in Zeiten größter Not, wenn es darauf ankommt, ob Sie ihn anwenden oder nicht.

NGH brachte Oscar zu der Überzeugung, daß viele der Dinge, an die er geglaubt hatte, falsch seien. Sie erinnern sich: Die Wirtschaftskrise weckte in vielen Menschen ein beklemmendes Gefühl der Furcht — und Oscar gehörte zu dieser Gruppe von Menschen. Er hatte hart gearbeitet und viele Opfer gebracht, und es war nicht sein Fehler, daß er nun eine

Stelle verloren hatte. Oscar hatte dem Präsidenten seiner Firma große Achtung entgegengebracht, und doch hatte eben dieser Mann, dem er vertraut hatte, die Gelder der Gesellschaft veruntreut. Das Gerät schließlich, das sich in der Vergangenheit so oft als wertvoll erwiesen hatte, schien ebenfalls nicht mehr zu funktionieren. Oscar war völlig enttäuscht und verbittert.

Als er an jenem Tag in Oklahoma City den Zug bestieg, ließ er das von ihm erfundene akustische Ölsuchgerät zurück — und eines der größten Erdölvorkommen in ganz Amerika. Kurze Zeit später stellte man nämlich fest, daß Oklahoma City im wahrsten Sinne des Wortes *auf Öl schwamm.*

Oscars Handeln ist ein überzeugendes Beispiel für die Richtigkeit von zwei Prinzipien:

Eine positive Geisteshaltung zieht Reichtum magnetisch an, eine negative Geisteshaltung stößt ihn dagegen ab.

Man kann auch mit einem bescheidenen Gehalt zu Wohlstand kommen

Vielleicht erwidern Sie nun: »Alle diese Erklärungen einer positiven oder negativen Geisteshaltung sind gut und schön für jemanden, der eine Million Dollar verdienen möchte. Ich will aber gar keine Million Dollar verdienen.

Natürlich möchte ich so viel Geld, daß es mir ein Gefühl der Sicherheit gibt. Ich wünsche mir genug Geld, um angenehm leben und meine Bedürfnisse auch dann befriedigen zu können, wenn ich einmal zu arbeiten aufhöre.

Aber was soll ich tun, wenn ich Büroangestellter bin und nur ein durchschnittliches Gehalt beziehe?« Darauf möchten wir folgende Antwort geben:

Auch Sie können Wohlstand erwerben, genügend Wohlstand, um ein Gefühl der Sicherheit zu bekommen — oder sogar genügend Wohlstand, um (trotz allem, was Sie dagegen sagen) reich zu werden. Lassen Sie sich nur von der PGH-Seite Ihres Talismans günstig beeinflussen.

Wir werden Ihnen beweisen, daß dies möglich ist.

Sollten Sie aber aus irgendeinem Grund noch nicht ganz überzeugt sein, dann brauchen Sie nur das Buch *»The Richest Man in Babylon«* (Der reichste Mann von Babylon) zu lesen. Und dann — voran! Gehen Sie

immer weiter, und Sie werden die finanzielle Sicherheit oder den Wohlstand erreichen, nach dem Sie suchen. Genau das tat Mr. Osborne.
Osborne war Angestellter, und doch kam er zu Wohlstand. Vor wenigen Jahren erst zog er sich aus dem aktiven Geschäftsleben zurück mit der Bemerkung: »Jetzt werde ich meine Zeit damit verbringen, mein Geld für mich Geld verdienen zu lassen, während ich tue, was mir gefällt.«
Auch das von Osborne angewandte Prinzip ist so einfach, daß es oft übersehen wird.
Sein Prinzip — das auch Sie anwenden können — ist mit wenigen Worten umrissen. Bei der Lektüre von »Der reichste Mann von Babylon« erkannte Osborne, daß Wohlstand dem winkt, der

a) nur ein Zehntel alles dessen spart, was er verdient;

b) alle sechs Monate die neuen Ersparnisse sowie die Zins- und Dividendenerträge aus den Ersparnissen und Wertpapieren günstig anlegt; und

c) sein Geld richtig anlegt, indem er sich durch Fachleute über sichere Anlagemöglichkeiten beraten läßt. Auf diese Weise wird wildes und gefährliches Spekulieren vermieden.

Überlegen Sie! Auch Sie können zu finanzieller Sicherheit und Wohlstand kommen, falls Sie ein bloßes Zehntel Ihres Verdienstes zurücklegen und sicher investieren.
Wann Sie damit beginnen sollen? *TUN SIE ES GLEICH!*
Vergleichen wir damit nun die Erfahrung eines anderen Mannes, der sich bester Gesundheit erfreute und ein Selbsthilfebuch las. Er war fünfzig Jahre alt, als er Napoleon Hill vorgestellt wurde.
Er lächelte, als er zu Napoleon Hill sagte: »Ich habe Ihr Buch *»Denke nach und werde reich«* schon vor vielen Jahren gelesen — aber ich bin noch immer nicht reich geworden.«
Napoleon Hill lachte und erwiderte dann, wieder ernst geworden: »Sie können aber reich sein. Ihre Zukunft liegt vor Ihnen. Sie müssen nur den Ihnen gebotenen günstigen Gelegenheiten das Tor öffnen, indem Sie zunächst eine positive Geisteshaltung entwickeln.« Das Interessante daran ist, daß dieser Mann dem Rat des Autors folgte. Das war vor fünf Jahren. Der Betreffende ist zwar heute noch nicht reich, aber

er hat eine positive Geisteshaltung entwickelt und ist auf dem Wege zum Wohlstand. Ein Beispiel dafür ist die Tatsache, daß er zum Zeitpunkt des Gesprächs mit Napoleon Hill mehrere Tausend Dollar Schulden hatte. Heute ist er schuldenfrei und investiert seine Ersparnisse gewinnbringend.

Jetzt hat er PGH!

Als er unter dem Einfluß der NGH-Seite seines Talismans stand, ähnelte er jenen Arbeitern, die ihrem Handwerkszeug die Schuld für schlechte Arbeit geben.

Haben Sie je die Schuld auf Ihr Handwerkszeug geschoben?

Angenommen, Sie besitzen eine ausgezeichnete Kamera mit einer unbedingt zuverlässigen Gebrauchsanweisung und dem richtigen Film, und alle Ihre Freunde bringen damit hervorragende Bilder zustande. Nur Ihnen selbst mißlingen die Aufnahmen. Bei wem liegt die Schuld? Macht etwa die Kamera Fehler?

Oder könnte es sein, daß Sie die Gebrauchsanweisung zwar gelesen, sich aber nicht die Zeit genommen haben, um sie richtig zu verstehen? Oder Sie verstehen sie, ohne sich jedoch danach zu richten? Haben Sie vielleicht schon ein Buch gelesen, das Ihr ganzes Leben hätte ändern können — nur Sie nahmen sich nicht die Zeit, die darin enthaltenen Prinzipien zu erlernen und anzuwenden?

Es ist nie zu spät, um zu lernen.

Falls Sie es bisher nicht getan haben, können Sie es jetzt lernen: Sie werden keinen dauernden Erfolg haben, wenn Sie nicht die entsprechenden Regeln kennen, verstehen und auch anwenden. Nehmen Sie sich also die Zeit, zu begreifen und zu verwirklichen, was Sie in diesem Buch lesen. PGH wird Ihnen dabei helfen.

»Das Haus meiner Träume«

Denken Sie daran, daß Ihre Selbsteinschätzung bestimmend ist für Ihre ganze Einstellung zum Leben. Wer ein lohnendes Ziel hat, bemüht sich, den *einen* Grund herauszufinden, warum er dieses Ziel *erreichen kann*, anstatt nach den vielen hundert Entschuldigungen zu suchen, die ihm den Erfolg versagen.

Eine der Regeln, wie man mit PGH das bekommt, was man möchte, ist es, sofort zu handeln, wenn man ein Ziel erkannt hat. Eine weitere Regel besagt: »Tue ein Übriges«. W. Clement Stone erzählt folgende Geschichte als Beispiel für den Erfolg, den die Anwendung dieser beiden Regeln mit sich bringt.

»Eines Abends im April war ich zu Gast bei Frank und Claudia Noonan in Mexico City. Plötzlich sagte Claudia: ›Ich wünschte, wir hätten ein Haus in den Jardines del Pedregal de San Angel.‹ (Es handelt sich dabei um die beste Wohngegend dieser schönen Stadt.)

›Warum kaufen Sie es sich nicht?‹ fragte ich.

Frank lachte und antwortete: ›Wir haben nicht genug Geld.‹

›Ist das so wichtig, wenn Sie doch wissen, was Sie wollen?‹ fragte ich, und ohne die Antwort abzuwarten, stellte ich eine Frage, die ich an Sie richten könnte.

›Haben Sie je ein inspirierendes Selbsthilfebuch gelesen wie zum Beispiel ›*Think and Grow Rich*‹ (Denke nach und werde reich), ›*The Power of Positive Thinking*‹ (Die Kraft des positiven Denkens), ›*I Can*‹ (Ich kann es), ›*I Dare You*‹ (Beweise, was Du kannst), ›*TNT*‹, ›*Applied Imagination*‹ (Angewandte schöpferische Phantasie), ›*Turn on the Green Lights in Your Life*‹ (Schalten Sie die Ampeln Ihres Lebens auf Grün), ›*Acres of Diamonds*‹ (Diamantenfelder) oder ›*The Magic of Believing*‹ (Die magische Kraft des Glaubens)?‹

›Nein‹, war die Antwort.

Daraufhin erzählte ich von mehreren Menschen, die wußten, was sie wollten, die deshalb ein Selbsthilfebuch lasen, die darin enthaltene Botschaft hörten und entsprechend handelten.

Ich erzählte ihnen auch, wie ich vor Jahren ein neues Haus im Wert von 30 000 Dollar mit nur 1500 Dollar Anzahlung gekauft und es fristgerecht vollständig bezahlt hatte. Beim Abschied versprach ich Frank und Claudia, ihnen eines der obengenannten Bücher zu schicken.

Frank und Claudia Noonan waren bereit.

Im Dezember desselben Jahres — ich saß in meiner Bibliothek und arbeitete — rief mich Claudia an: ›Wir kommen gerade aus Mexico City, und zu allererst möchten Frank und ich Ihnen danken.‹

›Wofür denn?‹

›Wir möchten Ihnen für unser neues Haus in den Jardines del Pedregal de San Angel danken.‹

Einige Tage später aßen wir zusammen zu Abend, und Claudia erzählte: ›Eines Samstags am späten Nachmittag hatten Frank und ich es uns zu Hause bequem gemacht. Da riefen Freunde aus den Staaten an und baten uns, sie in die Jardines de San Pedregal zu fahren.

Eigentlich waren wir beide sehr müde, und außerdem hatten wir ihnen bereits einige Tage vorher diese Gegend gezeigt. Frank wollte schon höflich absagen, als er plötzlich an einen Satz aus dem Buch, das Sie uns geschickt hatten, denken mußte: ›Tue ein Übriges‹.

Während wir unsere Freunde durch dieses von Menschenhand geschaffene Paradies fuhren, sah ich das Haus meiner Träume — sogar mit dem Schwimmbecken, das ich mir immer gewünscht hatte.‹ (Claudia ist die Meisterschwimmerin Claudia Eckert.)

›Frank kaufte das Haus.‹

›Vielleicht interessiert es Sie, zu erfahren, daß ich nur 5000 Pesos anzahlte, obwohl das ganze Objekt über eine halbe Million kostete‹, fügte Frank hinzu. ›Es ist für uns billiger, in den Jardines del Pedregal de San Angel zu wohnen als in unserer früheren Wohnung.‹

›Warum das?‹ fragte ich überrascht.

›Nun, wir kauften statt nur des einen alle beiden Häuser, die sich auf dem Grundstück befanden. Die Miete, die wir für das eine Haus bekommen, reicht aus, um das ganze Grundstück samt den Häusern abzuzahlen.‹«

Dieses Vorgehen war im Grunde gar nicht so erstaunlich. Nicht selten kaufen Familien ein Zweifamilienhaus, vermieten einen Teil und bewohnen selbst den anderen. Für den Unerfahrenen ist es immer wieder erstaunlich, wie leicht das Gewünschte zu bekommen ist, sobald er die in einer Autobiographie oder einem Selbstvervollkommnungsbuch enthaltenen Erfolgsprinzipien versteht und anwendet.

»Ziehen Sie Wohlstand magnetisch an mit PGH«, sagen wir. Sie sagen: »Geld bringt Geld, und ich habe keines.« Das ist eine negative Geisteshaltung. Wenn Sie kein Geld haben, benutzen Sie ALG. Wie, erklärt Ihnen das nächste Kapitel.

LEITGEDANKEN

1. *Falls Sie im Krankenhaus liegen müssen — denken Sie nach!* Natürlich brauchen Sie nicht unbedingt in ein Krankenhaus zu gehen, wenn Sie sich daran gewöhnen wollen, Zeit auf Studieren, Denken und Planen zu verwenden.

2. *Lernen Sie, sich Ihre Ziele zu stecken:* a) Legen Sie Ihre Ziele schriftlich fest; b) setzen Sie sich eine Frist; c) stellen Sie sich hohe Anforderungen.

3. Wo werden Sie heute in zehn Jahren stehen und was werden Sie dann sein, wenn Sie bei Ihrer heutigen Tätigkeit bleiben?
4. Tun Sie den ersten Schritt!
5. Die Stärke Ihres Glaubens erweist sich dann, wenn man darauf angewiesen ist — also *gerade* in Zeiten größter Not.
6. *Erfolg durch positives Denken.* Wenn Sie dieses Buch lesen und trotzdem keinen Erfolg haben — bei wem liegt dann die Schuld?
7. *Das Haus Ihrer Träume:* Sie können es haben! Wie Frank und Claudia Noonan können Sie zwei Häuser kaufen und eines vermieten, um mit der Miete beide zu bezahlen.
8. *Der reichste Mann von Babylon:* Dieses Buch gibt Ihnen eine erprobte Erfolgsformel:
   a) Sparen Sie nur ein Zehntel alles dessen, was Sie verdienen.
   b) Legen Sie alle sechs Monate die neuen Ersparnisse sowie die Zins- und Dividendenerträge aus den Ersparnissen und Wertpapieren günstig an.
   c) Lassen Sie sich von Fachleuten beraten, bevor Sie ihr Geld anlegen.

VERWENDEN SIE IHRE ZEIT AUF: STUDIEREN ... NACHDENKEN ... PLANEN!

KAPITEL 13

Wenn Sie kein Geld haben - verwenden Sie ALG!

»Geschäft? Ganz einfach: Das ist anderer Leute Geld!« sagte Alexandre Dumas der Jüngere einmal.

Ja, so einfach ist das: Verwenden Sie ALG — *anderer Leute Geld.* Auf diese Weise gewinnt man großen Reichtum. Benjamin Franklin, William Nickerson, Conrad Hilton und Henry J. Kaiser handelten so. Falls Sie schon reich sind, ist es durchaus möglich, daß Sie ebenfalls dieses Rezept angewandt haben.

Ob Sie nun reich oder arm sind: Lesen Sie das, was — ungeschrieben — in jeder Redensart, jedem Grundsatz, jedem Selbstansporn enthalten ist. Die grundlegende Voraussetzung für den Gebrauch der Formel »Verwenden Sie ALG« ist, daß Sie nach den höchsten sittlichen Grundsätzen der Rechtschaffenheit, Ehrlichkeit, Redlichkeit und der Goldenen Regel handeln und sie bei Ihren Geschäftsbeziehungen anwenden. Wer unehrlich ist, hat keinen Anspruch auf Kredit.

Der Selbstansporn *Verwenden Sie ALG* bedeutet natürlich, daß das in Anspruch genommene Geld entsprechend dem getroffenen Übereinkommen voll und ganz zurückgezahlt wird, und zwar mit einer vorteilhaften Gegenleistung oder einem Gewinn für jene, deren Geld man benutzt.

Kredit und die Verwendung von ALG sind ein und dasselbe. Ohne ein befriedigendes Kreditsystem kann auch ein unterentwickeltes Land keine Fortschritte machen. Das in den Vereinigten Staaten praktizierte Kreditsystem war es vor allem, das dem amerikanischen Volk zu so großem Wohlstand und Fortschritt verholfen hat. Dieses System ist spezifisch amerikanisch.

Eine Person, Firma oder Nation, die nicht über Kredit verfügt — oder, falls sie darüber verfügt, ihn nicht zugunsten der wirtschaftlichen Expansion und des Fortschritts einsetzt —, läßt sich einen entscheidenden Schlüssel zum Tresor des Erfolgs entgehen. Nehmen Sie sich deshalb den

Rat eines weisen und erfolgreichen Geschäftsmannes wie Benjamin Franklin zu Herzen:

Ein guter Rat

Die 1748 von Franklin verfaßte Abhandlung *»Advice To a Young Tradesman«* (Leitfaden für den jungen Geschäftsmann) geht folgendermaßen auf die Verwendung von ALG ein:

»Denke daran, daß Geld fruchtbar ist und sich vermehren kann. Geld bringt Geld hervor, und seine Nachkommenschaft noch mehr ...«

Weiter behauptet Franklin:

»Denke daran, daß man jeden Tag nur Pfennigbeträge sparen muß, um am Ende eines Jahres über ein Kapital von sechs Pfund zu verfügen. Für diese kleinen Summen Geldes (die täglich so leicht in Form von Zeit oder unmerklichen Ausgaben verschwendet werden können) erlangt ein vertrauenswürdiger Mann ohne andere Sicherheit als seine eigene Zuverlässigkeit den dauernden Besitz und die Verfügungsgewalt über hundert Pfund.«

Diese Sätze Franklins stehen für eine Idee. Sein Rat gilt heute ebenso wie zu der Zeit, als er niedergeschrieben wurde. Sie können mit einigen wenigen Pfennigen beginnen und durch deren richtige Verwendung in den dauernden Besitz von größeren Markbeträgen kommen. Sie können diese Idee aber auch in größerem Maßstab anwenden und in den dauernden Besitz von mehreren Millionen gelangen. Das tut beispielsweise Conrad Hilton. Er ist ein vertrauenswürdiger Mann.

Die Hilton Hotels Corporation erhielt kürzlich einen Kredit in Höhe von 25 Millionen Dollar für den Bau von luxuriös ausgestatteten Fluggast-Motels an großen Flughäfen. Die von dem Unternehmen gebotene Sicherheit? Hauptsächlich die Tatsache, daß Hilton für korrektes Geschäftsgebaren bekannt ist.

Ehrlichkeit ist die Eigenschaft, für die bisher noch kein gleichwertiger Ersatz gefunden wurde. Tiefer als die meisten anderen Charakterzüge reicht sie in den Urgrund des menschlichen Wesens hinab. Die Ehrlichkeit eines Menschen oder das Fehlen dieser Eigenschaft findet einen unauslöschlichen Niederschlag in jedem seiner Worte, in jedem seiner Gedanken, in jeder seiner Handlungen. Oft prägt sie sogar das Gesicht des Betreffenden, so daß selbst der oberflächlichste Beobachter sofort die Aufrichtigkeit des anderen erkennt. Auch bei unehrlichen Menschen

verrät sich diese Schwäche oft schon im Klang der Stimme, im Gesichtsausdruck, in der Art und der Richtung ihrer Gespräche oder in der Art der geleisteten Dienste.
Mag es zunächst so scheinen, als behandle dieses Kapitel hauptsächlich die Verwendung von anderer Leute Geld, so enthält es doch auch wesentliche Betrachtungen über den menschlichen Charakter. Ehrlichkeit und guter Ruf, Vertrauenswürdigkeit und geschäftlicher Erfolg sind untrennbar miteinander verbunden. Wer ehrlich ist, der ist auch auf dem besten Weg, die drei anderen Ziele zu erreichen.

Investieren Sie mit ALG

William Nickerson verfügte ebenfalls über Kredit und einen guten Ruf, und auch er fand: »Geld bringt Geld hervor, und seine Nachkommenschaft noch mehr.« In seinem Buch erzählt er uns davon. Der Titel gibt an, *was* er unternahm; das Buch selbst erklärt, *wie* er es tat.
Nickersons Buch behandelt vor allem, wie man in seiner Freizeit mit ALG im Immobiliengeschäft Geld verdienen kann. Fast alles, was er dazu zu sagen hat, gilt auch für Ihr Bemühen, durch Investitionen mit ALG zu Wohlstand zu kommen.
«How I Turned $ 1000 Into a Million in Real Estate in My Spare Time« (Wie ich in meiner Freizeit im Immobiliengeschäft aus 1000 Dollar eine Million machte) heißt das Buch.
»Zeigen Sie mir einen Millionär«, sagte er, »und ich werde Ihnen in beinahe jedem Fall beweisen können, daß er sehr viel Kredit in Anspruch nimmt.« Diese Feststellung untermauert er mit dem Hinweis auf so wohlhabende Männer wie Henry Kaiser, Henry Ford und Walt Disney.
Wir möchten unsererseits auf Charlie Sammons verweisen, der mit Hilfe von Bankkrediten innerhalb von zehn Jahren ein 40-Millionen-Dollar-Unternehmen aufbaute. Bevor wir aber darauf eingehen, wollen wir über die Leute sprechen, die Männern wie Conrad Hilton, William Nickerson und Charlie Hammons helfen, indem sie ihnen das benötigte Geld leihen.

Ihr Bankier ist Ihr Freund

Das Geschäft der Banken ist es, Geld zu verleihen. Je mehr Geld sie an ehrliche Männer ausleihen, desto mehr Geld verdienen sie selbst. Handelsbanken verleihen in erster Linie Geld für geschäftliche Zwecke. So wird die Aufnahme von Anleihen, die lediglich dem Kauf von Luxusgütern dienen sollen, gar nicht erst gefördert.

Ihr Bankier ist ein Fachmann. Was aber noch wichtiger ist — er ist Ihr Freund. Er möchte Ihnen helfen. Er gehört nämlich zu den Leuten, die Ihren Erfolg herbeiwünschen. Hören Sie auf das, was Ihnen ein erfahrener Bankier zu sagen hat.

Wer über gesunden Menschenverstand verfügt, wird nie die Macht eines geborgten Dollars oder den Rat eines Fachmanns unterschätzen. Die Verwendung von ALG und ein wohldurchdachter Plan — dazu die PGH-Erfolgsprinzipien Initiative, Mut und gesunder Menschenverstand — verhalfen einem durchschnittlichen jungen Amerikaner namens Charlie Sammons zu Wohlstand.

Charlie Sammons aus Dallas ist Millionär, ja sogar Multimillionär. Mit 19 Jahren war er jedoch finanziell nicht besser gestellt als die meisten seiner Altersgenossen, nur hatte er gearbeitet und etwas Geld gespart. Einer der Beamten jener Bank, bei der Charlie regelmäßig jeden Samstag seine Ersparnisse einzahlte, begann sich für ihn zu interessieren, denn er erkannte, daß er es hier mit einem charaktervollen und fähigen jungen Mann zu tun hatte, der zudem noch den Wert des Geldes kannte. Als Charlie dann beschloß, sich als Baumwollkaufmann selbständig zu machen, gab ihm der Bankier Kredit. Das war die erste Erfahrung Charlie Sammons' mit ALG. Wie Sie sehen werden, war es aber nicht die letzte. Damals lernte er, was er inzwischen immer wieder bestätigt fand: *Ihr Bankier ist Ihr Freund.*

Etwa eineinhalb Jahre, nachdem er Baumwollhändler geworden war, sattelte er auf den Handel mit Pferden und Maultieren um. Damals lernte er viel über die menschliche Natur.

Mit Hilfe seiner Menschenkenntnis und seines fundierten Wissens in Geldangelegenheiten entwickelte Charlie Sammons bald eine sehr vernünftige Philosophie von der Art, wie man sie allgemein bei Menschen findet, die Erfolg haben oder auf dem Wege dazu sind. Charlie hatte sich diese Weltanschauung schon in sehr jungen Jahren angeeignet. Er wurde nie an ihr irre und hält heute noch an ihr fest.

Diese Philosophie heißt *»gesunder Menschenverstand«*.

Nachdem er einige Jahre lang als Pferde- und Maultierhändler tätig gewesen war, kamen zwei Männer zu Charlie und baten ihn, mit ihnen zusammenzuarbeiten. Die beiden waren als außerordentlich erfolgreiche Versicherungsvertreter bekannt. Sie kamen zu Charlie, weil sie aus einem Fehlschlag eine Lehre gezogen hatten. Folgendes war geschehen: Nachdem diese beiden Vertreter viele Jahre lang erfolgreich Lebensversicherungs-Policen verkauft hatten, fühlten sie offenbar den Ansporn, eine eigene Gesellschaft zu gründen. Sie waren zweifellos gute Vertreter, aber von kaufmännischer Verwaltung verstanden Sie nicht allzuviel. Sie widmeten sich so ausschließlich ihrer Verkaufstätigkeit, daß sie die Verwaltung ihres Unternehmens vernachlässigten und es dadurch ruinierten.

Es ist durchaus nicht ungewöhnlich, daß Vertreter der Überzeugung sind, der finanzielle Erfolg eines Unternehmens hänge einzig und allein von den Verkaufsziffern ab. Das heißt von einer falschen Voraussetzung ausgehen. Eine mangelhafte Verwaltung kann ebensoviel oder noch mehr Geld kosten, als eine gute Verkaufssteuerung und -anstrengung einbringen können. Die Schwierigkeit bei diesen beiden Männern war, daß keiner von ihnen viel von Verwaltung verstand.

Aber sie waren durch eine harte Schule gegangen, und sie hatten ihre Lektion gelernt. Als sie zu Charlie kamen, erzählte einer der beiden die Geschichte ihres Mißerfolges und fügte hinzu:

»Seitdem unsere Gesellschaft in Konkurs gegangen ist, haben wir unsere Verluste mit den Provisionen bezahlt, die wir inzwischen mit dem Verkauf von Versicherungspolicen verdienten. Außerdem mußten wir für unseren Lebensunterhalt aufkommen. Es hat sehr lange gedauert — aber wir haben es geschafft.

Wir wissen, daß wir gute Vertreter sind, es ist uns aber auch klar geworden, daß wir uns auf unser Fachgebiet beschränken sollten — auf den Verkauf.« Er zögerte, sah dem jungen Mann offen in die Augen und fuhr fort:

»Charlie, Sie stehen mit beiden Beinen fest auf der Erde. Sie haben gesunden Menschenverstand, und wir brauchen Sie. Zusammen können wir Erfolg haben.«

Sie hatten Erfolg.

Ein Plan + ALG = 40 Millionen Dollar Prämienvolumen

Wenige Jahre später kaufte Charlie Sammons alle Aktien der Gesellschaft, die er und die beiden Männer gegründet hatten. Woher er das Geld nahm? Er verwendete ALG und seine Ersparnisse. Woher er den großen Geldbetrag bekam, den er benötigte? Er entlieh ihn natürlich bei einer Bank. Sie erinnern sich: Er hatte schon früher gelernt, daß sein Bankier sein Freund war.

In dem Jahr, das seiner Gesellschaft ein jährliches Prämienvolumen von fast 400 000 Dollar erbracht hatte, fand der Versicherungsfachmann schließlich die langgesuchte Erfolgsformel für die Ausweitung des Unternehmens.

Er war bereit.

Diese Formel sollte, zusammen mit ALG, nur wenige Jahre später ein Prämienvolumen in Höhe von 40 Millionen Dollar erbringen. Sammons hatte erfahren, daß seine Chicagoer Versicherungsgesellschaft mit Hilfe von »Leitadressen« einen erfolgreichen Verkaufsplan entwikkelt hatte. Jahrelang hatten die Verkaufsleiter das sogenannte »Leitadressensystem« angewandt, um Kontakte mit möglichen Kunden herzustellen. Mit entsprechenden Leitadressen können Vertreter oft außerordentlich hohe Einkünfte erzielen. »Leitadressen« ergeben sich aus den Anfragen von Personen, die Interesse an den gebotenen Dienstleistungen zeigen. Solche Leitadressen erhält man gewöhnlich durch Werbefeldzüge, die eine Ware oder eine Dienstleistung neu einführen sollen.

Vielleicht wissen Sie aus eigener Erfahrung, daß man nur zu leicht seine Selbstsicherheit einbüßt, wenn man fremden Leuten, zu denen bis dahin keine persönlichen Kontakte oder Verbindungen bestanden, etwas verkaufen soll. Diese Scheu tritt auch bei erfahrenen Vertretern auf und läßt sie manche kostbare Stunde vergeuden.

Aber selbst ein durchschnittlicher Vertreter wird den Ansporn fühlen, bei allen möglichen Kunden vorzusprechen, von denen er Leitadressen hat. Er weiß nämlich, daß er in diesem Fall Verkäufe tätigen kann, selbst wenn er vielleicht nur über eine geringe Ausbildung oder Erfahrung auf diesem Gebiet verfügt. Außerdem sind ihm bereits Adresse und Identität des Kunden vertraut. Er kann von vornherein mit einem gewissen Interesse rechnen, das er nicht erst durch ein Verkaufsgespräch wecken muß.

Er ist also weniger ängstlich, als wenn er gezwungen wäre, jemandem

etwas ohne jede Vorbereitung zu verkaufen. Einige Gesellschaften bauen ihr gesamtes Verkaufsprogramm auf solche Leitadressen auf, die man sich durch Werbefeldzüge zu beschaffen versucht.
Aber Werbung kostet Geld.
Charlie Sammons wußte, wohin er sich wenden mußte, um eine gewinnträchtige Idee zu verwirklichen — an die Republic National Bank von Dallas. Bekanntlich hat diese Bank geholfen, den Staat Texas aufzubauen. Ihr Geschäft ist es, rechtschaffenen Männern wie Charlie Sammons, die einen Plan haben und wissen, wo sie ihren Plan in die Wirklichkeit umsetzen können, Geld zu leihen.
Manche Bankiers nehmen sich allerdings nicht die Zeit, um sich über die Tätigkeit ihrer Kunden zu informieren. Bei Oran Kite und anderen leitenden Herren der Republic National ist das Gegenteil der Fall. Charlie erklärte ihnen seinen Plan. Das Ergebnis war, daß ihm unbegrenzter Kredit eingeräumt wurde, um sein Versicherungsgeschäft mit Hilfe des Leitadressensystems aufzubauen.
Wie Sie sehen, war Charlie Sammons also dank des amerikanischen Kreditsystems in der Lage, die Reserve Life Insurance Company zu gründen. Und mit Hilfe dieses Systems konnte er innerhalb des kurzen Zeitraums von zehn Jahren das Prämienvolumen von 400 000 auf über 40 Millionen Dollar steigern. Weil er auch bei seinen Investitionen ALG verwendete, ist er heute in der Lage, sein Geld in Hotels, Bürogebäuden, Herstellungsbetrieben und anderen Unternehmen anzulegen und deren Aktienmehrheit zu erwerben.
Wenn Sie ALG benutzen wollen, brauchen Sie aber deshalb nicht nach Texas zu gehen. W. Clement Stone kaufte eine Versicherungsgesellschaft mit 1 600 000 Dollar Anlagevermögen, und zwar mit dem Geld des Verkäufers. Er ging nach Baltimore.

Wie W. Clement Stone eine Gesellschaft im Wert von 1 600 000 Dollar mit dem Geld des Verkäufers kaufte

Lassen Sie ihn selbst erzählen, wie der Kauf vor sich ging:
»Es war gegen Ende des alten Jahres und ich beschäftigte mich gerade mit Studieren, Denken und Planen. Zum Hauptziel für das kommende Jahr wählte ich den Erwerb einer Versicherungsgesellschaft, die in mehreren Staaten zugelassen sein sollte. Ich setzte mir einen Termin, bis zu

dem dieses Ziel erreicht sein mußte: den 31. Dezember des folgenden Jahres.

Nun wußte ich zwar, *was* ich wollte, und ich hatte auch einen Termin für das Erreichen dieses Ziels festgesetzt, aber noch wußte ich nicht, *wie* es zu erreichen war. Im Grunde war das aber nicht weiter wichtig, denn ich glaubte fest daran, daß ich einen Weg finden würde. Ich überlegte mir also, welchen Anforderungen die gesuchte Gesellschaft entsprechen sollte: Sie mußte die Genehmigung haben, 1.) Unfall- und Krankenversicherungs-Policen zu verkaufen, und 2.) sollte sie in fast allen Staaten der USA ihre Tätigkeit ausüben können. Ich brauchte keine alteingeführte Firma, sondern nur irgend eine bereits bestehende.

Natürlich galt es auch hier das finanzielle Problem zu lösen, aber darum wollte ich mich erst dann kümmern, wenn es akut würde. Nötigenfalls könnte ich in drei Abschnitten vorgehen: Zunächst den Kaufvertrag abschließen und dann das gesamte Unternehmen bei irgendeiner großen Gesellschaft wieder rückversichern lassen. Damit würde mir alles mit Ausnahme der laufenden Versicherung gehören. Die anderen Versicherungsgesellschaften waren bereit, für eine gut eingeführte Firma einen guten Preis zu bezahlen. Ich brauchte aber keine gut eingeführte Firma, weil ich genügend Erfahrung und Fähigkeiten hatte, um eine Unfall- und Krankenversicherung aufzubauen, sobald ich über eine Ausgangsbasis verfügte. Das hatte ich bewiesen, als ich eine Verkaufsorganisation für Versicherungspolicen aufbaute, die sich über die ganzen Vereinigten Staaten erstreckte.

Dann tat ich den nächsten Schritt: Ich betete um Gottes Rat und Hilfe. Noch während ich die Probleme analysierte, die auf mich zukommen konnten, fiel mir ein, daß ich alle Welt von meinem Wunsch in Kenntnis setzen sollte, weil man mir dann helfen würde. Diese Schlußfolgerung steht keineswegs im Widerspruch zu jenen Prinzipien, die Napoleon Hill in *›Denke nach und werde reich‹* festgelegt hat, wo er den Rat erteilt, man solle seine festumrissenen Ziele vor jedermann geheimhalten, mit Ausnahme der Mitglieder des eigenen Bundes der klugen Köpfe. Hätte ich erst die gewünschte Gesellschaft gefunden, so würde ich natürlich diesen Ratschlag befolgen und die Kaufverhandlungen bis zum Abschluß des Handels geheimhalten.

Also ließ ich alle Welt wissen, was ich suchte. Bei jedem Treffen mit einer Persönlichkeit aus der Industrie, die mir vielleicht eine Auskunft geben konnte, erzählte ich davon.

Joe Gibson von der Excess Insurance, den ich nur sehr flüchtig kannte, gehörte zu diesem Personenkreis.

Ich begann das neue Jahr voller Begeisterung, denn ich hatte ein großes Ziel und bemühte mich, es zu erreichen. Ein Monat ging vorbei, zwei Monate, sechs Monate. Schließlich waren fast zehn Monate vergangen, und obwohl ich viele Angebote überprüft hatte, entsprach doch keines meinen beiden Grundanforderungen.

Eines Samstags im Oktober — ich saß gerade an meinem Schreibtisch und hatte Papiere beiseitegeschoben, weil ich mich mit Studieren, Denken und Planen beschäftigte — überprüfte ich die Liste meiner Ziele für dieses Jahr. Alle hatte ich erreicht, bis auf eines — das wichtigste.

Nur noch zwei Monate, sagte ich zu mir. Aber es gibt einen Weg. Ich kenne ihn zwar noch nicht, aber ich weiß, daß ich ihn finden werde. Es kam mir nie in den Sinn, daß ich mein Ziel vielleicht überhaupt nicht bzw. nicht innerhalb der festgesetzten Frist erreichen würde. Es gibt immer eine Möglichkeit, sagte ich mir, und wie bei jeder ähnlichen Gelegenheit betete ich erneut um Gottes Rat und Hilfe.

Zwei Tage später geschah etwas Unerwartetes. Wieder saß ich an meinem Schreibtisch. Dieses Mal diktierte ich gerade Briefe. Störend klingelte das Telefon dazwischen. Ich nahm den Hörer ab, und eine Stimme sagte: ›Hallo Clem, hier ist Joe Gibson.‹ Unsere Unterhaltung war kurz, und ich werde sie nie vergessen. Joe sprach sehr schnell:

›Ich dachte, es würde Sie vielleicht interessieren, daß die Commercial Credit Company aus Baltimore die Pennsylvania Casualty Company wegen ihrer enormen Verluste wahrscheinlich auflösen wird. Sicher ist Ihnen bekannt, daß die Commercial Credit die Eigentümerin der Pennsylvania Casualty ist. Nächsten Donnerstag wird der Aufsichtsrat in Baltimore zusammentreten. Die gesamten Versicherungsverbindlichkeiten der Pennsylvania Casualty Company werden bereits von zwei anderen im Besitz der Commercial Credit befindlichen Versicherungsgesellschaften rückversichert. Der amtierende Vizepräsident der Commercial Credit ist E. H. Warheim.‹

Ich dankte Joe Gibson von Herzen, stellte ihm ein oder zwei weitere Fragen und legte den Hörer auf. Nach einigen Minuten des Nachdenkens schoß mir der Gedanke durch den Kopf, es dürfte nicht allzu schwierig sein, den Aufsichtsrat zur Annahme meines Plans zu bewegen. Denn dieser würde es der Commercial Credit Company gestatten, ihre Ziele schneller und sicherer als mit ihrem eigenen Plan zu erreichen.

Ich kannte E. H. Warheim nicht und zögerte daher ein wenig, ihn anzurufen. Andererseits fühlte ich, daß es jetzt auf einen raschen Entschluß ankam. Dann bewogen mich zwei Selbstansporne zum Handeln: *Wo bei einem Versuch nichts zu verlieren, aber alles zu gewinnen ist, versuche es auf jeden Fall! Tue es gleich!*

Ohne auch nur eine Sekunde länger zu zögern, nahm ich den Hörer ab und meldete ein Ferngespräch mit E. H. Warheim in Baltimore an. ›Mister Warheim‹, sagte ich betont liebenswürdig, ›ich habe eine gute Nachricht für Sie!‹

Dann stellte ich mich vor und erklärte, ich hätte von den Plänen bezüglich der Pennsylvania Casualty Company gehört und glaubte, seiner Firma zum schnelleren Erreichen ihrer Ziele verhelfen zu können. Gleichzeitig verabredete ich für den folgenden Tag um zwei Uhr ein Gespräch mit Mister Warheim und seinen Partnern in Baltimore.

Am nächsten Tag trafen mein Rechtsanwalt W. Russel Arrington und ich um zwei Uhr mit Mister Warheim und seinen Partnern zusammen.

Die Pennsylvania Casualty Company entsprach meinen Anforderungen, denn sie war in 35 Staaten zugelassen. Aus den Policen erwuchsen ihr keine Verpflichtungen, weil die gesamte Rückversicherung bereits von anderen Gesellschaften übernommen worden war. Durch den Verkauf konnte die Commercial Credit Company ihre Ziele schnell und sicher erreichen. Außerdem würde sie von mir 25 000 Dollar für die Lizenz bekommen.

Die Gesellschaft verfügte über 1 600 000 Dollar Umlaufvermögen: belegbare Wertpapiere und Barvermögen. Wie ich die 1 600 000 Dollar bekam? Ich verwendete ALG, und zwar auf diese Weise:

›Wie steht es mit dem Kaufpreis von 1 600 000 Dollar?‹ fragte E. H. Warheim.

Ich war auf diese Frage vorbereitet und antwortete sofort: ›Die Commercial Credit Company befaßt sich mit der Vergabe von Krediten. Ich werde eben die 1 600 000 Dollar bei Ihnen ausleihen.‹

Wir lachten alle, dann fuhr ich fort: ›*Sie haben alles zu gewinnen und nichts zu verlieren,* denn mein gesamtes Eigentum steht hinter der Anleihe, einschließlich der Gesellschaft im Wert von 1 600 000 Dollar, die ich jetzt kaufen möchte.

Sie sind doch im Kreditgeschäft. Könnten Sie sich eine bessere Sicherheit

vorstellen als die Gesellschaft, die Sie mir verkaufen? Außerdem bekommen Sie Zinsen für das Darlehen.
Am wichtigsten ist für Sie aber die Tatsache, daß Sie damit Ihr Problem schnell und sicher lösen.‹
Als ich innehielt, stellte E. H. Warheim eine weitere, sehr wichtige Frage: ›Wie werden Sie das Darlehen zurückzahlen?‹
Auch auf diese Frage war ich vorbereitet: ›Ich werde das gesamte Darlehen innerhalb von 60 Tagen zurückzahlen.
Sehen Sie, ich brauche nicht mehr als eine halbe Millionen Dollar, um eine Unfall- und Krankenversicherungsgesellschaft in den 35 Staaten zu betreiben, für die die Pennsylvania Casualty Company eine Lizenz hat.
Da ich der alleinige Eigentümer der Gesellschaft bin, brauche ich nur das Kapital und die Reserven der Pennsylvania Casualty Company von 1 600 000 Dollar auf 500 000 Dollar zu senken. Als alleiniger Aktionär bekomme ich auf diese Weise 1 100 000 Dollar, die ich dann für die Rückzahlung meines Darlehens verwenden kann.
Wir wissen alle, daß ein Geschäftsmann bei jeder Transaktion, bei der es um Einkünfte oder Ausgaben geht, mit der Einkommensteuer rechnen muß. Bei dieser Transaktion würde jedoch keine Einkommensteuer fällig werden, einfach weil die Pennsylvania Casualty Company keine Gewinne erzielt hat und daher nichts von dem Geld, das ich aus der Verringerung des Kapitals erlöse, aus Gewinnen stammt.‹
Man stellte mir eine weitere Frage: ›Und wie wollen Sie die Differenz von einer halben Million zurückzahlen?‹
Diese Frage kam gleichfalls nicht unerwartet: ›Das dürfte nicht allzu schwer sein. Das Vermögen der Pennsylvania Casualty Company besteht ausschließlich aus Bargeld, Staatsschuldverschreibungen und sehr sicheren Wertpapieren. Ich kann die halbe Million Dollar von den Banken leihen, mit denen ich bisher Geschäfte getätigt habe, indem ich meinen Aktienanteil an der Pennsylvania Casualty Company und meine übrigen Vermögenswerte zur Sicherung des Kredits übereigne.‹
Als Arrington und ich um fünf Uhr das Büro der Commercial Credit Company verließen, war der Handel abgeschlossen.«

Diese Geschichte wurde hier vor allem deshalb so ausführlich erzählt, um zu verdeutlichen, wie man sein Ziel mit ALG erreicht. Wenn Sie zum elften Kapitel »Kann man den Weg zum Reichtum abkürzen?«

zurückblättern, sehen Sie, daß die dort aufgezählten Prinzipien hier angewandt wurden.
Unsere Geschichte zeigt, wie man ALG nützlich verwendet. Aber Kredit kann manchmal auch schädlich sein.

Vorsicht — Kredit kann Ihnen schaden

Bis jetzt haben wir nur über den Nutzen gesprochen, den die Inanspruchnahme von Kredit bringen kann. Wir sagten, man müsse Geld ausleihen, um Geld zu verdienen. Das ist Kapitalismus. Das ist gut.
Aber etwas an sich Gutes kann für einen Menschen mit einer negativen Geisteshaltung auch schädlich sein. Der Kredit macht da keine Ausnahme. Kredit kann einen ehrlichen Menschen unehrlich machen. Kreditmißbrauch ist eine der Hauptquellen von Sorgen, Enttäuschung, Unglück und Betrug.
Wir sprechen jetzt von dem Kredit, den ein Gläubiger freiwillig einräumt. Er gibt einem Menschen Kredit, von dessen Ehrenhaftigkeit er überzeugt ist und auf dessen Wahrhaftigkeit er sich verlassen zu können glaubt. Wer ein solches Vertrauen mißbraucht, ist unehrlich. Solche Menschen borgen Geld oder kaufen Waren, aber sie *beabsichtigen nicht,* die vereinbarten Zahlungen zu leisten oder den Kredit in vollem Umfang zurückzuzahlen.
Ebenso kann ein an sich ehrlicher Mensch unehrlich werden, wenn er die Rückzahlung der *von ihm* aufgenommenen Kredite oder die Bezahlung der *von ihm* gekauften Waren vernachlässigt. Dies gilt selbst dann, wenn ihn vielleicht nur widrige Umstände daran hindern, die fälligen Zahlungen zu leisten.
Wer nämlich unter dem Einfluß der PGH-Seite seines Talismans steht, *hat auch den Mut, der Wahrheit ins Gesicht zu sehen.* Er hat den Mut, die Gläubiger unverzüglich von seinen Zahlungsschwierigkeiten in Kenntnis zu setzen. Dann wird er im Einverständnis mit seinen Gläubigern eine befriedigende Lösung ausarbeiten. Vor allem aber wird er *zu persönlichen Opfern bereit sein, bis er allen seinen Verpflichtungen nachgekommen ist.*
Wer ehrlich ist und über gesunden Menschenverstand verfügt, mißbraucht nicht die Vorrechte, die ihm durch die Gewährung eines Kredits eingeräumt werden.
Wer zwar ehrlich ist, *aber nicht über gesunden Menschenverstand ver-*

fügt, borgt oder kauft wahllos auf Kredit. Weil er dann keine Möglichkeit mehr sieht, seine Gläubiger zu bezahlen, unterliegt er schließlich so sehr dem NGH-Einfluß seines Talismans, daß er vielleicht unehrlich wird. Er sieht sich hilflos in einer hoffnungslosen Lage und tröstet sich vielleicht damit, daß ein Kreditschuldner keine Strafverfolgung befürchten muß. Aber obwohl er der Meinung ist, er käme ungestraft davon, sind seine Sorgen, Ängste und Enttäuschungen in Wirklichkeit doch eine sehr reale Betrafung.

Ein solcher Mensch wird so lange unehrlich bleiben, bis er wieder unter den Einfluß der PGH-Seite seines Talismans kommt — einen Einfluß, der stark genug ist, um ihn zu veranlassen, seinen Verpflichtungen in vollem Umfang nachzukommen.

Der Mißbrauch der Vorteile, die ein Kredit bietet, verursacht nachweislich körperliche, geistige und seelische Erkrankungen. Denken Sie an *Not, NGH und Verbrechen* im dritten Kapitel, das den Titel »Entrümpeln Sie Ihren Kopf« trägt.

Die Verwendung von anderer Leute Geld war aber andererseits das Mittel, das ehrliche Männer aus ihrer Armut heraus zu Reichtum führte. Geld ist ein wichtiger Schlüssel zum Tresor des Erfolgs.

Die fehlende Nummer

Ein junger Verkaufsleiter, dessen Jahreseinkommen 35000 Dollar übersteigt, schrieb:

»Ich habe ein Gefühl, wie es etwa ein Mensch verspüren würde, der vor einem Geldschrank steht, in dem aller Wohlstand, alles Glück und aller Erfolg der Welt enthalten sind, und der alle Nummern der Zahlenkombination kennt — *bis auf eine*. Nur eine Nummer! Hätte er sie, könnte er die Tür öffnen.«

Oft liegt der Unterschied zwischen Armut und Reichtum darin, daß von einer Formel alle Prinzipien bis auf eines angewandt werden. Aber gerade diese eine fehlende Nummer ist entscheidend!

Ein Beispiel für diese Feststellung sind die Erfahrungen eines anderen Mannes, der erfolgreich Kosmetika verkauft hatte, bevor er sich selbständig machte.

In seinem eigenen Unternehmen stand Leonard Lavon, wie viele Männer, die ganz unten anfangen, vor vielen Problemen. Wie Sie später sehen werden, war diese Tatsache gut für ihn — gut deshalb, weil er studieren, denken, planen und hart arbeiten mußte, bevor er für jedes einzelne Problem eine Lösung fand.

Seine Frau Bernice und er bildeten einen Bund der klugen Köpfe und arbeiteten in vollkommener Harmonie zusammen. Sie stellten ein Schönheitsmittel selbst her und betätigten sich im übrigen als Großhändler für andere Gesellschaften. Da es ihnen aber an Betriebsmitteln fehlte, waren sie gezwungen, alle Arbeit selbst zu tun.

Ihr Unternehmen entwickelte sich immer weiter, und Bernice wurde eine Expertin auf dem Gebiet der *Betriebsführung*, des *Einkaufs* und der *Verwaltung*. Leonard entwickelte sich zu einem erfolgreichen *Verkaufs-* und leistungsfähigen *Produktionsleiter*. Als ihr Unternehmen wuchs, waren sie klug genug, einen *Rechtsanwalt* mit gesundem Menschenverstand für sich arbeiten zu lassen — einen Menschen, der Gedanken in die Tat umzusetzen vermochte. Außerdem stellten sie auch einen *Buchhaltungs-* und *Steuerfachmann* ein.

Will man *ein Vermögen erwerben,* so muß man ein Erzeugnis oder eine Dienstleistung *herstellen* oder *verkaufen* (vorzugsweise ein zu den täglichen Verbrauchsgütern gehörendes Produkt zu niedrigem Preis), und zwar etwas, das immer wieder gebraucht wird. Auf die Erzeugnisse von Leonhard und Bernice Lavon traf beides zu.

Jeder Dollar, den sie erübrigen konnten, wurde wieder in das Unternehmen gesteckt. Die Umstände zwangen sie dazu, zu studieren, zu denken und zu planen, einen Dollar die Arbeit von vielen tun zu lassen, aus jeder Arbeitsstunde die größtmögliche Leistung herauszuholen und jede Verschwendung zu vermeiden.

Monat für Monat ließ das verbissene Bemühen Leonards, alle früheren Verkaufsrekorde zu brechen, die Verkaufsziffern steigen. In der Industrie gewann er allmählich den Ruf eines Mannes, der sein Geschäft verstand. Viele lernten ihn als einen Mann kennen, der stets *ein Übriges tat.*

Daß er in zwei besonderen Fällen *ein Übriges tat,* führte sein Unternehmen endgültig nach oben.

In dem einen Fall stellte ihn sein Bankier drei Kunden seiner Bank vor, die Geld in einer anderen Kosmetikfirma investiert hatten. Sie brauchten fachmännischen Rat von jemandem, der gesunden Menschenverstand besaß, und Leonard nahm sich die Zeit, ihnen zu helfen.

Leonard tat auch ein Übriges, als er einem Mann einen Dienst erwies, der in einem Drugstore in Los Angeles einkaufte. Eines Tages zeigte sich der Betreffende dafür durch die vertrauliche Mitteilung erkenntlich, daß die Herstellerfirma von VO-5, einem Qualitätshaarwasser, möglicherweise verkauft würde.

Leonards Interesse war geweckt: Hier handelte es sich um eine 15 Jahre alte Gesellschaft, die ein Qualitätserzeugnis herstellte, den Höhepunkt ihres Wachstums jedoch bereits überschritten hatte. Aus seiner Erfahrung mit kosmetischen Produkten und aus dem Studium der Zyklen und Tendenzen wußte er, daß diese Gesellschaft einzig und allein neues Leben, neues Blut und neue Tätigkeitsbereiche brauchte.

Er ließ sich von dem Selbststarter *»Tu es gleich!«* anspornen. Tatsächlich führte er noch am selben Abend ein Gespräch mit dem Eigentümer. Gewöhnlich ziehen sich die Verhandlungen über eine solche Transaktion, bei der Käufer und Verkäufer sich nicht kennen, über Wochen und manchmal auch über Monate hin, ehe es gelingt, eine gemeinsame Verhandlungsbasis zu schaffen. Eine gewinnende Persönlichkeit und gesunder Menschenverstand auf seiten des Käufers oder des Verkäufers tragen jedoch dazu bei, unnötige Verzögerungen zu vermeiden. Dank Leonards *gewinnender Persönlichkeit* und seinem *gesunden Menschenverstand* stimmte der Eigentümer noch in derselben Nacht dem Verkauf der Gesellschaft für 400 000 Dollar zu.

Nun war Leonard zwar sehr erfolgreich, aber andererseits steckte er auch jeden Dollar, den er erübigen konnte, wieder in sein Unternehmen. Wo konnte er 400 000 Dollar auftreiben?

Wieder zurück in seinem Hotelzimmer, erkannte Leonard in jener Nacht, daß ihm nur eine Nummer in der Zahlenkombination des Erfolgs fehlte — Geld.

Als er am nächsten Morgen erwachte, kam ihm blitzartig ein Gedanke. Wieder reagierte er auf den Selbststarter: *»Tu es gleich!«:* Er führte ein Ferngespräch mit einem der drei Männer, denen er von seinem Bankier vorgestellt worden war. Er hatte ihnen geholfen — vielleicht konnten sie ihm nun den richtigen Rat geben, denn sie wußten mehr über Finanzgeschäfte als er. Sie hatten bereits in einer anderen Kosmetikfirma Geld angelegt — vielleicht würden sie nun auch in dieser Gesellschaft investieren?

Aufgrund ihrer Erfahrung in Investitionsgeschäften wandten diese drei Männer eine erfolgreiche Investitionsformel an. Danach mußte sich Leonard bereiterklären, a) alle seine Unternehmen in einem Betrieb zusammenzufassen, b) seine ganze Kraft auf dieses Unternehmen zu konzentrieren, c) den Kredit innerhalb von fünf Jahren in vierteljährlichen Raten zurückzuzahlen, d) den jeweils gültigen Zinssatz für den Kredit zu bezahlen und e) 25 Prozent der Aktien der Gesellschaft als Prämie für das Anlagerisiko zur Verfügung zu stellen.

Leonard stimmte zu. Er sah, wie wertvoll die Verwendung von ALG sein konnte. Auch die drei Männer verwendeten ALG. Sie borgten die 400 000 Dollar von ihrer Bank.

Die fehlende Zahl — jetzt hatten Leonard und Bernice sie gefunden! Sie arbeiteten Stunden um Stunden und waren mit Leib und Seele bei der Sache. Dieses Unternehmen erschien ihnen als ein aufregendes Spiel. Es dauerte nicht lange, und VO-5 wurde überall in den Vereinigten Staaten und teilweise auch im Ausland verwendet.

Gewöhnlich ist der Dezember der finanziell schwächste Monat für einen Hersteller von Kosmetika. Aber eineinhalb Jahre, nachdem Leonard und Bernice die Leitung der Herstellung von VO-5 und *Rinse Away* — einem anderen, in das Herstellungsprogramm aufgenommenen Produkt — übernommen hatten, erzielte die Fabrik im Dezember einen Umsatz von über 870 000 Dollar. Das war ebensoviel, wie VO-5 und *Rinse Away* unter der früheren Leitung in den vergangenen Jahren eingebracht hatten.

Bernice und Leonard fanden die fehlende Nummer und damit die Zahlenkombination, die zu Wohlstand verhilft; denn nur drei Jahre, nachdem sie VO-5 erworben hatten, wurden ihre eigenen Geschäftsanteile auf über eine Million Dollar geschätzt.

Die Nummern in der Zahlenkombination, die Leonard Lavin zum Erfolg führten, waren folgende:

Nr. 1: Ein Erzeugnis oder eine Dienstleistung, etwas, das immer wieder gebraucht oder verwendet wird.

Nr. 2: Eine Gesellschaft, die mit einem ausschließlich von ihr hergestellten Erzeugnis oder Firmennamen arbeitet, den Höhepunkt ihres Wachstums aber schon überschritten hat.

Nr. 3: Ein guter Produktionsleiter, der aus der Fabrik die größtmöglichen Leistungen herausholt.

Nr. 4: Ein erfolgreicher Verkaufsleiter, der die Verkaufsziffern ständig dadurch steigert, daß er sich einer erfolgreichen Verkaufsformel bedient, der jedoch gleichzeitig nach noch besseren Verkaufsmethoden sucht.

Nr. 5: Ein guter Verwaltungsfachmann.

Nr. 6: Ein erfahrener Buchhalter, der sich auf Kostenkalkulation versteht und ein Fachmann auf dem Gebiet der Einkommensteuergesetzgebung ist.

Nr. 7: Ein guter Rechtsanwalt, der über gesunden Menschenverstand verfügt und Ideen in die Tat umsetzt.

Nr. 8: Genügend Betriebskapital oder Kredit, um ein Unternehmen zu führen und es zur rechten Zeit zu erweitern.

Auch Sie können ALG verwenden: »Geschäft? Ganz einfach — das ist anderer Leute Geld.«
Wenn Sie die in diesem Kapitel enthaltenen Prinzipien genauso lernen wie diejenigen des zwölften Kapitels »Ziehen Sie Reichtum magnetisch an, anstatt ihn abzustoßen«, dann können Sie — wie Leonard und Bernice Lavon — die fehlenden Nummern der Zahlenkombination finden, die Ihnen das Tor zum Reichtum öffnet.
Um aber glücklich und zufrieden zu sein, müssen Sie in Ihrer Tätigkeit Befriedigung finden. Im nächsten Kapitel werden Sie auch das lernen.

LEITGEDANKEN

1. »Geschäft? Ganz einfach — das ist anderer Leute Geld!«

2. ALG: durch *anderer Leute Geld* kommt man zu Wohlstand.

3. Die grundlegende, ungeschriebene Voraussetzung in der Formel »Verwenden Sie ALG« ist, daß Sie nach den höchsten sittlichen Grundsätzen der Rechtschaffenheit, Ehrlichkeit, Redlichkeit und der Goldenen Regel handeln.

4. Wer unehrlich ist, hat keinen Anspruch auf Kredit.

5. Ihr Bankier ist Ihr Freund.

6. Wo bei einem Versuch nichts zu verlieren, im Falle eines Erfolges aber ein guter Handel abzuschließen ist, versuchen Sie es auf jeden Fall!

7. Wenn Sie mit jemandem ein Geschäft abschließen wollen, dann entwickeln Sie einen Plan, durch den Ihr Partner das bekommt, was er will, und der gleichzeitig auch Ihnen den erwünschten Vorteil sichert. Ein guter Handel ist für beide Teile vorteilhaft.

8. Wahllos in Anspruch genommener Kredit kann Ihnen schaden. Kreditmißbrauch ist die Ursache vieler Enttäuschungen, von Unglück und Betrug.

9. Um die Tür des Tresors aufzuschließen, der Ihren Erfolg enthält, müssen Sie alle Nummern der notwendigen Zahlenkombination kennen. *Eine* fehlende Zahl kann Sie daran hindern, Ihr Ziel zu erreichen.

10. Auch Sie können die fehlenden Nummern finden und sich das Tor zum Reichtum öffnen.

HABEN SIE DEN MUT, DER WAHRHEIT INS GESICHT ZU SEHEN!

KAPITEL 14

Wie man in seinem Beruf Befriedigung findet

Welchen Beruf Sie auch ausüben mögen — Chef oder Angestellter, Betriebsleiter oder Fabrikarbeiter, Arzt oder Schwester, Rechtsanwalt oder Sekretärin, Lehrer oder Student, Hausfrau oder Hausangestellte — sich selbst sind Sie es schuldig, in Ihrem Beruf Befriedigung zu finden, solange Sie ihn ausüben.

Das ist durchaus möglich. Zufriedenheit ist eine Geisteshaltung. Und Ihre Geisteshaltung ist das einzige Besitztum, über das allein Sie die völlige Verfügungsgewalt besitzen. Sie können beschließen, in Ihrem Beruf Befriedigung zu finden und den Weg dahin zu entdecken.

Sie finden diese Befriedigung leichter, wenn Sie den Beruf ausüben, der Ihrem Wesen entspricht — wenn Sie tun, wofür Sie eine natürliche Befähigung oder Vorliebe haben. Falls Sie einen Beruf ergreifen, der nicht Ihrer natürlichen Veranlagung entspricht, so kann dies zu geistigen und seelischen Konflikten sowie zu Verdrängungen führen. Solche Konflikte und Verdrängungen können Sie jedoch neutralisieren und schließlich sogar überwinden — wenn Sie PGH anwenden und ihrem Ansporn folgen, um so viele Erfahrungen zu sammeln, daß Sie die von Ihnen ausgeübte Tätigkeit völlig beherrschen.

Jerry Asam hat PGH und liebt seinen Beruf. Er findet in seiner Tätigkeit Befriedigung. Jerry, ein Nachkomme der Könige von Hawaii, ist Verkaufsleiter für das hawaiianische Büro einer großen internationalen Organisation. Er liebt seinen Beruf, weil er sich mit seiner Arbeit gut versteht und auf seinem Gebiet sehr tüchtig ist. Er tut also das, was seinem Wesen entspricht. Aber trotzdem kennt auch Jerry Tage, die ein wenig rosiger aussehen könnten. Im Verkaufswesen können sich solche Tage recht störend auswirken — wenn man nicht studiert, denkt und plant, um die Schwierigkeiten zu überwinden und sich eine positive Geisteshaltung zu bewahren. Also liest Jerry anspornende Erbauungsbücher.

Beim Lesen eines solchen Erbauungsbuchs hatte er einmal drei sehr wichtige Lektionen gelernt:

1. Durch die Verwendung von Selbstanspornen kann man seine Geisteshaltung kontrollieren.
2. Setzt man sich ein Ziel, so wird man angefeuert; je höher es gesteckt wird, desto größer wird die Leistungsfähigkeit.
3. Um Erfolg zu haben — auf welchem Gebiet auch immer —, muß man die Regeln kennen und sie anzuwenden wissen. Man muß studieren, lernen, denken und planen.

Jerry glaubte an diese Lektionen und handelte entsprechend. Er probierte sie selbst aus. Er studierte die Verkaufshandbücher seiner Gesellschaft und wandte das Gelernte in seiner Verkaufstätigkeit an. Er setzte sich Ziele — hohe Ziele — und erreichte sie. Jeden Morgen sagte er sich: »Ich fühle mich gesund! Ich fühle mich glücklich! Ich fühle mich großartig!« Er fühlte sich tatsächlich gesund, glücklich und großartig, und als großartig erwiesen sich auch seine Verkaufserfolge!

Als Jerry sicher war, das Verkaufshandwerk zu beherrschen, sammelte er eine Gruppe von Vertretern um sich und lehrte sie die Lektionen, die er selbst gelernt hatte. Er unterrichtete die Männer in den neuesten und besten Verkaufsmethoden, die in den Ausbildungshandbüchern seiner Gesellschaft erklärt wurden. Er zeigte ihnen am praktischen Beispiel, wie leicht das Verkaufen ist, wenn man die richtigen Methoden anwendet, einen Plan hat und jeden Tag mit einer positiven Geisteshaltung beginnt. Er lehrte sie, sich in bezug auf ihre Verkaufsziffern hohe Ziele zu stecken und diese mit PGH zu erreichen.

Jeden Morgen versammelte sich Jerrys Gruppe. Gemeinsam und mit Begeisterung sprechen alle: »Ich fühle mich gesund! Ich fühle mich glücklich! Ich fühle mich großartig!« Dann lachen die Männer einander zu, klopfen sich gegenseitig auf die Schulter, und schließlich geht jeder seines Weges, um sein Tagessoll zu erfüllen. Aber jeder dieser Vertreter setzt sich ein Ziel, und zwar ein so hohes, daß selbst ältere und erfahrenere Vertreter und Verkaufsleiter auf dem Festland darüber sehr erstaunt sind. Denn am Ende der Woche reicht jeder Vertreter einen Verkaufsbericht ein, der dem Präsidenten und Verkaufsleiter von Jerrys Organisation ein breites, zufriedenes Lächeln entlockt.

Sind Jerry und die Männer, die unter seiner Anleitung arbeiten, glücklich und zufrieden in ihrem Beruf? Und ob! Einige der Gründe dafür sind:

1. Sie haben ihre Arbeit von Grund auf gelernt; sie kennen und verstehen die einschlägigen Regeln und Verfahrensweisen und wissen sie so gut anzuwenden, daß das, was sie tun, ihrem Wesen entspricht.

2. Sie setzen regelmäßig ihre Ziele fest und glauben unerschütterlich daran, sie erreichen zu können. Sie wissen, daß der Geist alles erreicht, was er erfassen und glauben kann.

3. Sie erhalten sich ihre positive Geisteshaltung durch die Anwendung eines Selbstansporns.

4. Sie spüren die Befriedigung, die nur eine gut verrichtete Arbeit schenkt.

»Ich fühle mich gesund! Ich fühle mich glücklich! Ich fühle mich großartig!«

Ein anderer junger Vertreter, der in derselben Organisation auf dem Festland arbeitete, lernte seine Geisteshaltung ebenfalls durch Jerry Asams Selbstansporn zu beherrschen. Er war 18 Jahre alt, College-Student und arbeitete während der Semesterferien als Versicherungsvertreter. Seine Policen verkaufte er ohne vorherige Anmeldung in Ladengeschäften und Büros. Während seiner zweiwöchigen theoretischen Ausbildung lernte er unter anderem:

1. Die Gewohnheiten, die ein Vertreter innerhalb der ersten zwei Wochen nach Beendigung des Vertreterlehrgangs entwickelt, wird er während seiner ganzen Laufbahn beibehalten.

2. Geben Sie ein Verkaufsziel niemals auf, solange Sie es nicht erreicht haben.

3. Setzen Sie sich noch höhere Ziele.

4. Verwenden Sie in kritischen Zeiten einen Selbstansporn wie *»Ich fühle mich gesund! Ich fühle mich glücklich! Ich fühle mich großartig!«*, um sich zu positivem Handeln in der gewünschten Richtung anzuspornen.

Nachdem er einige Wochen lang als Vertreter Erfahrungen gesammelt hatte, setzte er ein besonderes Ziel für seine Leistung fest: Er wollte einen Preis gewinnen. Um sich dafür zu qualifizieren, mußte man innerhalb einer Woche mindestens 100 Verkäufe tätigen.
Am Freitagabend der betreffenden Woche hatte er 80 Verkäufe unter Dach und Fach — aber noch fehlten ihm 20. Der junge Vertreter war fest entschlossen, sich durch nichts von seinem Ziel abbringen zu lassen. Er glaubte an das, was er gelehrt worden war: *Was der Geist erfassen und glauben kann, kann der Geist auch verwirklichen.* Die anderen Vertreter seiner Gruppe schlossen am Freitagabend ihre Arbeit für diese Woche ab, der junge Mann aber war am frühen Samstagmorgen schon wieder unterwegs.
Es wurde drei Uhr nachmittags, und er hatte noch keinen Verkauf getätigt. Aber hatte man ihn nicht gelehrt, daß eine erfolgreiche Verkaufstätigkeit von der Haltung des Vertreters und nicht von der eines möglichen Kunden abhängt?
Er erinnerte sich an den Selbstansporn Jerry Asams und wiederholte ihn fünfmal voller Begeisterung: *Ich fühle mich gesund! Ich fühle mich glücklich! Ich fühle mich großartig!*
Um fünf Uhr abends hatte er drei Verkäufe erzielt. Nun trennten ihn nur noch 17 von seinem Ziel. Er hielt sich vor Augen, daß *diejenigen, die nicht aufgeben, auch Erfolg haben!* Von neuem wiederholte er sich: *Ich fühle mich gesund! Ich fühle mich glücklich! Ich fühle mich großartig!* Als es an jenem Abend elf Uhr wurde, war er zwar müde, aber glücklich: Er hatte den zwanzigsten Verkauf an diesem Tag abgeschlossen! Er hatte sein Ziel erreicht! Er hatte den Preis gewonnen und gelernt, daß Mißerfolg in Erfolg verwandelt werden kann — wenn man nicht aufgibt, wenn man es statt dessen immer wieder versucht.

In der Geisteshaltung liegt der Unterschied

Schauen Sie sich um! Beobachten Sie Leute, die Freude an ihrer Arbeit haben, und andere, bei denen das nicht der Fall ist. Worin unterscheiden sie sich? Glückliche, zufriedene Menschen kontrollieren ihre Geisteshaltung. Sie sehen ihre Lage in positivem Licht. Sie sehen zuerst das Gute an einer Sache, und wenn etwas daran nicht so gut ist, dann überlegen sie als nächstes, ob sie es nicht selbst zum Besseren wenden können. Sie versuchen, mehr über ihre Arbeit zu lernen, so daß sie tüchtiger werden und ihre Arbeit für sie selbst und für ihren Arbeitgeber befriedigender wird.

Die Unglücklichen aber klammern sich fest an ihre NGH. Meist hat es tatsächlich den Anschein, als *wollten* sie geradezu unglücklich sein. Sie suchen nach allem, worüber sie sich beklagen können: die Arbeitszeit sei zu lang, die Mittagspause zu kurz, der Chef mürrisch, die Firma gewähre nicht genug Urlaub oder nur mangelhafte Sozialleistungen. Vielleicht beklagen sie sich sogar über so unerhebliche Dinge wie zum Beispiel, daß Susie jeden Tag dasselbe Kleid trägt, der Buchhalter Hans unleserlich schreibt, usw. Sie beklagen sich über alles und jedes, nur um unglücklich sein zu können — was ihnen auch sehr gut gelingt. Sie sind ganz entschieden unglückliche Menschen — an ihrem Arbeitsplatz und auch in ihrem Privatleben. NGH hat ganz und gar von ihnen Besitz ergriffen.

Dabei spielt die Art des Berufes überhaupt keine Rolle. Wenn Sie glücklich und zufrieden sein wollen, steht das ohne weiteres in Ihrer Macht: Kontrollieren Sie Ihre Geisteshaltung und drehen Sie Ihren Talisman von der NGH- auf die PGH-Seite; suchen Sie Mittel und Wege zum Glücklichsein!

Wenn Sie Glück und Begeisterung in Ihrem Arbeitsbereich verbreiten, so leisten Sie damit Ihrer Firma einen nahezu unbezahlbaren Dienst. Ihre Arbeit wird Ihnen dadurch zum Vergnügen werden, und die Befriedigung, die Ihnen Ihre Tätigkeit verschafft, wird sich an Ihrem Lächeln messen lassen — und an Ihrer Produktivität.

Ein festes Ziel weckte die Begeisterung in ihr

In einem unserer Lehrgänge über die Wissenschaft des Erfolges sprachen wir vor nicht allzu langer Zeit über das Prinzip, das die Begeisterung an der eigenen Tätigkeit weckt, als eine junge Frau im rückwärtigen Teil des Unterrichtsraumes die Hand hob. Sie stand auf und sagte: »Ich bin mit meinem Mann hierher gekommen. Was Sie da sagen, mag für einen im Berufsleben stehenden Mann zutreffen, aber für eine Hausfrau hat es nichts zu bedeuten. Die Männer stehen jeden Tag vor neuen und interessanten Aufgaben. Bei den Hausfrauen ist das leider nicht der Fall. Der Haken bei der Hausarbeit ist — sie ist so verflixt alltäglich.«

Dieses Problem erschien uns geradezu als Prüfstein für die Wirksamkeit unserer Prinzipien: Viele Leute haben Berufe, die »so verflixt alltäglich« sind. Wenn wir einen Weg finden würden, um dieser jungen Frau zu helfen, konnten wir vielleicht auch anderen helfen, die ihre Arbeit als leere Routine betrachteten. Wir fragten sie, warum ihr denn ihre Hausarbeit so »alltäglich« erschiene. Es stellte sich heraus, daß die Betten — kaum gemacht — schon wieder in Unordnung waren, daß das Geschirr — gerade abgewaschen — schon wieder benutzt wurde und daß die Böden schon wieder schmutzig wurden, kaum daß sie gereinigt waren. »Man bringt das alles doch nur in Ordnung, damit es gleich wieder in Unordnung gebracht, benützt und beschmutzt werden kann«, klagte sie resignierend.

»Das hört sich tatsächlich entmutigend an«, stimmte der Lehrgangsleiter zu. »Gibt es wohl Frauen, denen ihre Hausarbeit Freude macht?«

»Nun ja, vermutlich gibt es solche Frauen«, meinte die junge Frau.

»Und was, glauben Sie, finden sie an der Hausarbeit, das ihr Interesse und ihre Begeisterung wachhält?«

Nach kurzem Nachdenken erwiderte die junge Frau: »Vielleicht ist es ihre ganze Einstellung. Sie scheinen sich nicht als Gefangene ihrer Arbeit zu sehen; anscheinend finden sie etwas darin, das sie die Routine vergessen läßt.«

Das war die schwierigste Seite des Problems. Eines der Geheimnisse, das zu Befriedigung im Beruf verhilft, ist die Fähigkeit, »etwas darin zu finden, das die Routine vergessen läßt«. Es ist das Wissen, daß die Arbeit zu etwas führt. Dabei ist es gleichgültig, ob Sie Hausfrau oder Büroangestellte, Tankwart oder Präsident einer großen Gesellschaft sind. Sie werden nur dann in Ihrer Routinearbeit Befriedigung finden, wenn Sie diese als Stufe zum Erfolg betrachten können. Jede Tätigkeit ist eine Stufe, die Sie weiter in die von Ihnen gewählte Richtung führt.

Wenden Sie die Stufen-Theorie an

Die Antwort auf die Frage dieser jungen Hausfrau war also die Auffindung eines Ziels, das sie wirklich zu erreichen wünschte, und einer Möglichkeit, ihre tägliche Routinearbeit der Erreichung dieses Ziels dienlich zu machen. Sie erklärte unaufgefordert, daß sie sich schon immer gewünscht habe, mit ihrer Familie eine Weltreise zu machen.

»Sehr gut«, sagte der Lehrgangsleiter. »Dann wollen wir darauf aufbauen. Setzen Sie sich eine Frist. Wann möchten Sie diese Reise antreten?«

»Wenn unser jüngstes Kind zwölf Jahre alt ist, also in sechs Jahren.«
»Dann wollen wir einmal überlegen: Das wird natürlich einige Vorbereitungen erfordern. Zunächst werden Sie Geld brauchen. Ihr Mann wird in der Lage sein müssen, seinen Beruf ein Jahr lang aufzugeben. Sie werden einen Reiseplan aufstellen und etwas über die Länder in Erfahrung bringen müssen, die Sie besuchen wollen. Glauben Sie, daß Sie eine Möglichkeit finden werden, um Bettenmachen, Geschirrspülen, Bodenputzen und Essenkochen als Stufen zur Erfüllung Ihres Zieles zu betrachten?«
Einige Monate später besuchte uns die Heldin dieser Geschichte. Als sie eintrat, sah man auf den ersten Blick, daß diese Frau einen stolzen Erfolg verbuchen kannte. »Es ist erstaunlich«, erzählte sie uns, »wie gut sich diese ›Stufen-Theorie‹ bewährt hat! Ich habe noch keine Tätigkeit gefunden, auf die sie nicht anzuwenden wäre. Die Zeit, in der ich die Wohnung saubermache, verwende ich zum Denken und Planen. Der Einkaufsgang wird zu einer wundervollen Möglichkeit, unseren Horizont zu erweitern: Ich kaufe absichtlich Nahrungsmittel aus fremden Ländern — Nahrungsmittel, die wir auf unserer Reise essen werden. Und die Mahlzeiten verwende ich als Unterrichtszeit. Koche ich zum Beispiel chinesische Eiernudeln, so lese ich alles, was ich an Literatur über China und seine Bewohner finden kann, und das erzähle ich dann meiner Familie beim Essen.
Keine meiner Pflichten erscheint mir mehr langweilig oder uninteressant, und ich weiß auch, daß sie es dank der *Stufen-Theorie* nie mehr sein werden!«
So eintönig oder ermüdend Ihnen also Ihr Beruf jetzt auch vorkommen mag — wenn Sie dahinter ein wünschenswertes Ziel sehen, wird er Ihnen Befriedigung gewähren. Vor diesem Problem stehen viele Menschen in allen sozialen Schichten. Ein junger Mann möchte vielleicht Arzt werden, muß sich aber sein Studium selbst verdienen. Welche Arbeit er zu diesem Zweck annimmt, wird von zahlreichen Faktoren (Arbeitszeit, Standort der Firma seines Arbeitgebers, Bezahlung usw.) bestimmt, während seine Befähigung in einem solchen Fall kaum eine Rolle spielt. Auch ein sehr intelligenter und ehrgeiziger junger Mann kann sich schließlich sein Geld als Limonadenverkäufer, Autowäscher oder Bauarbeiter verdienen. Wenn er jedoch weiß, daß er auf diese Weise sein Ziel erreichen wird, ist ihm das Endergebnis alle Anstrengungen wert.

Manchmal ist aber der Preis, der in einem bestimmten Beruf bezahlt werden muß, im Verhältnis zum angestrebten Ziel wirklich zu hoch. Sollten Sie zufällig einen solchen Beruf ausüben, dann satteln Sie um, denn wenn Sie in Ihrem Beruf unglücklich sind, wird das Gift dieser Unzufriedenheit Ihr ganzes Leben durchziehen.

Ist jedoch Ihr Beruf den Preis wert und sind Sie dennoch unglücklich, dann entwickeln Sie die *Inspiration der Unzufriedenheit.* Unzufriedenheit kann — je nach den Umständen — positiv oder negativ, nützlich oder schädlich sein. Denken Sie daran: *Eine positive Geisteshaltung ist in jeder Lage die richtige Geisteshaltung.*

Entwickeln Sie die Inspiration der Unzufriedenheit!

Charles Becker, der Präsident der Franklin Life Insurance Company, sagt: »Ich möchte Ihnen eindringlich empfehlen, unzufrieden zu sein — nicht unzufrieden im Sinne einer Verstimmung, sondern unzufrieden im Sinne jener ›schöpferischen Unzufriedenheit‹, die im Laufe der Weltgeschichte jeden wirklichen Fortschritt und jede wirkliche Reform hervorgebracht hat. Ich hoffe darum, Sie werden nie zufrieden sein. Ich hoffe auch, Sie mögen immer den Drang in sich fühlen, nicht nur sich selbst zu verbessern und zu vervollkommnen, sondern auch die Welt, in der Sie leben.«

Die Inspiration der Unzufriedenheit kann aus Sündern Heilige, aus Versagen Erfolg, aus Armut Reichtum, aus Niederlage Sieg und aus Elend Glück machen.

Was tun Sie, wenn Sie einen Fehler machen, wenn etwas fehlschlägt, wenn Mißverständnisse mit anderen auftreten, wenn Sie Niederlagen hinnehmen müssen, wenn alles grau in grau erscheint, wenn es keine Möglichkeit zu geben scheint, an dieser Lage etwas zu ändern, wenn es so aussieht, als gebe es keine befriedigende Lösung für Ihr Problem?

Was tun Sie? Tun Sie nichts und lassen das Unglück über sich hereinbrechen? Machen Sie schlapp? Werden Sie von Angst übermannt? Laufen Sie davon?

Oder entwickeln Sie die Inspiration der Unzufriedenheit? Verwandeln Sie Nachteile in Vorteile? Legen Sie Ihre Ziele bewußt fest? Wenden Sie Ihren Glauben, klares Denken und positives Handeln an in dem Bewußtsein, daß Sie wünschenswerte Ergebnisse erzielen können und werden?

»Jede Widrigkeit des Schicksals trägt den Keim eines ebenso großen Vorteils in sich«, sagte Napoleon Hill. Hat Sie nicht früher das, was eine große Schwierigkeit oder Enttäuschung zu sein schien, dazu angespornt, nach Erfolg und Glück zu streben, die Sie sonst vielleicht nicht erreicht hätten?

Die Inspiration der Unzufriedenheit kann Sie zum Erfolg anspornen

Albert Einstein war unzufrieden, weil Newtons Gesetze nicht alle seine Fragen beantworteten. Also fuhr er mit seinen Forschungen auf dem Gebiet der Naturwissenschaften und der höheren Mathematik so lange fort, bis er die Relativitätstheorie erarbeitet hatte. Aus dieser Theorie entwickelte die Welt die Atomspaltung, lernte durch sie das Geheimnis der Umwandlung von Energie in Materie und von Materie in Energie kennen und wagte mit ihr den erfolgreichen Versuch, den Weltraum zu erobern — und noch vieles andere Erstaunliche, das uns nicht gelungen wäre, hätte Einstein nicht die Inspiration der Unzufriedenheit entwickelt.

Natürlich sind wir nicht alle Einsteins, und unsere Ergebnisse der Inspiration der Unzufriedenheit werden vielleicht nicht die Welt verändern. Wohl aber können sie unsere eigene Welt verändern und uns in der Richtung vorwärtsbringen, in der wir weiterkommen wollen. Clarence Lantzer erlebte das, als ihn sein Beruf nicht mehr befriedigte.

War es das wert?

Clarence Lantzer hatte jahrelang als Straßenbahnfahrer in Canton, Ohio, gearbeitet. Eines Morgens wachte er auf und kam zu dem Schluß, daß ihm dieser Beruf nicht gefiel. Er bot zu wenig Abwechslung. Clarence hatte ihn gründlich satt. Je mehr er über die Sache nachdachte, desto größer wurde seine Unzufriedenheit. Clarence schien nicht mehr aufhören zu können, über diesem Problem nachzugrübeln. Seine Unzufriedenheit wuchs sich fast zu einer fixen Idee aus. Clarence war wirklich zutiefst unzufrieden.

Wenn man aber so lange wie Clarence für ein und dieselbe Straßenbahngesellschaft gearbeitet hat, gibt man seine Stellung nicht einfach auf, nur weil man zu der Überzeugung gekommen ist, in seinem Beruf unglücklich zu sein — zumindest nicht, wenn man auch weiterhin an einem geregelten Einkommen interessiert ist.

Außerdem hatte Clarence einen Lehrgang »PGH — die Wissenschaft des Erfolgs« besucht und gelernt, daß man in jedem Beruf glücklich sein kann, wenn man nur will. Es ging nur darum, die richtige Einstellung zu finden.

Also beschloß Clarence, die Lage nüchtern zu betrachten und zu überlegen, was er unternehmen konnte. »Wie kann ich in meinem Beruf glücklich werden?« fragte er sich.

Tatsächlich fand er eine ausgezeichnete Antwort: Er würde glücklicher sein, wenn er andere glücklich machte.

Es gab viele Leute, die er glücklich machen konnte, denn in seinem Straßenbahnwagen traf er Tag für Tag viele Menschen. Er hatte schon immer die Gabe gehabt, schnell Kontakt zu finden. Also dachte er: »Ich werde diese Gabe dazu verwenden, jedem, der in meinen Wagen steigt, den Tag ein wenig heller erscheinen zu lassen.«

Clarences Plan war ausgezeichnet — jedenfalls waren seine Fahrgäste dieser Meinung. Seine kleinen höflichen Gesten und fröhlichen Begrüßungsworte machten ihnen viel Freude. Sie waren glücklicher, und auch Clarence war es dank seiner Fröhlichkeit und Rücksichtnahme.

Sein Inspektor war jedoch entgegengesetzter Meinung. Er ließ Clarence rufen und legte ihm nahe, diese unübliche Freundlichkeit zu unterlassen.

Aber Clarence beachtete diese Mahnung nicht. Es machte ihm Freude, andere glücklich zu machen, und soweit es ihn und seine Fahrgäste betraf, versah er seinen Dienst mit großartigem Erfolg.

Trotzdem wurde Clarence entlassen!

Jetzt hatte er ein Problem — und das war gut so. Zumindest hatte es in dem Lehrgang »PGH — die Wissenschaft des Erfolgs« geheißen, daß dies gut sei. Clarence kam zu dem Schluß, es sei vielleicht besser, Napoleon Hill zu besuchen (der damals gerade in Canton lebte) und gemeinsam mit ihm zu überlegen, wie und warum dieses Problem so gut sei. Er rief Napoleon Hill an und verabredete für den folgenden Nachmittag eine Unterredung.

»Mr. Hill, ich habe *»Denke nach und werde reich«* gelesen und »PGH — die Wissenschaft des Erfolgs« studiert, aber irgendwie muß ich auf die falsche Fährte geraten sein«, und erzählte Napoleon Hill, was geschehen war. »Was soll ich jetzt tun?« schloß er.

Napoleon Hill lächelte. »Befassen wir uns doch einmal eingehender mit Ihrem Problem«, sagte er. »Sie waren mit Ihrer Arbeit unzufrieden, und Sie taten genau das Richtige. Sie versuchten, Ihr größtes Plus, nämlich Ihr freundliches und liebenswürdiges Wesen, einzusetzen, um Ihre Arbeit besser zu tun und dabei mehr Befriedigung zu gewinnen und zu geben. Das Problem ergibt sich aus der Tatsache, daß Ihr Vorgesetzter nicht genügend Phantasie hatte, um den Wert Ihres Verhaltens zu erkennen. Aber das ist doch wunderbar! Warum? Weil Sie Ihre großartige Fähigkeit jetzt für noch größere Ziele einsetzen können.«

Napoleon Hill zeigte Clarence Lantzer, daß er seine großartigen Fähigkeiten und sein freundliches Wesen als Vertreter viel vorteilhafter zur Geltung bringen könne als in seinem ehemaligen Beruf eines Straßenbahnfahrers. Also bewarb sich Clarence um eine Stelle als Vertreter der New York Life Insurance Company.

Der erste Kunde, den Clarence aufsuchte, war der Präsident der Straßenbahngesellschaft. Im Gespräch mit diesem Herrn ließ Clarence seiner Persönlichkeit die Zügel schießen und verließ das Büro mit einem Auftrag auf eine Police im Wert von 100 000 Dollar!

Als Napoleon Hill Clarence Lantzer das letztemal sah, war er einer der besten Vertreter der New York Life geworden.

Sind Sie ein viereckiger Pflock in einem runden Loch?

Die besonderen Eigenschaften, Fähigkeiten und Kenntnisse, die Sie in einer Umgebung glücklich und erfolgreich machen, können in einer anderen Umgebung genau das Gegenteil bewirken.

Man spricht von Ihnen als von einem »viereckigen Pflock in einem runden Loch«, wenn Sie eine Arbeit verrichten oder eine Tätigkeit nachgehen, die Ihrem Wesen nicht entspricht und Sie darum innerlich abstößt. Falls Sie sich in einer so unglücklichen Lage befinden, können Sie Ihre Stellung wechseln und sich eine neue Umgebung suchen, die Ihnen angenehm ist.

Vielleicht ist es Ihnen aber nicht möglich, sich eine andere Stellung zu suchen. In diesem Fall können Sie Ihre Umgebung Ihren besonderen Eigenschaften, Fähigkeiten und Kenntnissen anpassen, so daß Sie auf diese Weise auch glücklich werden. Damit gelingt Ihnen die »Quadratur des Kreises«. Diese Lösung wird Ihnen helfen, aus Ihrer negativen Haltung eine positive zu machen.

Falls Sie den brennenden Wunsch danach wachrufen und sich diesen Wunsch erhalten, können Sie sogar Ihre Neigungen und Gewohnheiten neutralisieren und verändern, indem Sie neue Neigungen und Gewohnheiten entwickeln. Sie können »den Pflock rundschleifen«, wenn Sie genügend stark angespornt werden. Bevor Sie aber durch die Veränderung Ihrer Neigungen und Gewohnheiten zu Erfolg kommen, müssen Sie bereit sein, geistigen und seelischen Konflikten zu begegnen. Sie können ihrer Herr werden, wenn Sie willens sind, den Preis dafür zu bezahlen. Es wird Ihnen vielleicht schwierig erscheinen, jede der notwendigen Raten zu bezahlen — besonders am Anfang. Sobald Sie aber den vollen Preis entrichtet haben, werden die neuen Charakterzüge ihre beherrschende Wirkung ausüben, die alten Neigungen und Gewohnheiten werden einschlafen, und Sie werden glücklich sein, weil Sie nun das tun, was Ihrem Wesen entspricht.

Um sich den Erfolg zu sichern, ist es wünschenswert, daß Sie sich während eines solchen inneren Kampfes mit allem Nachdruck um die Aufrechterhaltung Ihrer körperlichen, geistigen und seelischen Gesundheit bemühen.

Im nächsten Kapitel »Ihre Wunderbare Macht« werden Sie lernen, Ihre geistigen Konflikte zu neutralisieren.

LEITGEDANKEN

1. Zufriedenheit ist eine Frage der geistigen Einstellung.
2. Ihre Geisteshaltung ist das einzige Besitztum, worüber allein Sie die völlige Verfügungsgewalt haben.
3. Ich fühle mich glücklich! Ich fühle mich gesund! Ich fühle mich großartig!
4. Wenn Sie sich ein Ziel setzen, dann ein wirklich hohes!
5. Lernen Sie die einschlägigen Regeln und ihre Anwendung.
6. Setzen Sie sich ein Ziel und geben Sie nicht auf, solange Sie es nicht erreicht haben.
7. Finden Sie etwas, das über die Routine hinausgeht. Verwenden Sie die Stufen-Theorie.
8. *Entwickeln Sie die Inspiration der Unzufriedenheit.*
9. Was tun Sie, wenn Sie ein viereckiger Pflock in einem runden Loch sind?

EINE NIEDERLAGE KANN EINE STUFE ZUM ERFOLG ODER EIN HINDERNIS SEIN — JE NACHDEM, WIE SIE SICH DAZU STELLEN.

KAPITEL 15

Ihre wunderbare Macht

Mit dem Prinzip, das wir Ihnen nun nahebringen wollen, können Sie Reichtümer erwerben, die Ihre kühnsten Träume übertreffen.

Diese Idee wird Ihnen eine Fülle von Glück bringen: Ihre Persönlichkeit wird wachsen, und Zuneigung und Liebe werden Ihnen in einem Maße zuteil, wie Sie es nie zu erträumen gewagt hätten.

Der Schriftsteller Lloyd C. Douglas brachte dieses Prinzip oft und in dramatischer Form zum Ausdruck. Als er sich von seinem geistlichen Amt zurückzog, wechselte er zu einer weiteren Form des Lehrens über: Er schrieb Romane. In seiner seelsorgerischen Tätigkeit hatte er zu Hunderten gesprochen; seine Bücher erreichten Tausende, seine Filme Millionen. Immer noch predigte er im Grunde dieselbe Botschaft. Nie trat sie jedoch so klar zutage wie in dem Roman *»The Magnificent Obsession«* (Die wunderbare Macht). Das Prinzip, um das es uns geht, tritt darin so klar zutage, daß diejenigen, die es am nötigsten hätten, es vielleicht gar nicht erkennen. Es handelt sich ganz einfach um folgendes:

Entwickeln Sie mit dem dringenden Bedürfnis, anderen zu helfen, eine wunderbare Macht.

Setzen Sie sich voll ein, ohne eine Belohnung, Bezahlung oder Belobigung zu erwarten. Vor allem aber: Halten Sie Ihre gute Tat geheim.

Wenn Sie so handeln, werden Sie die Kräfte eines universellen Gesetzes in Bewegung setzen; denn so sehr Sie sich auch bemühen, den Lohn für Ihre gute Tat zu vermeiden — man wird Sie mit Segenswünschen und Belohnungen überschütten.

Wer Sie auch sind, Sie können über eine wunderbare Macht verfügen

Jeder Mensch kann anderen helfen, indem er einen Teil seiner selbst hingibt. Sie brauchen nicht reich und mächtig zu sein, um eine wunderbare Macht zu entwickeln. Wer Sie auch sind und welchen Beruf Sie auch ausüben — Sie können den brennenden Wunsch wachrufen, anderen hilfreich zur Seite zu stehen.

Nehmen Sie zum Beispiel den Sünder, der diese wunderbare Macht verspürte.

Sie werden seinen Namen nie erfahren, denn er soll ein Geheimnis bleiben. Als er gebeten wurde, die Boys Clubs of America (eine Organisation, deren Ziel es ist, in Kindern und Jugendlichen gute Charaktereigenschaften zu wecken und zu festigen) mit einer kleinen Spende zu unterstützen, lehnte er brüsk ab, ja, er war sogar mehr als unhöflich zu dem Mann, der ihn deswegen aufgesucht hatte.

»Machen Sie, daß Sie fortkommen!« rief er. »Ich habe es gründlich satt, von anderen Leuten um Geld angegangen zu werden!«

Der Vertreter des Jugendclubs hatte sich bereits zum Gehen gewandt, als er noch einmal innehielt, sich umdrehte und den Mann, der da hinter seinem Schreibtisch saß, freundlich ansah. »Sie haben vielleicht nicht den Wunsch, das Ihre mit denjenigen zu teilen, die in Not sind. Ich aber möchte das gern tun. Ich werde mit Ihnen etwas teilen, was ich besitze — ein Gebet: Gott segne Sie!« Dann wandte er sich schnell um und ging.

Der Vertreter der Boys Clubs hatte sich nämlich plötzlich an den Spruch erinnert: »... Silber und Gold habe ich nicht; was ich aber habe, das gebe ich dir.« Einige Tage später geschah etwas sehr Interessantes.

Der Mann, der gesagt hatte: »Machen Sie, daß Sie fortkommen!« klopfte an die Bürotür des Boys-Clubs-Vertreters und fragte bescheiden: »Darf ich hereinkommen?« Er brachte etwas von dem mit, was er mit anderen teilen konnte: einen Scheck über eine halbe Million Dollar. Als er den Scheck auf den Tisch legte, sagte er: »Sie bekommen ihn unter einer Bedingung: Erzählen Sie niemandem, daß er von mir ist.«

»Warum nicht?« wurde er gefragt.

»Ich möchte nicht, daß mein Name bei den Jungen und Mädchen als der eines guten Menschen gilt. Ich bin kein Heiliger, denn ich habe gesündigt.«

Sie werden deshalb seinen Namen nie erfahren. Nur er selbst, der Vertreter der Boys Clubs und der größte aller Geber, aus dessen Händen wir alles empfangen, kennen den Namen des Sünders, der diese große Summe Geldes spendete, um Jungen und Mädchen zu helfen, nicht auch in seine Fehler zu verfallen.

Wie der Vertreter der Boys Clubs haben auch Sie vielleicht kein Geld.

Trotzdem können Sie mit anderen teilen, indem Sie ihnen etwas von dem geben, was Sie besitzen. Immer, wenn Sie geben *wollen*, können auch von Ihnen reiche Gaben kommen. Ihre wertvollsten Besitztümer und größten Fähigkeiten sind oft weder sichtbar noch greifbar. Niemand kann darüber verfügen als Sie selbst, und nur Sie allein können andere daran teilhaben lassen.

Je mehr Sie mit anderen teilen, desto mehr werden Sie besitzen

Sollten Sie an der Richtigkeit dieses Prinzips zweifeln, so können Sie selbst den Beweis dafür erbringen, indem Sie anderen etwas geben — ein Lächeln für jeden, dem Sie begegnen; ein freundliches Wort; eine liebenswürdige Antwort; von Herzen kommende Anerkennung; Aufmunterung; Ermutigung; Hoffnung; Ehrerbietung; Vertrauen und Beifall; gute Gedanken; den Beweis, daß Sie Ihre Mitmenschen lieben; Glück; ein Gebet für die Gottlosen und die Gottesfürchtigen; und Zeit und Eifer für eine gute Sache.

Wenn Sie den Versuch mit irgendeinem der obengenannten Dinge machen, werden Sie auch erkennen, daß es mit am schwierigsten ist, dieses Prinzip des Teilens demjenigen klarzumachen, der es am dringendsten nötig hätte — nämlich sich selbst zu wünschenswertem Handeln anzuspornen. Erst dann aber werden Sie erkennen, daß das, was Ihnen verbleibt, wenn Sie mit anderen teilen, in Ihnen wachsen und sich mehren wird, daß andererseits aber alles, was Sie anderen vorenthalten, schwinden und verkümmern wird. *Teilen Sie also mit Ihren Mitmenschen das Gute und Wünschenswerte und enthalten Sie ihnen das Schlechte und Unerwünschte vor.*

Dienen Sie einer großen Sache

Wir kennen eine Mutter, die ihr einziges Kind verlor — ein schönes, glückstrahlendes junges Mädchen, das allen Menschen seiner Umgebung Freude und neuen Lebensmut gab. Bei ihrem Versuch, den Schmerz zu überwinden, entwickelte diese Mutter eine überaus wunderbare Macht und reihte sich ein unter diejenigen, die einer großen Sache dienen. Heute gehört sie zu den vielen tausend amerikanischen Frauen, die eine Welt zu schaffen verstehen, in der es sich besser leben läßt. Angesichts der bewunderungswürdigen Arbeit, die sie leistet, und der Herrlichkeit der wunderbaren Macht, die sie bewegt, schrieben wir ihr einen Brief. Wir baten sie, uns an der Inspiration teilhaben zu lassen, die ihr geholfen hat, die wunderbare Macht in sich zu entwickeln. Sie antwortete:

»Der alles überschattende Schmerz über den Verlust unserer geliebten Tochter ist mir immer gegenwärtig. In Liebe empfangen und während ihres ganzen Lebens von Liebe umgeben, verkörperte sie unsere ganze Zukunft und alle unsere Hoffnungen in jedem Sinne des Wortes. Der Allmächtige nahm unser Kind von uns, als es vierzehneinhalb Jahre zählte. Es ist unmöglich, unseren Verlust zu beschreiben. Die verheißungsvolle, leuchtende Zukunft verdüsterte sich, denn das Licht unseres Lebens war ausgelöscht worden. Unser Leben war plötzlich leer, da es seines Inhalts beraubt war. Alle Süße war zu Bitterkeit geworden. Mein Mann und ich reagierten so, wie es jeder andere unter solchen Umständen auch getan hätte. Unser ganzes Dasein kreiste um die Frage, auf die es keine Antwort gibt: ›WARUM?‹ Mein Mann zog sich aus dem Geschäftsleben zurück, wir verkauften unser Haus und versuchten, unserem Kummer zu entrinnen, indem wir ausgedehnte Reisen unternahmen. Wir kehrten erst zurück, als wir uns der Erkenntnis nicht mehr verschließen konnten, daß es unmöglich sei, unserem Kummer und unseren Erinnerungen zu entfliehen. Langsam, sehr langsam erkannten wir, daß wir nicht die einzigen waren, die einen solchen Verlust erlitten hatten. Wir hatten Trost gesucht und ihn nicht gefunden, weil unsere Motive egoistischer Natur waren. Monate vergingen, bis ich mich mit der Tatsache abzufinden begann, daß alle Freuden, die uns unsere Kinder bringen, sowie gute Gesundheit und materielle Sicherheit Segnungen sind, die der Allmächtige jedem einzelnen von uns als Lehen gibt. Diese unendlichen Wohltaten, die wir unvollkommenen Erdenmenschen in unserer Anmaßung als selbstverständlich hinnehmen, sollten nach ihrer wahren Bedeutung und ihrem großen und unersetzlichen Wert geachtet und geschätzt werden.

Wie konnte ich mir das Recht verdienen, die anderen mir gewährten Segnungen zu behalten? Wie konnte ich dem Himmel beweisen, daß ich es zu schätzen wußte und dankbar dafür war, daß mein Gatte mich liebte, daß ich in diesem unserem schönen und großen Land leben durfte, daß ich gute Freunde und meine heilen fünf Sinne mein eigen nennen konnte, daß mich so viel Gutes umgab? Meine Bemühungen, zu mir selbst zu finden, begannen sich nun in der Richtung zu bewegen, die schließlich zum Ziel führen sollte.

Zwar hatte mir der Allmächtige das Liebste genommen, das ich besaß, aber dafür hatte er mir großes Einfühlungsvermögen im Umgang mit anderen Menschen und besseres Verständnis für die Probleme jedes einzelnen von uns gegeben. Je mehr Menschen ich dienend helfen konnte, desto rascher wuchs in mir die Erkenntnis, wie ich mit meinem Verlust fertig werden mußte.

In der Sozialarbeit suchte ich den Platz, der mir schließlich die Möglichkeit geben wird, der Welt anstelle meiner geliebten Tochter mein kleines Erbteil an Menschlichkeit zu hinterlassen, und ich fand diesen Platz in der City of Hope, der ›Stadt der Hoffnung‹.

Die Zeit vergeht, und mein Seelenfrieden festigte sich — nennen Sie ihn eine wunderbare Macht, wenn Sie so wollen. Ich wünsche von ganzem Herzen, daß alle, die den Verlust eines geliebten Wesens erleiden, im Dienst am Nächsten Trost und Ruhe finden mögen!«

Heute bietet die City of Hope — ein überstaatliches Klinik- und Forschungszentrum — *völlig unentgeltliche Krankenbehandlung.* Ihre Arbeit geschieht nach den höchsten Grundsätzen der Menschlichkeit und aus dem Glauben heraus, daß »der Mensch seines Bruders Hüter« ist. Diese wundervolle Mutter fand ihren Seelenfrieden in dem Bedürfnis, anderen zu helfen — einer wahrlich wunderbaren Macht.

Die ganze Nation, ja die ganze Welt, kann von der wunderbaren Macht eines einzigen Menschen beeinflußt werden, der den anderen einen Teil seines Besitzes zukommen lassen möchte. Orison Swett Marden war ein Mann, der mit anderen teilte, was er besaß, und der eine wunderbare Macht entwickelte, die aus der negativen Haltung der Menschen eine positive machte.

Die Gedankensaat eines Buches ging auf und wurde zu einer wunderbaren Macht

Mit sieben Jahren wurde Orison Swett Marden Waise. Man brachte ihn bei fremden Leuten unter, wo er sich Unterkunft und Verpflegung durch Mitarbeit verdiente. Schon früh las er *»Self-Help«* (Selbsthilfe), ein Buch des schottischen Schriftstellers Samuel Smiles, der — wie Marden — als kleiner Junge seine Eltern verloren und die Geheimnisse des wahren Erfolges gefunden hatte. Die Gedankensaat in »Self-Help« ließ in Marden einen brennenden Wunsch entstehen, der schließlich zu seiner wunderbaren Macht wurde und auch aus seiner Welt eine bessere Welt machte.

Während der Hochkonjunktur, die der Panik von 1893 vorausging, war Marden Eigentümer und Geschäftsführer von vier Hotels. Nachdem er die Leitung dieser Hotels anderen übertragen hatte, widmete er einen großen Teil seiner Zeit der Niederschrift eines Buches, das die amerikanische Jugend so anspornen sollte, wie »Self-Help« ihn angespornt hatte. Unermüdlich arbeitete er an dem Manuskript, als er die Ironie des Schicksals zu spüren bekam, die seinen Charakter auf die Probe stellte.

Marden gab seinem Werk den Titel *»Pushing to the Front«* (Auf dem Weg nach vorn), und als Motto wählte er den Satz: »Betrachte jede sich bietende Gelegenheit als eine einmalige Gelegenheit, denn du kannst nicht voraussehen, wann das Schicksal an dir Maß nimmt, weil es einen größeren Platz für dich bereithält!«

Gerade damals aber nahm ihm das Schicksal Maß für einen größeren Platz. Das Unglück, das ihn traf, hätte viele für immer zugrunde gerichtet. Was geschah?

Die Panik von 1893 brach aus. Zwei der Marden-Hotels brannten bis auf die Grundmauern nieder. Mardens fast beendetes Manuskript wurde zerstört. Sein materieller Wohlstand ging verloren, als ob es ihn nie gegeben hätte.

Aber Marden verfügte über eine positive Geisteshaltung. Er blickte um sich, um zu sehen, was dem ganzen Volk und ihm selbst eigentlich geschehen war. Als erstes kam er zu dem Schluß, daß Angst die Panik herbeigeführt hatte: Angst, die entstanden war, weil einige große Gesellschaften Bankrott gemacht hatten, Angst um Aktienwerte und Angst vor Arbeiterunruhen.

Diese Ängste waren die Ursache für den Zusammenbruch der Börse. 567 Banken, Kreditinstitute und Treuhandgesellschaften sowie 156 Eisenbahngesellschaften gingen bankrott. Streiks waren an der Tagesordnung. Millionen waren arbeitslos. Dürre und Hitze verursachten Mißernten.

Um sich herum sah Marden die Trümmer, die von den materiellen Gütern und dem Leben vieler Menschen übriggeblieben waren. Er erkannte, daß die Nation und das Volk jemanden oder etwas brauchte, der oder das sie von neuem mit Begeisterung erfüllte. Man bot ihm die Leitung anderer Hotels an — aber er lehnte ab. Er war durchdrungen von einem Wunsch, von einer wunderbaren Macht, und er verband sie mit PGH. Er begann mit der Arbeit an einem neuen Buch. Sein neues Motto war ein Selbstansporn: *Jede Gelegenheit ist eine einmalige Gelegenheit!* »Wenn es je eine Zeit gab, in der Amerika die Hilfe einer positiven Geisteshaltung brauchte, dann ist diese Zeit jetzt gekommen«, sagte er zu Freunden.

Er arbeitete in einem Raum über einer Mietstallung und lebte von eineinhalb Dollar in der Woche. Er arbeitete fast pausenlos, Tag und Nacht. Noch im Jahre 1893 beendete er die erste Ausgabe von *»Auf dem Weg nach vorn«*.

Das Buch fand sofort ein breites Publikum. In den Volksschulen wurde es ausgiebig als Lehrbuch und zusätzliches Lesebuch verwendet. Geschäftsbetriebe verteilten es unter ihre Angestellten. Hervorragende Erzieher, Staatsmänner und Geistliche, Geschäftsleute und Verkaufsleiter empfahlen es als überaus starken Ansporn zur Erarbeitung einer positiven Geisteshaltung. Im Lauf der Zeit wurde es in 25 Sprachen übersetzt, und die Zahl der verkauften Exemplare ging in die Millionen.

Wie die Autoren von *»Erfolg durch positives Denken«* glaubte auch Marden daran, daß *»der Charakter der Eckstein ist, der das Gebäude des Erfolges trägt und stützt«*. Er glaubte, das Höchste und Beste, das man als Mann oder Frau im Leben erreichen könne, sei edle Würde, und die Erlangung wahrer Rechtschaffenheit und eines abgerundeten Charakters sei an sich schon ein Erfolg. Er lehrte zwar die Geheimnisse des finanziellen und geschäftlichen Erfolges, aber er wandte sich in aller Schärfe gegen eine nimmersatte Habgier, die sich in der Jagd nach dem Geld erschöpft. Er lehrte, *daß es etwas unendlich Besseres gibt, als nur Geld zu verdienen — nämlich ein untadeliges Leben zu führen.*

Marden zeigte, wie manche Millionen zusammenraffen und doch menschlich völlig versagen. Wer alles — seine Familie, seinen guten Ruf, seine Gesundheit — dem Geld opfert, ist ein Versager im Leben, gleichgültig, wie viele Millionen er auch anhäufen mag. Er zeigte auch, daß man Erfolg haben kann, ohne Präsident oder Millionär zu werden. Es war vielleicht einer der größten Erfolge von Mardens wunderbarer Macht, daß sie in Männern und Frauen die Erkenntnis weckte, daß sie erfolgreich sein konnten, wenn sie selbst die Tugenden vorlebten, die sie in ihren Kindern gern sehen wollten.

Was aber für Marden ein ebenso erhebender Lohn war — *»Auf dem Weg nach vorn«* trug dazu bei, die Geisteshaltung einer ganzen Nation

vom Negativen ins Positive zu verwandeln. Dieser Einfluß machte sich auf der ganzen Welt bemerkbar.
Marden bewies, daß ein brennender Wunsch den Drang zum Handeln hervorbringen kann, der für die Erreichung hoher Ziele unerläßlich ist.
Wie Sie gesehen haben, bedurfte es von seiten Orison Swett Mardens großen Mutes und vieler Opfer, um seine wunderbare Macht Wirklichkeit werden zu lassen.
Eine wunderbare Macht verlangt Mut. Sie müssen vielleicht als einzelner gegen den Spott und den Unverstand von Fachleuten ankämpfen. Mag sein, daß man Sie wie viele große Entdecker und schöpferisch tätige Menschen, wie Erfinder, Philosophen und Genies als »verrückt«, »angeknackst« oder als einen »sonderbaren Kauz« bezeichnet. Die Fachleute werden vielleicht behaupten, Ihr Vorhaben sei undurchführbar — aber mit der Zeit werden Ihr brennender Wunsch und Ihre ständigen Bemühungen Ihre wunderbare Macht Wirklichkeit werden lassen. Wenn andere sagen: »Es ist unmöglich!«, dann bemühen Sie sich, es doch zu ermöglichen!

Die wunderbare Macht wird siegen, trotz aller Hindernisse, die ihr den Weg versperren!

Vor vielen Jahren besuchten mehrere befreundete Studenten der Universität Chicago eine Vorlesung Sir Arthur Conan Doyles über Spiritismus. Sie wollten sich einen Spaß daraus machen, darüber zu spötteln. Einer dieser Studenten, J. B. Rhine, war jedoch tief beeindruckt von dem Ernst des Vortragenden. Er begann, aufmerksam zuzuhören. Gewisse Gedankengänge beeindruckten ihn und ließen ihn nicht mehr los. Sir Arthur Conan Doyle erwähnte Männer, die in hohem Ansehen standen und die das Gebiet der übersinnlichen Erscheinungen erforschten. J. B. Rhine beschloß, Untersuchungen anzustellen und auf diesem Gebiet eine eigene Forschungstätigkeit aufzunehmen.
Im Zusammenhang mit diesem Erlebnis erklärte Dr. Rhine, heute Leiter des Parapsychologischen Laboratoriums der Duke-Universität in Nordkarolina, vor kurzem: »Es kamen während des Vortrags Dinge zur Sprache, die ich als College-Student hätte wissen müssen. Während und nach der Vorlesung begann ich einiges davon zu erkennen. In meiner Ausbildung war viel Wichtiges übergangen worden, so beispielsweise die Möglichkeiten, das Unbekannte aufzuspüren. Ich begann mir

über einige Mängel des gegenwärtigen Ausbildungssystems klar zu werden.«

In ihm erwachte das Interesse an der Freiheit aller, neues Wissen erwerben zu können, und die Ablehnung gegenüber einem System, in dem die Suche nach der Wahrheit in jeder beliebigen Form oder Angelegenheit als Tabu galt. Er entwickelte allmählich den brennenden Wunsch, auf wissenschaftlichem Wege zu der Wahrheit über die übersinnlichen Fähigkeiten des Menschen vorzudringen. Sein brennender Wunsch verwandelte sich in eine wunderbare Macht.

Rhine hatte ursprünglich beabsichtigt, als Lehrer an einem College zu wirken. Nun warnte man ihn, daß er seinen guten Ruf verlieren und seine finanziellen Aussichten als Lehrer darunter leiden würden. Seine Freunde und College-Professoren machten sich über ihn lustig und versuchten, ihn von seinem Vorhaben abzubringen. Einige begannen ihm auszuweichen. »Ich muß die Wahrheit selbst herausfinden«, sagte er einmal zu einem befreundeten Wissenschaftler.

Der Freund antwortete: »Wenn Sie sie herausfinden, dann behalten Sie sie für sich! Niemand wird Ihnen glauben!«

Tatsächlich behielt er seine Entdeckungen so lange für sich, bis er wissenschaftlich anerkannte Beweise ins Feld führen konnte. Heute wird er in aller Welt geachtet und geehrt.

Während der vergangenen dreißig Jahre führte er einen erbitterten Kampf um jeden Zentimeter Boden gegen Tabus, Unwissenheit, Feindschaft und Spott.

Eines der größten Hindernisse, mit dem Dr. Rhine während der vergangenen Jahre ständig zu kämpfen hatte, war der Mangel an den zum Ausbau seiner Forschungsarbeiten notwendigen finanziellen Mitteln. Einmal wurde zum Beispiel sein einziger EEG-Apparat aus den Überresten einer solchen Maschine zusammengebaut, die man auf einem Müllhaufen gefunden hatte. Ein Krankenhaus hatte sie weggeworfen.

Haben Sie je daran gedacht, daß Sie eine wunderbare Macht in sich wecken können, indem Sie einer großen Sache dienen und etwas von Ihrem Besitz mit anderen teilen? Wenn ja, dann werden Sie bereits erkannt haben, daß es heute viele College- und Universitätsprofessoren gibt, deren wunderbare Macht sie dazu treibt, auf den verschiedensten Gebieten nach der Wahrheit zu suchen, so daß ihre Entdeckungen der ganzen Menschheit zugute kommen können. Weil solche Menschen ihre ganze Zeit auf die Suche nach diesen Wahrheiten verwenden, leiden sie

fast immer unter Geldmangel und haben daher Schwierigkeiten, den Ankauf notwendiger Apparaturen zu bestreiten und ihren eigenen Lebensunterhalt bzw. den ihrer Mitarbeiter zu sichern.
Auch Sie können einer solchen Sache dienen und auf diese Weise Ihrer eigenen wunderbaren Macht Folge leisten. Einen derart mit seiner Aufgabe verwachsenen Menschen können Sie an fast allen Colleges und Universitäten finden.
Geld und eine wunderbare Macht! Vielleicht fragen Sie jetzt: Wie kann man Geld in einem Atemzug mit der wunderbaren Macht nennen? Auf diese Frage antworten wir: »Ist Geld nicht gut?«

Ist Geld gut?

Ist Geld gut? Viele negativ eingestellte Menschen behaupten: »Geld ist die Wurzel allen Übels.« In der Bibel aber heißt es: *»Denn Geiz ist eine Wurzel allen Übels.«* Zwischen diesen beiden Einstellungen klafft ein unüberbrückbarer Unterschied, auch wenn er nur in einem Wort deutlich wird.
Es war erstaunlich für die Autoren, zu beobachten, wie Menschen mit einer negativen Geisteshaltung ungünstig auf *»Denke nach und werde reich«* und die darin enthaltenen Prinzipien reagierten. Dabei könnten auch diese Menschen mit einer positiven Haltung in einem einzigen Jahr mehr verdienen als mit ihrem gegenwärtigen negativen Verhalten in ihrem ganzen Leben. Dazu müßten sie aber — das betrifft ihre Einstellung zum Geld — ihren Kopf von falschen Vorstellungen entrümpeln.
In unserer Gesellschaft ist Geld das übliche Tauschmittel. Geld ist Macht. Wie jede Macht kann das Geld zum Guten oder zum Bösen verwendet werden. *»Denke nach und werde reich«* hat viele Tausende seiner Leser dazu angespornt, durch PGH großen Wohlstand zu erwerben. *»Denke nach und werde reich«* spornte sie an durch Biographien von Männern wie Henry Ford, William Wrigley, Henry L. Doherty, John D. Rockefeller, Thomas Alva Edison, Edward A. Filene, Julius Rosenwald, Edward J. Bok und Andrew Carnegie.
Die Männer, deren Namen Sie eben lasen, schufen Stiftungen, die noch heute insgesamt über mehr als eine Milliarde Dollar verfügen — Geld, das ausschließlich für wohltätige, religiöse und Bildungszwecke bestimmt ist. Gegenwärtig belaufen sich die Ausgaben und Zuschüsse aller dieser Stiftungen auf über 200 Millionen Dollar in einem einzigen Jahr.

Ist Geld gut? Wir wissen, daß es gut ist.
Die wunderbare Macht, die diese Männer bewegte, wird immer lebendig bleiben.
Die Geschichte Andrew Carnegies wird den Leser überzeugen, daß Carnegie mit anderen teilte, was er besaß: Geld, Philosophie und noch etwas mehr. Tatsächlich wäre *»Erfolg durch positives Denken«* nicht geschrieben worden, wäre Andrew Carnegie nicht gewesen. Darum ist dieses Buch ihm gewidmet — und Ihnen.
Sprechen wir also über ihn und über Sie. Lernen wir von seiner Philosophie. Überlegen wir, wie wir sie in unserem Leben anwenden können.

Eine einfache Philosophie wurde zu einer wunderbaren Macht!

Ein armer schottischer Einwandererjunge wurde der reichste Mann Amerikas. Seine begeisternde Geschichte und seine anspornende Philosophie finden sich in der *»Autobiography of Andrew Carnegie«* (Andrew Carnegie — Autobiographie).
Als Junge und sein ganzes Leben lang gebrauchte Carnegie als Ansporn einen einfachen, aber grundlegenden Leitsatz: *Was so wertvoll ist, daß man es besitzen sollte, ist es auch wert, daß man nach ihm strebt!* Diese einfache Philosophie wurde zu einer wunderbaren Macht.
Bis zu seinem Tod im Alter von 83 Jahren hatte Carnegie viele Jahre lang fleißig gearbeitet, um seinen großen Reichtum weise mit seinen Zeitgenossen und mit zukünftigen Generationen zu teilen.
Im Laufe seines Lebens konnte Carnegie rund eine halbe Milliarde Dollar in Form von direkten Beihilfen, Fonds und Stiftungen zur Verfügung stellen. Sein Beitrag von mehreren Millionen Dollar für die Einrichtung von Büchereien ist ein allgemein bekanntes Beispiel dafür, wie er seinen Grundsatz befolgte.
Die Bücher aller dieser Bibliotheken waren und sind jedoch nur für diejenigen von Nutzen, die sich das darin enthaltene Wissen, das Verständnis und die Weisheit durch aufmerksames Studium zu erarbeiten suchen.
Napoleon Hill verdiente sich das Geld für sein College-Studium als Reporter für eine Zeitschrift. Er war gerade 18 Jahre alt, als er im Jahre 1908 den großen Stahlfabrikanten, Philosophen und Menschenfreund Carnegie interviewte. Die erste Unterredung dauerte drei Stunden. Dann lud der große Mann den jungen Napoleon Hill zu sich nach Hause ein.

Carnegie unterwies Napoleon Hill drei Tage lang in seiner Philosophie. Schließlich regte er den jungen Reporter an, mindestens 20 Jahre seines Lebens darauf zu verwenden, die einfachen Prinzipien, auf denen der Erfolg beruht, zu studieren, zu erforschen und ihre wesentlichen Bestandteile freizulegen. Andrew Carnegie erklärte Napoleon Hill, daß sein größter Reichtum nicht in Geld bestünde, sondern in dem, was er als *»die amerikanische Erfolgsphilosophie«* bezeichnete. Er beauftragte Napoleon Hill, sie der ganzen Welt zu vermitteln und sie mit ihr zu teilen.

In diesem Buch löst Napoleon Hill sein Versprechen ein.

Zeit seines Lebens unterstützte Andrew Carnegie Napoleon Hill, indem er ihm Einführungsschreiben zu den großen Männern und Frauen seiner Zeit gab. Er beriet ihn, ließ ihn an seinen Gedanken teilhaben und half ihm in jeder Weise — außer mit Geld. Er sagte nämlich: *»Alles im Leben, das wert ist, es zu besitzen, ist es auch wert, dafür zu arbeiten.«*

Er wußte, daß dieser Selbstansporn Glück sowie körperliche, geistige und seelische Gesundheit und Wohlstand magnetisch anziehen würde. Jedermann kann Andrew Carnegies Prinzipien erlernen und anwenden. Gewöhnlich läßt ein Mensch zu Lebzeiten — oder vielleicht auch nach dem Tode durch ein Testament — einen Teil seines materiellen Wohlstands denen zukommen, die er liebt. Diese Welt wäre eine bessere Welt, wenn jedermann der Nachwelt als Erbe die Philosophie und das Gewußt-Wie hinterließe, die ihm Glück, körperliche, geistige und seelische Gesundheit und Wohlstand brachten — so wie es Andrew Carnegie tat. Die Schriften Napoleon Hills machen Ihnen die Grundsätze zugänglich, durch die Carnegie seinen großen Wohlstand erwarb. Sie lassen sich in Ihrem Leben genauso gut anwenden.

Ein anderer wohlhabender Mann, der eine wunderbare Macht in sich fühlte und etwas von seinem Besitz mit anderen teilte, war Michael L. Benedum. Einer seiner engsten Freunde, Senator Jennings Randolph, erzählte kürzlich, daß Benedum mit einem wöchentlichen Gehalt von 25 Dollar begonnen habe und einer der reichsten Männer Amerikas geworden sei. Sein Vermögen belief sich schließlich auf über hundert Millionen Dollar — und doch war der entscheidende Wendepunkt in seiner Laufbahn nur ein sehr unbedeutendes Ereignis.

Als junger Mann von 25 Jahren bot Benedum im Zug einem fremden älteren Herrn höflich seinen Sitzplatz an. Für Benedum war dies das einzig richtige Verhalten. Es stellte sich heraus, daß der ältere Herr John Worthington, der Generaldirektor der South Penn Oil Company, war. Im Laufe der Unterhaltung, die sich nun entspann, bot Worthington Michael Benedum eine Stelle an. Benedum nahm an und »entdeckte schließlich mehr Öl als je ein anderer vor ihm«.

Es wird behauptet, man könne einen Menschen nach seiner Lebensphilosophie beurteilen. Michael Benedums Philosophie in bezug auf Geld lautete etwa: »Ich verwalte es nur als Treuhänder. Man wird von mir Rechenschaft verlangen über all das Gute, das ich damit tun kann, und zwar sowohl für die Gemeinschaft als Ganzes als auch da, wo es um Chancen für vorwärtsstrebende Menschen geht — genauso, wie man mir damals eine Chance gegeben hat.«

Wie so viele andere Menschen mit einer wunderbaren Macht erreichte Benedum ein hohes Alter. An seinem 85. Geburtstag sagte er: »Man hat mich gefragt, wie ich es anstelle, in meinem Alter noch so rüstig zu sein. Meine Erfolgsformel heißt, so beschäftigt zu sein, daß die Jahre unbemerkt verstreichen; nichts zu verachten außer Selbstsucht, Gemeinheit und Bestechlichkeit; nichts zu fürchten als Feigheit, Untreue und Gleichgültigkeit; nichts zu begehren, was meines Nachbarn ist, außer seine von Herzen kommende Freundlichkeit und Güte; oft, sehr oft an meine Freunde zu denken und, wenn möglich, selten an meine Feinde. So, wie ich es sehe, ist das Alter nicht eine Frage der Jahre, sondern vielmehr ein Geisteszustand. Man ist so jung wie sein Glaube, und ich weiß, daß ich heute mehr an meine Mitmenschen, an mein Land und an meinen Gott glaube als je zuvor.«

Sie leben länger mit einer wunderbaren Macht

Natürlich ist es eine alte Geschichte: Wer für etwas lebt, lebt länger. Männer wie Herbert Hoover und General Robert E. Wood tun viel Gutes für die amerikanische Jugend, indem sie ihre Zeit und ihr Geld mit den Boys Clubs of America teilen, und sie können auf ein langes Leben zurückblicken, weil sie eine wunderbare Macht besitzen. Sie widmen ihr Denken und ihre Zeit Plänen, die anderen zugute kommen. Und weil sie das vorbildliche Leben von Menschen führten, die eine wunderbare Macht besitzen und für andere leben, wird ihnen die Freude und Belohnung zuteil, die sich in der Liebe und Wertschätzung ihrer Mitmenschen äußert.

Sehr wahrscheinlich verfügen Sie nicht über den materiellen Wohlstand eines Andrew Carnegie oder eines Michael L. Benedum, aber das hindert Sie nicht daran, Ihre eigene wunderbare Macht aufzubauen — so wie das bei Irving Rudolph der Fall war.

Sie sind alle im Gefängnis, außer meinem Bruder und mir!

Irving verbrachte sein Leben damit, Jungen zu helfen, die in einer ungesunden Umgebung aufwuchsen. Mit dieser Tätigkeit wollte er seinen Dank dafür abstatten, daß er durch einen neuen Boys Club gerettet wurde, der in der rauhen Umgebung seiner Kindheit gegründet worden war.

Wie kam Irving Rudolph dazu, für den Jugendclub zu arbeiten?

Er lebte in einem ärmlichen Viertel — in der Gegend der North Avenue und Halsted Street in Chicago. Er trieb sich mit einer Bande abgebrühter Jugendlicher herum, die oft in Schwierigkeiten gerieten. Die Jungen unternahmen manches, was sie besser unterlassen hätten, und es gab nicht viel Positives, womit sie sich hätten beschäftigen können. Eines Tages wurde in einer verlassenen Kirche in der Nachbarschaft ein Jugendclub eingerichtet.

»Mein Bruder und ich waren die einzigen Mitglieder unserer Bande, die in den Club gingen«, erzählt Irving. »Heute sitzen alle im Gefängnis, außer meinem Bruder und mir. Wenn der Lincoln Unit Boys Club nicht gewesen wäre, säßen auch wir heute im Gefängnis.«

Irving ist dankbar für das, was der Jugendclub für ihn und seinen Bruder getan hat, und er verwendet nun sein Leben darauf, den ebenfalls in einer ungesunden Umgebung aufwachsenden Jungen zu helfen. Seine Begeisterung und sein Eifer verhalfen den Chicagoer Jugendclubs zu großen Schenkungen. Es gelang ihm auch, einflußreiche Männer und Frauen für die Sache der Clubs zu interessieren.

»In meinen Augen ist diese Arbeit nur ein symbolischer Beweis der Dankbarkeit, die ich der Höheren Macht gegenüber empfinde, die meinen Bruder und mich unter diesen Einfluß brachte«, erklärte Irving und fügt hinzu: »Besuchen Sie nur einmal einen solchen Jugendclub. Sehen Sie selbst, was für wertvolle Arbeit dort geleistet wird. Sie werden dann etwas von dem fühlen, was ich für die Kinder empfinde, die in derselben Notlage sind, in der ich einmal war.«

Es gibt Tausende von Männern und Frauen, die den Auftrag ihrer wunderbaren Macht erfüllen, indem sie Zeit und Geld opfern und den »Boy Scouts of America« — den amerikanischen Pfadfindern — helfen. Auch auf Ihr Leben hat sich die wunderbare Macht dieser Menschen segensreich ausgewirkt, wenn ...

WENN ...

Wenn Sie sich bemühen, Ihrer Ehre nie durch Lügen Abbruch zu tun, und immer versuchen, den Ihnen auferlegten, verantwortungsvollen Aufgaben gerecht zu werden ...

Wenn Sie Ihre Gedanken und Ihren Körper rein halten — wenn Sie saubere Gewohnheiten, eine saubere Sprache und sauberes Verhalten im Umgang mit anderen zeigen — wenn Sie sich untadeligen Gefährten anschließen ...

Wenn Sie die Rechte anderer gegen die unerwünschten Einflüsse schmeichlerischer Freunde und drohender Feinde verteidigen — wenn eine Niederlage Sie dazu anspornt, sich erneut um den Erfolg zu bemühen — wenn Sie den Mut haben, trotz Ihrer Furcht der Gefahr entgegenzutreten ...

Wenn Sie treu Ihre Arbeit verrichten und das Beste aus Ihren Möglichkeiten machen — wenn Sie nicht mutwillig Eigentum zerstören — wenn Sie Geld sparen, so daß Sie in dieser Welt für sich aufkommen und noch großzügig gegenüber denen sein können, die in Not sind, und daß Sie einer guten Sache Zeit und Geld widmen können — wenn Sie jeden Tag eine gute Tat vollbringen, ohne eine Belohnung zu erwarten ...

Wenn Sie allen ein Freund und jedem lebenden Menschen — sei es Mann, Frau oder Kind, und ohne Rücksicht auf Rasse, Hautfarbe oder Glaubensbekenntnis — ein Bruder sind ...

Wenn Sie bereit sind, zu lernen, wie man Gefahren erkennt, Nachlässigkeit vermeidet und welche Hilfsmaßnahmen notwendig sind, um Verletzten zu helfen und Menschenleben zu retten, und wie Sie einen Teil der Pflichten und der Verantwortung in Ihrem Heim und an Ihrem Arbeitsplatz übernehmen können ...

Wenn Sie zu allen Menschen höflich sind, insbesondere gegenüber Schwachen, Hilflosen oder Unglücklichen ...

Wenn Sie nicht unnötig ein Lebewesen töten oder verletzen, sondern sich vielmehr bemühen, das Leben aller Tiere zu schützen ...

Wenn Sie lächeln, auch wenn Sie sich manmal dazu überwinden müssen, wenn Sie Ihre Arbeit fleißig und froh verrichten — wenn Sie nie vor Verantwortung oder Mühsal zurückschrecken oder darüber murren ...

Wenn Sie allen denen treu sind, denen gegenüber Sie zu Treue verpflichtet sind — den Mitgliedern Ihrer Familie, der Firma, für die Sie arbeiten, und Ihrem Land ...
Wenn Sie die rechtmäßige Obrigkeit achten und dem gehorchen, was Ihr Sittenkodex fordert ...
Wenn Sie Ihr Bestes tun, um Ihre Pflichten gegenüber Gott und Ihrem Land zu erfüllen, anderen Menschen zu jeder Zeit zu helfen, sich körperlich stark, geistig wach und charakterlich gerade zu halten ...
Wenn Sie so leben und handeln, haben sich Eid und Gesetz der amerikanischen Pfadfinder Ihrem Unterbewußtsein unauslöschlich eingeprägt. Was für ein Mensch wären Sie, wenn Sie diesen Grundsätzen entsprechend lebten?
Amerika ist groß, weil seine Menschen ihr Leben auf jene große Philosophie aufgebaut haben, die durch das Wort vom *»Großen Herzen Amerikas«* charakterisiert wird.
Auch Henry J. Kaiser ist ein Mensch mit einer wunderbaren Macht. Er tat viel, um aus seiner Welt eine bessere Welt zu machen. Ein Zitat, das in einer englischen Schmiedewerkstatt an der Wand hing, inspiriert Sie vielleicht ebenso, wie es ihn inspiriert hat:

»Was! Schon wieder geben?« so fragt' ich bestürzt,
»Und soll dies denn währen mein ganzes Leben?«
»Oh nein«, sprach der Engel und blickte mich an,
»Nur bis der HERR aufhört, dir alles zu geben!«

Ihren Weg durch dieses Buch begannen Sie dort, *wo der Weg zum Erfolg begann. Fünf geistige Waffen, um den Erfolg zu erobern,* weckten Sie auf. Sie erarbeiteten sich den *Schlüssel zur Zitadelle des Reichtums.* Darum sind Sie jetzt *klar zum Erfolg!* Das ist der Zweck der folgenden Kapitel.

LEITGEDANKEN

1. Wenn Sie eine wunderbare Macht in sich wecken wollen: Geben Sie einen Teil Ihrer selbst hin, ohne eine Belohnung, Bezahlung oder Belobigung zu erwarten. *Halten Sie Ihre gute Tat geheim.*

2. Wer Sie auch sind und welchen Beruf Sie auch ausüben oder ausgeübt haben mögen — Sie können in sich den brennenden Wunsch entwickeln, an-

deren hilfreich zur Seite zu stehen. Sie können Ihre eigene wunderbare Macht entwickeln.

3. Je mehr Sie mit anderen teilen, desto mehr werden Sie besitzen. Teilen Sie also mit Ihren Mitmenschen alles Gute und Wünschenswerte und ersparen Sie ihnen das Schlechte und Unerwünschte.

4. Sie können Ihre eigene wunderbare Macht entwickeln, indem Sie einer guten Sache dienen — wie die Mutter, die ihr einziges Kind verlor.

5. *Der Charakter ist der Eckstein, der das Gebäude des Erfolges trägt und stützt.*

6. *Es gibt etwas unendlich Besseres, als nur seinen Lebensunterhalt zu verdienen — nämlich ein untadeliges Leben zu führen.*

7. Ein brennender Wunsch kann den Drang zum Handeln auslösen, der zum Erreichen hoher Ziele unerläßlich ist.

8. Es bedarf großen Mutes und vieler Opfer, um eine wunderbare Macht zu entwickeln und aufrechtzuerhalten. Sie müssen vielleicht — wie Dr. Joseph Banks Rhine — als einzelner gegen den Spott und den Unverstand anderer ankämpfen.

9. Manche behaupten: Geld ist die Wurzel allen Übels. In der *Bibel* heißt es jedoch: *»Denn Geiz ist eine Wurzel allen Übels.«*

10. Männer wie Andrew Carnegie, Henry Ford und Michael Benedum verwendeten die ihrem Reichtum innewohnende Macht, um Stiftungen für wohltätige, religiöse und Bildungszwecke einzurichten. Das Gute, das die wunderbare Macht dieser Männer zuwege brachte, wird immer lebendig bleiben!

11. *Was so wertvoll ist, daß man es besitzen sollte, ist es auch wert, daß man nach ihm strebt.*

12. »Was! Schon wieder geben?«, so fragt' ich bestürzt,
»Und soll dies denn währen mein ganzes Leben?«
»Oh nein«, sprach der Engel und blickte mich an,
»Nur bis der HERR aufhört, dir alles zu geben!«

WAS SIE MIT ANDEREN TEILEN, WIRD SICH MEHREN — WAS SIE ABER FÜR SICH BEHALTEN, WIRD SICH VERRINGERN!

TEIL IV

Klar zum Erfolg!

KAPITEL 16

Wie Sie Ihren Energiepegel erhöhen können

Wie steht es heute mit Ihrem Energiepegel? Sind Sie voller Ungeduld aufgewacht, um die vor Ihnen liegenden Aufgaben zu meistern? War Ihr Unternehmungsgeist kaum noch zu bremsen, als Sie vom Frühstückstisch aufstanden? Nahmen Sie Ihre Arbeit begeistert in Angriff? Nein? Vielleicht fehlt Ihnen schon seit einiger Zeit der Schwung und die Energie, die Sie bei all Ihren Unternehmungen beflügeln sollten. Fühlen Sie sich etwa schon müde, bevor der Tag überhaupt begonnen hat, und schleppen Sie sich lustlos durch Ihre Arbeit?
Wenn dem so ist, dann wollen wir etwas dagegen unternehmen!
Vernon Wolfe, Trainer an der North Phoenix High School in Phoenix, Arizona, ist Fachmann auf diesem Gebiet und weiß, was in einem solchen Fall zu tun ist. Er gehört zu den besten Trainern des Landes. Unter seiner Anleitung brachen mehrere Schüler der North Phoenix High School amerikanische Oberschulrekorde.
Wie trainiert er diese Spitzensportler? Wolfe hat ein doppeltes Rezept: Er lehrt sie, *Geist* und *Körper* gleichzeitig in Form zu bringen.
»Wenn ihr *glaubt*, daß ihr es könnt«, sagt Vernon Wolfe, »dann *könnt* ihr es meistens auch. Der Geist siegt über die Materie.«
Auch Sie verfügen über zwei Arten von Energie — körperliche und geistige bzw. seelische Energie. Die letztere ist bei weitem die wichtigere,

denn aus den unterbewußten Schichten Ihres Geistes können Sie in Notzeiten unendlich viel Kraft und Stärke schöpfen.

Sicher haben Sie schon gelesen, welcher Kraft und Ausdauer Menschen fähig sind, die unter einer starken seelischen Anspannung stehen. Bei einem Autounfall wird zum Beispiel der Fahrer unter dem umgestürzten Wagen eingeklemmt. In ihrer Angst und wilden Entschlossenheit gelingt es seiner kleinen, zarten Frau, das Auto hoch genug anzuheben, um ihn zu befreien! Oder nehmen wir ein anderes Beispiel: Ein Geistesgestörter, dessen bewußtes Denken von seinem außer Kontrolle geratenen Unterbewußtsein beherrscht wird, kann Dinge zerbrechen, hochheben, biegen und zerschmettern mit einer Kraft, die er in normalem Zustand niemals entwickeln könnte.

In einer Artikelserie für *»Sports Illustrated«* schilderte Dr. Roger Bannister, wie er am 6. Mai 1954 zum erstenmal eine Meile in weniger als vier Minuten durchlief. Er hatte Geist und Muskeln trainiert, um diesen langgehegten Traum der Leichtathleten zu verwirklichen. Monatelang bemühte er sich, seinem Unterbewußtsein die feste Überzeugung einzuimpfen, daß dieser Rekord, den manche als unerreichbar bezeichneten, doch gebrochen werden könnte. Andere Sportler empfanden die vier Minuten als Grenze, Bannister dagegen sah in ihnen ein Tor, das, erst einmal durchschritten, ihm und anderen Meilenläufern den Weg zu vielen neuen Rekorden öffnen würde.

Natürlich hatte er recht. Roger Bannisters Vorgehen war bahnbrechend. Innerhalb von wenig mehr als vier Jahren, nachdem er zum erstenmal die Meile in vier Minuten gelaufen war, wiederholten er selbst und andere Läufer diesen Rekord 46 mal. Bei einem Rennen am 6. August 1958 in Dublin, Irland, unterboten sogar nicht weniger als fünf Wettkämpfer die berühmten vier Minuten!

Der Mann, der Roger Bannister in dieses Geheimnis einweihte, war Dr. Thomas Kirk Cureton, der Leiter des Forschungslaboratoriums für körperliche Ertüchtigung an der Universität von Illinois. Dr. Cureton entwickelte umwälzende Gedanken über den Energiepegel des menschlichen Körpers, die, wie er sagt, für Sportler und Nichtsportler gleichermachen gelten. Sie können einem Wettläufer zu größerer Schnelligkeit und dem Durchschnittsmenschen zu längerem Leben verhelfen.

»Es gibt keinen Grund«, meint Dr. Cureton, »weshalb nicht jeder mit fünfzig Jahren noch ebenso gesund und leistungsfähig sein sollte, wie er es mit zwanzig Jahren war — vorausgesetzt, er weiß, wie er seinen Körper trainieren muß.«

Dr. Curetons System beruht auf zwei Grundsätzen: 1.) Trainieren Sie den ganzen Körper. 2.) Zwingen Sie sich dazu, bis an die Grenze Ihrer Leistungsfähigkeit zu gehen, und schieben Sie diese Grenze bei jedem Versuch weiter hinaus.

»Die Kunst, Rekorde zu brechen, ist die Fähigkeit, mehr aus sich herauszuholen, als es die vorhandenen Fähigkeiten eigentlich gestatten. Auf Augenblicke höchster Anspannung folgen dann immer kurze Ruhepausen.«

Dr. Cureton lernte Roger Bannister kennen, als er mit europäischen Spitzensportlern Versuche über deren körperliche Leistungsfähigkeit anstellte. Er bemerkte dabei, daß Bannisters Körper teils hervorragend entwickelt war (sein Herz war zum Beispiel um 25 Prozent größer, als es seiner Körpergröße entsprochen hätte), teils aber nicht einmal dem Durchschnitt entsprach. Bannister befolgte Curetons Rat, er solle seinen *ganzen* Körper trainieren. Um sich seelisch auf seine Aufgabe vorzubereiten, begann er, Berge zu besteigen. Auf diese Weise lernte er, Hindernisse zu überwinden.

Ebenso wichtig aber war: Er lernte, große Ziele in viele kleine zu unterteilen. Roger Bannister überlegte sich, daß ein Mensch eine einzige Viertelmeile schneller laufen konnte als alle vier Viertel einer ganzen Meile; also hielt er sich dazu an, jeweils nur an eine der vier Viertelmeilen zu denken. Wenn er trainierte, pflegte er eine Viertelmeile zu spurten und dann wieder eine Runde langsam zu laufen, um sich zu erholen. Anschließend spurtete er wieder eine Viertelmeile. Jedesmal setzte er sich als Ziel, die Viertelmeile in 58 oder weniger Sekunden zu laufen. 58 mal 4 sind 232 Sekunden oder 3 Minuten 52 Sekunden. Er lief bis zur Erschöpfung, dann rastete er wieder. Jedesmal schob er den Punkt unmittelbar vor dem Zusammenbruch ein wenig weiter hinaus. Als er schließlich sein großes Rennen lief, erzielte er eine Zeit von 3 Minuten 59,6 Sekunden!

Dr. Cureton lehrte Roger Bannister, daß der Körper um so mehr aushält, je mehr man ihm abverlangt. Daß es auf diese Weise zu »Übertraining« und »Überbeanspruchung« komme, sei bloße Einbildung.

Dr. Cureton betonte jedoch, daß das Ausruhen ebenso wichtig ist wie regelmäßige körperliche Übung und Ertüchtigung. Der Körper muß das, was ihm auf diese Weise entzogen wird, in größeren Mengen wieder aufbauen und entwickelt so Stärke, Lebenskraft und Energie. In Zeiten der Ruhe und Entspannung laden sich Körper und Geist wie eine Batterie wieder auf. Wenn Sie Ihrem Körper und Ihrem Geist diese Möglichkeit vorenthalten, können ernsthafte Schäden — in manchen Fällen sogar der Tod — die Folge sein.

Ist es Zeit, Ihre Batterie neu aufzuladen?

Es gereicht niemandem zur Ehre, der reichste Mann auf dem Friedhof zu sein. Sie möchten doch sicher nicht der beste Wissenschaftler, Arzt, Direktor, Vertreter oder Angestellte sein, der — vorzeitig — im Grab liegt, auch wenn dieses ein noch so schöner Grabstein ziert. Ein geliebtes Familienmitglied — Mutter, Gattin, Vater, Sohn oder Tochter — kann viel Freude bereiten. Warum sollte man statt dessen seinen Angehörigen Kummer machen? Warum sollte man sich in eine Nervenheilanstalt einsperren lassen oder einbalsamiert zwei Meter tief unter einer Decke aus wunderschönem, grünem Gras liegen — nur weil eine durch sinnlose Überbeanspruchung geschädigte Batterie nicht wieder aufgeladen wurde?

Ein kleines Kind weiß nicht, wann es übermüdet ist, aber es zeigt diesen Zustand durch sein ganzes Verhalten. Ein junger Mensch erkennt vielleicht, daß er völlig erschöpft ist, will es aber nicht einmal sich selbst eingestehen. In einem solchen Zustand können geschlechtliche, familiäre, schulische und soziale Probleme unlösbar und unerträglich erscheinen. Der Betreffende kann dadurch vorübergehend oder dauernd zu einer gefährlichen Handlungsweise getrieben werden, die ihn selbst und andere schädigt.

Wenn Ihr Energiespiegel auf einen niedrigen Stand abgesunken ist, kann es geschehen, daß Ihre Gesundheit und Ihre wünschenswerten Charakterzüge von negativen Einflüssen überlagert werden. Wenn Ihr Energiespiegel auf Null steht, fehlt Ihnen wie einer Speicherbatterie die Spannung. Was Sie dagegen unternehmen können? Laden Sie Ihre Batterie auf! Wie? Entspannen Sie sich, unterhalten Sie sich, ruhen Sie sich aus und schlafen Sie!

Und so können Sie erkennen, wann Ihre Batterie neu aufgeladen werden muß

Wir haben für Sie eine Kontrolliste zusammengestellt, mit deren Hilfe Sie den gegenwärtigen Stand Ihres Energiepegels bestimmen können. Bedienen Sie sich der Liste immer dann, wenn Sie das Gefühl haben, daß Ihr Energiespiegel absinkt. Sind Sie ein ausgeglichener Mensch, dann muß Ihre Batterie aufgeladen werden, wenn sich bei Ihnen folgende Verhaltensweisen und Gefühle abzeichnen:

ungewöhnliche Schläfrigkeit oder Müdigkeit;
Taktlosigkeit, Unfreundlichkeit und Argwohn;
nörglerisches und beleidigendes Wesen, Feindseligkeit;
Reizbarkeit, Sarkasmus, Bösartigkeit;
Nervosität; Erregbarkeit, Hysterie;
Unruhe, Ängstlichkeit, Eifersucht;
Unbesonnenheit, Rücksichtslosigkeit, übertriebener Egoismus;
übertriebene Gefühlsbetontheit, Niedergeschlagenheit oder Unzufriedenheit.

PGH erfordert einen hohen Energiepegel — und umgekehrt!

Wenn Sie übermüdet sind, schlagen Ihre normalerweise positiven und wünschenswerten Gefühle, Empfindungen, Gedanken und Handlungen leicht ins Negative um. Sind Sie dagegen ausgeruht und bei guter Gesundheit, verläuft die Entwicklung wieder in umgekehrter Richtung. Übermüdung bringt oft Ihre schlechtesten Eigenschaften zutage. Wird Ihre Batterie aber aufgeladen und Ihr Energiepegel bzw. Ihr Tätigkeitsdrang genügen den gestellten Anforderungen, dann zeigen Sie sich von Ihrer besten Seite! Dann denken und handeln Sie mit PGH!

Um körperlich und geistig stets auf der Höhe zu sein, müssen Sie Körper und Geist in ständiger Übung halten. Aber noch ein dritter Faktor spielt hier eine Rolle: Ihr Körper und Ihr Geist müssen richtig ernährt werden. Sie erhalten sich Ihre Körperkraft, indem Sie genügende Mengen gesunder und nahrhafter Speisen zu sich nehmen. Ihre geistige und seelische Kraft bewahren Sie sich dagegen durch die Aufnahme geistiger und seelischer Vitamine, wie sie in religiösen und Erbauungsbüchern enthalten sind.

Vitamine sind notwendig für Ihre körperliche und geistige Gesundheit!

George Scarsetz, Dr. phil. und Forschungsleiter der American Farm Research Association (Amerikanischer Verband für landwirtschaftliche Forschung) in Lafayette, Indiana, berichtet von einem Dorf an der afrikanischen Küste, das fortschrittlicher ist als Dorfgemeinschaften ähnlicher Stämme im Inneren des Landes. Der Grund für diese Entwicklung? Die Bewohner dieses Dorfes sind körperlich stärker und geistig wacher, auch verfügen sie über größere Energie als die Eingeborenen im Binnenland. Der Unterschied zwischen den beiden Bevölkerungsgruppen rührt von ihrer unterschiedlichen Ernährungsweise her. Die Nahrung der Dorfbewohner im Binnenland enthält nicht genügend Eiweiß, während die an der Küste lebenden Eingeborenen mit ihrer fischreichen Nahrung große Eiweißmengen zu sich nehmen.

In seinem Buch *»Climate Makes the Man«* (Das Klima formt den Menschen) schreibt Clarence Mills, die Regierung der Vereinigten Staaten habe festgestellt, daß eine Bevölkerungsgruppe der Landenge von Panama außerordentliche geistige und körperliche Trägheit an den Tag legte. Eine wissenschaftliche Untersuchung ergab, daß den pflanzlichen und tierischen Bestandteilen ihrer Nahrung die Gruppe der B-Vitamine fehlte. Als man ihrer Nahrung Avernin zusetzte, entwickelten diese Menschen mehr Energie und einen größeren Tätigkeitsdrang.

Wenn Sie den Verdacht hegen, daß das Fehlen gewisser Vitamine und Spurenelemente in Ihrer Nahrung der Grund für den niedrigen Stand Ihres Energiepegels ist, dann sollten Sie etwas dagegen tun. Ein gutes Kochbuch kann Ihnen dabei helfen — zahllose preiswerte Broschüren und Bücher befassen sich mit diesem Problem. Ändert sich Ihr Zustand trotzdem nicht, dann sollten Sie einmal eine Generaluntersuchung vornehmen lassen.

Ebenso wie Ihr Körper verarbeitet auch Ihr Unterbewußtsein geistige und seelische Vitamine völlig mühelos. Während Sie Ihren Magen jedoch überlasten können, nimmt Ihr Unterbewußtsein alles auf, was Sie ihm zuführen, und speichert es — seine Aufnahmefähigkeit ist unbegrenzt.

Wo finden Sie diese geistigen und seelischen Vitamine? In Büchern, zu deren rechter Lektüre Sie das zweiundzwanzigste Kapitel anleiten wird: »Über das Lesen von Selbsthilfebüchern«.

Tatsächlich ähnelt das menschliche Unterbewußtsein einer Batterie. Es kann Ihnen beträchtliche Mengen an geistiger und seelischer Energie liefern, die sich ihrerseits in körperliche Kraft umwandeln. Diese Energiestöße gehen nur verloren, wenn wir durch unnötige negative Gefühle einen Kurzschluß herbeiführen. Konstruktiv eingesetzt, kann sich diese Energie jedoch vervielfachen — etwa so, wie ein Generator in einem Kraftwerk riesige Mengen nützlicher elektrischer Energie erzeugt.

In einem Artikel für die Zeitschrift *»Success Unlimited«* erläuterte William C. Lengel diesen Punkt sehr anschaulich. Lengel, der als Chefredakteur der Crest Books für die Erstausgaben der Fawcett Publications zuständig ist, schilderte, wie durch Gefühle wie »Besorgnis, Haß, Furcht, Argwohn, Ärger und Wut« Energie vergeudet wird.

»Diese Elemente, die unnütz Energie verbrauchen, könnten ebensogut in Energiequellen umgewandelt werden«, meint Lengel.

Zur Veranschaulichung seiner These beschrieb Lengel ein Elektrizitätswerk: »... die klaffenden Öffnungen der Hochöfen, die brausenden roten Flammen in ihrem Inneren, das in den Kesseln bei richtiger Temperatur brodelnde Wasser, der Dampf, der die Kolben antreibt, die wiederum die großen Generatoren in Bewegung setzen, die kupfernen Stromwender mit ihrer goldschimmenden Oberfläche, die sich so schnell drehen, daß sie stillzustehen scheinen, die grünen und blauen Funken, die unter den Bürsten hervorspringen, die dicken, an das Schaltbrett angeschlossenen Kabel, die den elektrischen Strom durch die ganze Stadt leiten und ihn für tausend nützliche Zwecke nutzbar machen.«

»Aber betrachten wir nun die Kehrseite des Bildes«, fuhr Lengel fort: »Dasselbe Kraftwerk, dieselben Kessel, Maschinen und Generatoren. Der einzige Unterschied liegt darin, daß die Schalttafel dunkel ist und die schweren Kabel — anstatt an das Schaltbrett angeschlossen zu sein — nun in einem Wasserfaß stecken: Arbeiter überprüfen die Anlage. Alle während dieser Zeit produzierte Energie wird verschwendet — kein Aufzug funktioniert, keine Maschine arbeitete, keine einzige Lampe brennt.«

Lengel kommt zu dem Schluß, daß »ein Versager auf seine mißglückte Arbeit ebenso viel Energie verwendet wie ein erfolgreicher Mensch auf das Erreichen seines Zieles«.

Der Golfmeister Tommy Bolt hatte früher die Angewohnheit, seine Energie auf eben diese Weise zu vergeuden: Jedesmal, wenn er einen

Ball in die falsche Richtung schlug oder das Grün verfehlte, ließ er sich zu einem Zornesausbruch hinreißen. Häufig schlug er in seiner Wut sogar den Golfschläger an den nächsten Baum.

1958 las er jedoch das berühmte Gebet des heiligen Franz von Assisi. Es machte ihn zu einem Menschen, der seine Energie in die Kanäle lenkt, wo sie den größten Nutzeffekt erzielt.

Das Gebet schenkte Tommy eine ungewohnte innere Ruhe. Seit dieser Zeit trägt er ein Zitat aus diesem Gebet immer bei sich:

»Verleihe mir, Gott, den Mut und die Kraft, die Dinge zu ändern, die ich ändern kann; die Gelassenheit, das Unabänderliche zu ertragen; und die Weisheit, zwischen diesen beiden Dingen die rechte Unterscheidung zu treffen.«

Der Mensch ist das einzige aller Geschöpfe, das dank der Tätigkeit der bewußten Schichten seines Geistes seine Gefühle von innen heraus beherrschen kann, also nicht auf äußere Einflüsse angewiesen ist. Er allein kann zur Gewohnheit gewordene Gefühlsreaktionen bewußt ändern. Je zivilisierter, kultivierter und gebildeter Sie sind, desto leichter können Sie Ihre Empfindungen und Gefühle lenken — vorausgesetzt, Sie fassen den festen Entschluß dazu.

Angst kann zum Beispiel unter gewissen Umständen von Nutzen sein. Wenn Kinder vor dem Wasser keine Angst hätten, würden viele darin ertrinken. Andererseits ist es aber durchaus möglich, daß Sie geistige und seelische Energie auf diese oder andere fehlgeleitete Empfindungen verschwenden. In diesem Fall können Sie umschalten, um Ihre Energie in nützliche Bahnen zu lenken. Wie das zu bewerkstelligen ist? *Konzentrieren Sie Ihre Gedanken auf die Dinge, die Sie wünschen, und wenden Sie sie von den Dingen ab, die Sie nicht wünschen.* Ihre Gefühle unterliegen unmittelbar dem Einfluß Ihrer Handlungen. Also *handeln* Sie! Ersetzen Sie ein negatives durch ein positives Gefühl. Wenn Sie zum Beispiel Angst haben und mutig sein möchten, dann handeln Sie mutig!

Möchten Sie energisch sein, dann handeln Sie energisch. Aber zuvor müssen Sie natürlich sicher sein, daß Ihre Energie einem guten und nützlichen Zweck dient.

Die Australierin Dawn Fraser liefert uns in diesem Zusammenhang ein ausgezeichnetes Beispiel. Sie wurde in Balmain, einem ziemlich verrufenen Arme-Leute-Viertel, geboren. Sie war ein schwächliches Kind — aber fest entschlossen, eine große Schwimmeisterin zu werden; und sie wurde die schnellste Schwimmerin der Welt. Sie war gut, aber manchmal war sie sich selbst nicht gut genug.

Auf dem Heimflug von den Cardiff Empire Games las sie das Buch: *»Denke nach und werde reich.«* »Ich fand Napoleon Hills Erfolgsformeln wirklich begeisternd«, sagte sie. »Ich begann, über die Niederlage nachzudenken, die wir in der Lagenstaffel gegen die englischen Mädchen einstecken mußten, als ich auf der Freistilstrecke 60,6 Sekunden schwamm. Das war $^6/_{10}$ Sekunden schneller als mein eigener Weltrekord, aber immer noch nicht gut genug, um uns die elf Meter Vorsprung zu verschaffen, die wir brauchten.

Ich fragte mich, ob ich mich in dieser letzten Runde voll eingesetzt hatte.«

Dawn Fraser begann über ihren langgehegten Traum nachzudenken: Sie wollte als erste Frau die 100 Meter in weniger als 60 Sekunden durchschwimmen. »Die magische Minute« nannte sie diese Zeit.

»Wenn ich diese letzte Strecke in der magischen Minute geschwommen wäre, hätten wir vielleicht gewonnen«, dachte sie.

»Von diesem Augenblick an wurde aus meiner langgehegten Hoffnung, die 100 Meter in weniger als einer Minute zu schaffen, ein brennender Wunsch, gewissermaßen eine fixe Idee, die ich aber durchaus nicht überbetonte. Ich konzentrierte meinen ganzen Ehrgeiz auf diesen Wunsch und stellte einen Plan des positiven Handelns auf, dessen Ziel die magische Minute war. Entsprechend Mr. Hills Ratschlag beschloß ich, bei meiner geistigen *und* körperlichen Vorbereitung auf dieses Ziel keine Mühe zu scheuen.«

Zusätzlich zu ihrem körperlichen Training stellt sich Dawn Fraser nun auch geistig auf ihre Aufgabe ein. Während dieses Buch in Vorbereitung ist, liegt die Bezwingung der magischen Minute noch vor ihr, aber schon bricht sie einen Rekord nach dem anderen. Wie der australische Journalist Thomas H. Wyngard berichtete, interessierten sich Trainer aus ganz Australien für die Lehren Napoleon Hills.

»Führende Trainer auf der Suche nach Methoden, die den von ihnen betreuten Spitzensportlern das gewisse Etwas vermitteln, das über ihr übliches, nach wissenschaftlichen Grundsätzen aufgestelltes Trainingsprogramm hinausgeht, schöpfen aus den Lehren des großen amerikanischen Fachmanns neue Anregungen«, erklärt Wyngard.

»Sie wenden Napoleon Hills Technik der geistigen Bewältigung eines Problems an, das sich im wesentlichen aus der körperlichen Leistungs-

fähigkeit ergibt. Einige besuchten auch die Kurse über »PGH — die Wissenschaft des Erfolgs«, um sich über die richtige Anwendung der entsprechenden Prinzipien zu informieren.
Ist es an der Zeit, Ihre Batterie neu aufzuladen? Haben Sie inzwischen begonnen, die in »Erfolg durch positives Denken« dargelegten Prinzipien anzuwenden? Sind Sie bereit, ein Spitzenkönner zu werden? Wenn ja, dann wollen Sie sicher auch erfahren, wie Sie sich einer guten Gesundheit erfreuen und länger leben können — und darüber sprechen wir in unserem nächsten Kapitel.

LEITGEDANKEN

1. Wie steht es zur Zeit mit Ihrem Energiepegel?
2. Was ist die wichtigste Quelle Ihrer körperlichen, geistigen und seelischen Gesundheit?
3. Wie können *Sie* die Prinzipien anwenden, die Roger Bannister von Dr. Thomas Kirk Cureton gelehrt wurden, um zusätzliche Energie zum Erreichen Ihrer Ziele zu gewinnen?
4. Gehen Sie bis an die Grenze Ihrer Leistungsfähigkeit, um es dann — nach einer kurzen Rast — wieder von neuem zu versuchen?
5. Ist es an der Zeit, Ihre Batterie neu aufzuladen?
6. Wie können Sie Ermüdung vermeiden oder neutralisieren?
7. Beruht der größte Teil Ihrer Mahlzeiten auf einer wohlabgewogenen Diät?
8. Nehmen Sie durch die tägliche Lektüre eines Erbauungsbuches seelische und geistige Vitamine zu sich?
9. Lenken Sie Ihre Energie in nützliche Bahnen? Oder vergeuden Sie sie sinnlos?
10. »Ein Versager verwendet ebensoviel Energie auf seine mißglückte Arbeit wie ein erfolgreicher Mensch auf das Erreichen seines Zieles.«
11. »Verleihe mir, Gott, den Mut und die Kraft, die Dinge zu ändern, die ich ändern kann, die Gelassenheit, das Unabänderliche zu ertragen; und die Weisheit, zwischen diesen beiden Dingen die rechte Unterscheidung zu treffen.«

12. Wann ist das Gefühl der Furcht gerechtfertigt, wann ungerechtfertigt?

13. Um energisch zu werden, *handeln* Sie energisch!

KONZENTRIEREN SIE IHRE GEDANKEN AUF DIE DINGE, DIE SIE WÜNSCHEN, UND WENDEN SIE SIE VON DEN DINGEN AB, DIE SIE NICHT WÜNSCHEN!

KAPITEL 17

Sie können sich guter Gesundheit und eines langen Lebens erfreuen

Eine positive Geisteshaltung erhält Sie gesund und liefert die Energie und Begeisterung, die Ihr Leben und Ihre Arbeit Tag für Tag erfordern. »Es geht mir durch Gottes Gnade jeden Tag in jeder Beziehung besser und besser« ist kein leeres Wortgeplätscher für denjenigen, der diesen Satz jeden Tag beim Erwachen und noch einmal vor dem Zubettgehen mehrere Male vor sich hinsagt. Wer das tut, läßt in gewissem Sinne PGH-Kräfte für sich arbeiten. Er bedient sich der Mächte, die die Annehmlichkeiten des Lebens magnetisch anziehen. *Er* wendet die Kräfte an, deren Gebrauch die Autoren dieses Buches auch *Ihnen* empfehlen möchten.

Wie PGH Ihnen hilft

PGH wird Ihnen zu geistiger und körperlicher Gesundheit und längerem Leben verhelfen. Genauso sicher wird aber NGH Ihre geistige und körperliche Gesundheit untergraben, Ihr Leben also verkürzen. Alles hängt davon ab, welche Seite Ihres Talismans Sie nach oben kehren. Das Leben vieler Menschen wurde bereits gerettet, weil ein ihnen Nahestehender über eine starke positive Geisteshaltung verfügte und sie richtig einzusetzen wußte. Den Beweis dafür liefert das folgende Beispiel:
Das Kind war erst zwei Tage alt, als der Arzt erklärte, es werde nicht am Leben bleiben.
»Das Kind *wird* am Leben bleiben!« antwortete der Vater. Er hatte eine positive Geisteshaltung, er hatte Vertrauen und er glaubte an das Wunder des Gebets: Er betete. Und er *glaubte,* daß Handeln nie vergeblich ist — also handelte er. Er vertraute das Kind einem Facharzt an, der ebenfalls über eine positive Geisteshaltung verfügte und aus Erfahrung wußte, daß die Natur für jede körperliche Schwäche einen Ausgleich schafft. Das Kind blieb am Leben!

ICH KANN NICHT MEHR!
TOD TRENNT EHEPAAR — FÜR EINEN AUGENBLICK!

Diese Schlagzeile erschien in der *»Chicago Daily News«*. In dem Artikel hieß es, ein 62jähriger Bauingenieur sei mit Schmerzen in der Brust und Atemnot nach Hause gekommen und habe sich deshalb zu Bett gelegt. Seine um zehn Jahre jüngere Frau habe beunruhigt begonnen, die Arme ihres Mannes zu massieren — in der Hoffnung, so den Kreislauf anzuregen. Trotzdem starb ihr Mann.

»Ich kann nicht mehr«, sagte die Witwe zu ihrer Mutter.

Dann starb auch sie — am selben Tag!

Das am Leben gebliebene Kind und die verstorbene Witwe: Beide bewiesen, welche Kraft von einer positiven bzw. einer negativen Geisteshaltung ausgehen kann. Aber wenn die Betonung des Positiven Gutes magnetisch anzieht, wenn die Hinnahme des Negativen Ihnen dagegen Schlechtes bringt — fordert dann nicht der gesunde Menschenverstand, daß Sie sich positive Gedanken und Einstellungen zu eigen machen?

Sollten Sie das bis heute noch nicht getan haben, dann ist es höchste Zeit, Ihre PGH-Philosophie zu entwickeln. Bereiten Sie sich auf jeden möglichen Notfall vor. Leben Sie nie ziellos in den Tag hinein! Denken Sie daran: Wenn Sie ein festes Lebensziel haben, dann spornen die unterbewußten Schichten Ihres Geistes unaufhaltsam Ihr bewußtes Denken an, um Sie in Zeiten der Not am Leben zu erhalten. Auch das Schicksal Raffael Correas beweist Ihnen dies.

Eine ereignisreiche Nacht

Er war erst 20 Jahre alt. Seine Familie war zwar nicht wohlhabend, erfreute sich aber besonderer Beliebtheit. Aus diesem Grund hatten sechs Ärzte und ein junger Medizinalassistent in dem kleinen Operationssaal in San Juan, Puerto Rico, die ganze Nacht hindurch um Raffaels Leben gekämpft. Jetzt, nach zwölf Stunden ununterbrochener Anstrengung und gespannter Aufmerksamkeit, waren sie müde und schläfrig. Was sie auch versuchten — es gelang ihnen nicht, seinen Herzschlag festzustellen. Sie konnten seinen Puls nicht finden.

Der Oberarzt nahm ein Operationsmesser und öffnete die Blutgefäße an Raffaels Handgelenk. Eine gelbe Flüssigkeit trat aus. Der Chirurg hatte kein Betäubungsmittel verwendet, weil der Körper des jungen

Mannes bereits so geschwächt war, daß man sich nicht vorstellen konnte, er empfinde noch Schmerzen. Die Ärzte glaubten, er höre sie nicht mehr, und sprachen miteinander, als ob er bereits tot wäre. Einer sagte: »Nicht einmal ein Wunder kann ihn jetzt noch retten!«

Der Oberarzt nahm seinen Operationskittel ab und machte sich fertig, um den Operationssaal zu verlassen. Der junge Medizinalassistent fragte, ob er die Leiche haben könne. »Ja«, war die Antwort. Dann verließen die übrigen Ärzte den Raum.

Es steht geschrieben:

Und deshalb verlieren wir nie den Mut... Denn unser Blick richtet sich nicht auf die sichtbaren Dinge dieser Welt, sondern sucht die unsichtbaren Wahrheiten einer anderen Welt zu erfassen. Denn was sichtbar ist, ist auch vergänglich — nur das Unsichtbare währt ewig.

Die Ärzte konnten zwar sehen, was mit Raffaels Körper geschah; aber war dieser nicht nur die Hülle seines Geistes? Was geschah mit Raffaels unsichtbarem Geist?

In seinem Dämmerzustand zwischen Leben und Tod war es Raffael unmöglich, irgendeine bewußte Bewegung auszuführen; dank seiner positiven Geisteshaltung aber, die er in seinem Unterbewußtsein entwikkelt hatte, stand sein Geist mit einer höheren Macht in Verbindung. Er fühlte, daß Gott mit ihm war.

Er begann, mit Gott wie mit einem Freund zu sprechen — so wie ein Mensch mit einem anderen spricht: »Du kennst mich — Du bist in mir — Du bist mein Blut — Du bist mein Leben — Du bist alles, was ich besitze. Es gibt nur einen einzigen Geist — ein einziges Prinzip — eine einzige Weisheit im Universum, und ich bin eines mit allem anderen.

Wenn ich sterbe, verliere ich nichts. Ich wechsle nur die Gestalt. Aber ich bin erst 20 Jahre alt. Lieber Gott, ich habe keine Angst vor dem Sterben — aber ich bin bereit, zu leben! Wenn es Dir gefällt, mir irgendwie dieses Leben zu erhalten, bin ich bereit und willens, durch Deine Gnade ein besseres Leben zu führen und anderen zu helfen.«

Als der Medizinalassistent sich Raffael wieder näherte und dessen Gesicht betrachtete, sah er plötzlich, daß die Augenlider des jungen Mannes zuckten und aus seinem linken Auge eine Träne strömte. »Doktor, Doktor, kommen Sie schnell! Ich glaube, er lebt!« rief er aufgeregt.

Es dauerte über ein Jahr, bis sich Raffael Correa wieder völlig erholt hatte — aber er lebte!

Ein Jahr später flog Raffael von San Juan nach Chicago, um die Autoren dieses Buches zu bitten, in San Juan ein auf drei Abende verteiltes Seminar über PGH zu halten. Damals erzählte er uns die Geschichte dieser ereignisreichsten Nacht seines Lebens.

Diese Geschichte inspirierte uns, insbesondere die Tatsache, daß er — seitdem ihm das Leben wiedergeschenkt worden war — alles tat, um das Versprechen jener Nacht einzulösen: anderen zu helfen. Wir flogen nach San Juan, um das Seminar zu leiten.

Während unseres Aufenthaltes in San Juan stellte uns Raffael dem Oberarzt vor, der damals die ganze Nacht hindurch bei ihm gewesen war, und der Arzt bestätigte Raffaels Geschichte. Im Verlauf der Unterhaltung fragten wir Raffael nach dem Buch, das ihn in der Stunde der Not am stärksten beeinflußt hatte. Raffael antwortete:

»Ich hatte viele Erbauungsbücher gelesen, aber ich glaube, daß die Gedanken, die mir in jener Nacht durch den Kopf gingen, hauptsächlich aus ›*Science and Health, With Key to the Scriptures*‹ (Wissenschaft und Gesundheit, mit einer Einführung in die Heilige Schrift) von Mary Baker Eddy stammten.«

Wie Raffaels Fall bewies, spielen Erbauungsbücher oft eine wesentliche Rolle, wenn es darum geht, ein Leben zu ändern. Es gibt aber kein Buch, das begeisternder und anspornender wirkt als die *Bibel.* Die *Bibel* hat das Leben von mehr Menschen verändert als jedes andere Buch. Sie verhalf zahllosen Menschen zu körperlicher, geistiger und moralischer Gesundheit. Die Lektüre der Bibel weckte in vielen ein größeres Verständnis für die darin enthaltenen Wahrheiten und veranlaßte sie, sich enger an ihre Kirche anzuschließen. Die Bibel spornte sie zu positivem Handeln an.

Ein Erbauungsbuch wie »Erfolg durch positives Denken« kann Sie ebenfalls inspirieren. Es kann der Katalysator sein, der Sie auf den Weg zu wünschenswertem, positivem Handeln und Erfolg bringt.

Verwenden Sie ein Buch als Katalysator

Das Lexikon bezeichnet einen Katalysator in der physikalischen Chemie als eine Substanz, die eine chemische Reaktion verursacht oder beschleunigt. Weiter heißt es da, daß ein *Antikatalysator* oder *negativer Katalysator* eine chemische Reaktion verzögert.

Die Autoren empfehlen Ihnen, gute Erbauungsbücher als positive Katalysatoren zu verwenden, die Ihre Fortschritte auf dem Weg zum Erfolg im Leben beschleunigen. Gleichzeitig möchten die Autoren Sie aber auch dringend ermahnen, diese Katalysatoren sorgfältig auszuwählen. Im zweiundzwanzigsten Kapitel dieses Buches mit dem Titel »Über das Lesen von Selbsthilfebüchern« lehren die Autoren Sie, aus diesen Büchern den rechten Nutzen zu ziehen, und sie verbürgen sich dafür, daß solche Werke dann in Ihrem Leben als positive Katalysatoren wirksam werden können — vorausgesetzt, Sie sind innerlich bereit.

In seinem Buch *»Your Greatest Power«* (Ihre größte Kraft) erzählt Martin J. Kohe von einem englischen Regiment, das den 91. Psalm als Katalysator verwendete. Er sollte den Soldaten nicht nur helfen, ein gegebenes materielles Ziel zu erreichen, er sollte sie überhaupt am Leben erhalten.

Kohe schrieb: »F. L. Rawson, ein bekannter Ingenieur und einer der größten englischen Wissenschaftler, beschreibt in seinem Buch *›Life Understood‹* (Das verstandene Leben) ein englisches Regiment unter der Führung Oberst Whitleseys, das über vier Jahre lang im Weltkrieg eingesetzt war, ohne einen einzigen Mann zu verlieren. Dieser beispiellose Rekord wurde ermöglicht durch die aktive Zusammenarbeit der Offiziere und Mannschaften, die die Worte des 91. Psalms, der auch ›Schutzpsalm‹ genannt wird, auswendig lernten und regelmäßig gemeinsam wiederholten.

Sie können Ihr Leben auch dadurch verlängern, daß Sie Ihre Gesundheit schützen. Geben Sie sich keinen Illusionen hin: Ihre Gesundheit gehört zu Ihrem wertvollsten Besitz! Mancher wäre auf der Stelle bereit, seinen Reichtum gegen eine gute Gesundheit einzutauschen.

»Mir ist meine Gesundheit lieber als sein Geld!«

Man erzählt, daß ein gesunder, ehrgeiziger 18jähriger Angestellter in einem Herstellungsbetrieb in Cleveland, Ohio, sich das festumrissene Ziel setzte, der reichste Mann der Welt zu werden. Im Alter von 57 Jahren zog er sich auf Anraten seines Arztes aus dem Geschäftsleben zurück. Wie viele amerikanische Geschäftsleute war er erledigt — er litt an Magengeschwüren, nervösen Beschwerden und war außerdem ein vielgehaßter Mann.

»Mir ist meine Gesundheit lieber als sein Geld«, sagten viele. John K. Winkler erzählt die Geschichte dieses Mannes in *»John D., A Portrait in Oils«* (John D., ein Porträt in Öl).

Kann man mit Geld körperliche und geistige Gesundheit, ein längeres Leben — und die Achtung der Mitmenschen erkaufen?

Als sich John D. Rockefeller aus dem aktiven Geschäftsleben zurückzog, bestanden seine festumrissenen Hauptziele darin, seinen Körper gesunden zu lassen, seinen Geist gesund zu erhalten, lange zu leben und schließlich die Achtung seiner Mitmenschen zu erwerben. Konnte Geld ihm das alles erkaufen? Allerdings! Lesen Sie, was Rockefeller tat und was seine Handlungsweise für Sie bedeuten kann: Rockefeller

- besuchte jeden Sonntag den Gottesdienst der Baptistenkirche und machte sich während der Predigt Notizen, um die Grundsätze zu erlernen, die er auf sein eigenes tägliches Leben anwenden konnte.
- schlief jede Nacht acht Stunden und hielt auch jeden Tag einen kurzen Schlummer. Durch diese Ruhepausen vermied er schädliche Übermüdung.
- badete oder duschte jeden Tag. Seine Erscheinung war sauber und ordentlich.
- zog nach Florida, weil das dortige Klima seiner Gesundheit am zuträglichsten war und ihm ein hohes Alter versprach.
- führte ein ausgeglichenes Leben: Frische Luft und Sonnenschein genoß er täglich bei seinem liebsten Freiluftsport — Golf. Auch zu Hause betrieb er regelmäßig Sport und Spiel, las und ging anderen gesunden und nützlichen Tätigkeiten nach.
- aß langsam und mäßig und kaute alles gut durch. Er achtete darauf, daß sich der Speichel in seinem Mund mit der gekauten Nahrung und den Flüssigkeiten, die er zu sich nahm, gut vermischte. Erst dann schluckte er die einzelnen Bissen, die außerdem Körpertemperatur haben mußten. Zu heiße oder zu kalte Speisen lehnte er ab, um Verbrennungen oder Unterkühlungen der Magenschleimhaut zu vermeiden.
- verdaute geistige und seelische Vitamine. Bei jeder Mahlzeit wurde ein Dankgebet gesprochen. Bei Tisch ließ er gewöhnlich seinen Sekretär, einen Gast oder ein Mitglied seiner Familie einen Bibeltext, eine Predigt, ein inspirierendes Gedicht oder einen anspornenden Artikel aus der Zeitung, einer Zeitschrift oder einem Buch vorlesen.

- machte Dr. Hamilton Fisk Biggar zu seinem Leibarzt. Dr. Biggar wurde dafür bezahlt, daß er John D. bei guter Gesundheit, glücklich und am Leben erhielt. Er erfüllte seine Pflicht, indem er seinen Patienten dazu anspornte, eine fröhliche, glückliche geistige Einstellung zu entwickeln. Rockefeller wurde denn auch 97 Jahre alt.

- wollte vermeiden, daß seine Mitmenschen den Haß, den sie vielleicht ihm gegenüber empfanden, auch auf seine Familie übertragen. Er begann daher, einen Teil seines Besitzes auf vernünftige Weise mit denjenigen zu teilen, die in Not waren.

- Zunächst waren Rockefellers Motive hauptsächlich egoistischer Natur. Er wollte einen guten Ruf gewinnen. Dann aber geschah etwas: Weil er großzügig handelte, wurde er selbst großzügig, und weil seine wohltätigen und philantropischen Stiftungen vielen Menschen Glück und Gesundheit brachten, war auch sein Leben davon durchdrungen.

- Die von ihm eingerichteten Stiftungen werden für die kommenden Generationen von großem Nutzen sein. Sein Leben und sein Reichtum bewirkten Gutes. Dank John D. Rockefeller wurde aus dieser Welt eine, in der es sich besser und gesünder leben läßt!

Sie sollten nicht erst ein Vermögen anhäufen müssen, bis Sie erkennen, daß PGH die beste Gesundheit geradezu magnetisch anzieht. Es gibt aber noch einige andere Faktoren, die zusammen mit PGH wirksam werden sollten, und dazu gehört die Aufklärung über Fragen der Gesundheit. Verharren Sie nicht in Unwissenheit über Ihre Gesundheit!

Der Preis der Unwissenheit ist Sünde, Krankheit und Tod!

Was wissen Sie über *Hygiene? Hygiene* wird definiert als »ein System von Prinzipien oder Regeln, die die Gesundheit fördern sollen«. Als *Sozialhygiene* wird oft insbesondere der Kampf gegen die Geschlechtskrankheiten bezeichnet. Unwissenheit auf dem Gebiet der körperlichen, geistigen und Sozialhygiene kann zu Sünde, Krankheit und Tod führen. Wenn Sie sich scheuen, über solche Dinge zu sprechen, dann lesen Sie *»Venture of Faith«* (Wagnis des Glaubens) von Mary Alice und Harold Blake Walker. Dank PGH bemüht man sich heute in Familie,

Schule, Kirche, Presse und seitens der Ärzteschaft, der Regierungen und der Jugendorganisationen, Licht in das Dunkel der Unwissenheit zu bringen, das in Fragen der körperlichen, geistigen und Sozialhygiene herrscht. Vorbeugung und Heilung werden gleichermaßen gelehrt.
Die Heilung von Trunksucht ist jedoch nicht so einfach durchzuführen wie etwa eine Aufklärungsaktion über Fragen der Hygiene. Trunksucht steht in Amerika an vierter Stelle auf der Liste der großen Gesundheitsprobleme. Gemessen an der Häufigkeit der Fälle, folgt sie dicht hinter den geistigen und seelischen Erkrankungen und gehört zu ihren wichtigsten Ursachen. Durch Fälle von Trunksucht unter den Angestellten gehen beispielsweise der amerikanischen Industrie jährlich über eine Milliarde Dollar verloren. Der finanzielle Schaden wäre jedoch noch zu verschmerzen, verglichen mit den Schädigungen der körperlichen, geistigen und seelischen Gesundheit, die das Konto der Trunksucht weit mehr belasten.
Ein Alkoholiker leidet an einer geistigen Krankheit, die so lange ruht, bis er das erste Glas Alkohol getrunken hat. Wird ihm das Trinken nicht zur Gewohnheit, dann übt der Alkohol auch keine Anziehungskraft auf ihn aus. Beginnt er erst einmal mit dem Trinken, dann ist die Verlockung so groß, daß er sich betrinkt. In diesem Stadium wird aber die Verlockung erst recht unwiderstehlich — jedenfalls erscheint es dem Betreffenden so. Wenn nun ein solcher Mensch Widerstand zu leisten versucht und dabei scheitert, gelangt er in vielen Fällen zu der Überzeugung, es gebe keine Heilung für ihn.

Was geschieht mit Trunksüchtigen?

Aus den Aufzeichnungen des unter der Bezeichnung Elektro-Encephalograph bekannten Apparats geht hervor, daß Alkohol die Gehirnwellen verändert. Er übt einen außerordentlich starken Einfluß auf den Stoffwechsel der Nervenzellen aus, was wiederum zu einer Verlangsamung der Gehirnwellen — unter Umständen sogar zu völligem »Stromausfall« — und damit zu einer Veränderung des Bewußtseinspegels führt.
Der menschliche Körper lebt nur, solange das Unterbewußtsein arbeitet. Ist aber nur das Bewußtsein vorübergehend ausgeschaltet, kann er trotzdem längere Zeit am Leben erhalten werden, da es verschiedene Bewußtseinsebenen gibt.

Mit dem Ausdruck »geistige Gesundheit« bezeichnet man denjenigen Geisteszustand, in dem die Funktionen des Bewußtseins und des Unterbewußtseins im richtigen Verhältnis zueinander stehen. Sie arbeiten zwar zusammen, haben aber jeweils spezifische Aufgaben zu erfüllen und können unter Umständen auch hemmend wirken. Es mag zwar manchmal gesund und zuträglich sein, das Gewünschte zu tun, obwohl es verboten ist; doch sollten das kritische Urteil des einzelnen und seine Handlungen das Ergebnis einer ausgeglichenen Zusammenarbeit zwischen Bewußtsein und Unterbewußtsein darstellen.

Solange ein Mensch bei klarem Bewußtsein ist, wirken der Verstand und andere Kräfte des Bewußtseins als Regulatoren des Unterbewußtseins. Sobald sich die Tätigkeit dieser Regulatoren jedoch verlangsamt, gerät die Maschine außer Kontrolle und der Betreffende handelt unvernünftig. Dieses von den bewußten Schichten des Geistes nicht mehr gesteuerte Verhalten kann die verschiedensten Formen annehmen — von einer einmaligen Torheit bis zu jenem Geisteszustand, der allgemein als Wahnsinn bezeichnet wird.

Je mehr die hemmenden Schranken des Bewußtseins unter dem Einfluß des Alkohols auf die Gehirnzellen ausfallen, desto weniger vermag sich der Mensch zu zügeln. Können sich aber die Gefühle, Leidenschaften und anderen Funktionen des Unterbewußtseins erst ungehindert auswirken, weil sie nicht mehr durch den Verstand reguliert werden, begeht ein Mensch, dessen bewußtes Denken auf diese Weise gestört ist, unter dem Einfluß des Alkohols törichte und unerwünschte Handlungen.

Trunksucht ist in der Tat eine gefürchtete Krankheit. Beherrscht sie einmal das Leben eines Menschen, dann zerrüttet sie seine körperliche, geistige und moralische Gesundheit und macht ihm das Leben zur Hölle. Von wem sie einmal Besitz ergriffen hat, den läßt sie nicht so leicht wieder los.

Und doch gibt es ein Mittel!

Es gibt immer ein Mittel!

Was ist das für ein Mittel? »Hören Sie auf zu trinken!« Für einen Trunksüchtigen ist das leichter gesagt als getan. Das Wichtigste daran ist jedoch, *daß es tatsächlich möglich ist!* Er kann es tun!

Wenn Sie eine positive Geisteshaltung entwickeln, lassen Sie in Ihren

Bemühungen nicht nach, nur weil Sie bisher versagt haben, oder weil Sie vom Versagen anderer wissen. Der Erfolg anderer kann Sie anspornen und neue Hoffnung in Ihnen wecken. Wenn ein kleines Kind gehen lernt, bemängelt man nicht, daß es schon nach den ersten drei Schritten wieder hinfällt, sondern man lobt es für den Fortschritt, den es als Ergebnis seiner bewußten Anstrengung erzielt hat.

Ein Trunksüchtiger kann vielerlei Hilfe finden. Alkoholiker wurden bereits völlig geheilt durch die umgebungsbedingten Einflüsse, die in der religiös-motivierten Therapie der verschiedenen Kirchengemeinschaften wirksam werden; durch Missionen zur Rettung Gestrauchelter wie zum Beispiel die Pacific Garden Mission in Chicago; durch Andachtsübungen von Predigern wie Oral Roberts; durch die Organisation Anonyme Alkoholiker; durch medizinische und psychiatrische Hilfe einschließlich der Hypnose; durch Privatkrankenhäuser wie zum Beispiel das Keely Institute in Dwight, Illinois; oder durch ein Erbauungsbuch wie »Beweise, was Du kannst!«.

Den Sieg über das eigene Ich muß jedoch jeder selbst erkämpfen. Im allgemeinen braucht er allerdings den stärkenden Einfluß eines Menschen, der ihm so lange durch Suggestion Hilfestellung leistet, bis er selbst wieder die Kräfte seines Geistes zu beherrschen beginnt, oder, anders ausgedrückt, bis er seine positive Geisteshaltung über den Punkt hinaus entwickelt hat, an dem er noch bei der ersten Schwierigkeit in die negative Geisteshaltung zurückfällt. PGH kann für den Trunksüchtigen Wunder wirken — wenn er sich entschließt, PGH für sich arbeiten zu lassen. Aber auch für Sie kann PGH Wunder wirken, indem es Ihnen zu Gesundheit und langem Leben verhilft.

Ungewißheit über Ihren Gesundheitszustand kann Ihr PGH untergraben — weil Sie sich dann nämlich bei jedem kleinen Schmerz, bei jeder geringfügigen Unpäßlichkeit sorgen. Je länger Sie im Ungewissen bleiben, desto stärker neigen Sie zu einer negativen Geisteshaltung. Sind die von Ihnen beobachteten Symptome aber tatsächlich Anzeichen einer gestörten Gesundheit, die Behandlung erfordert, dann tragen Sie durch Ihre Unentschlossenheit und Tatenlosigkeit lediglich zu einer Verschlimmerung dieses Zustandes bei. Bleiben Sie nicht im Ungewissen über Ihren Gesundheitszustand! Handeln Sie!

Hören Sie auf, an Ihrem Gesundheitszustand herumzurätseln!

Der Verkaufsleiter einer Autofirma war jung, dynamisch und erfolgreich. Seine ganze Zukunft lag vor ihm — und doch war er zutiefst bedrückt, ja: er rechnete bereits mit seinem Tod! Sogar ein Grab hatte er schon ausgewählt und gekauft, alle Vorbereitungen für sein Begräbnis waren getroffen und seine Angelegenheiten geregelt. Was war geschehen?

Manchmal litt er an Atemnot. Sein Herz schlug schnell und seine Kehle war wie zugeschnürt. Schließlich konsultierte er seinen Hausarzt, einen sehr erfolgreichen Mediziner und Chirurgen. Der riet ihm, Überanstrengungen zu vermeiden und seinen geliebten Beruf aufzugeben, den er doch als ein spannendes Spiel betrachtete.

Der Vertreter blieb einige Zeit zu Hause und ruhte sich körperlich aus, aber seine Befürchtungen ließen ihn geistig nicht zur Ruhe kommen. Immer noch war er kurzatmig, sein Herz schlug rasend und seine Kehle war wie zugeschnürt. Da es Sommer war, riet ihm sein Arzt zu einem Ferien- und Erholungsaufenthalt in Colorado.

Man transportierte ihn auf einer Tragbahre in den Pullman-Wagen, der ihn nach Colorado brachte. Aber selbst das gesunde Klima und die herrliche Berglandschaft dieses Staates konnten die Rückkehr der gefürchteten Symptome nicht verhindern: Kurzatmigkeit, Herzklopfen und Beklemmungen. Bereits in der ersten Woche kehrte er wieder nach Hause zurück. Er glaubte, sein Ende sei nun nahe.

»Hören Sie auf, herumzuraten!« Diesen Rat gab einer der Autoren dieses Buches dem jungen Verkaufsleiter (wie irgend jemand es vielleicht Ihnen rät, wenn Sie sich in einer ähnlichen Lage befinden). »Sie haben alles zu gewinnen und nichts zu verlieren, wenn Sie sich in einem Krankenhaus wie der Mayo-Klinik in Rochester, Minnesota, untersuchen lassen. *Tun Sie es gleich!«* Ein Verwandter fuhr den jungen Mann auf seinen Wunsch nach Rochester. Auf der Fahrt fühlte er sich so elend, daß er fürchtete, er werde unterwegs sterben.

Nachdem sämtliche Untersuchungen abgeschlossen waren, erklärte man ihm, was ihm wirklich fehlte. »Ihr Leiden ist ganz einfach die Folge davon, daß Sie zuviel Sauerstoff einatmen«, sagte der Arzt zu ihm. »Das ist ja kaum zu glauben«, lachte der junge Mann. »Dann springen Sie doch fünfzigmal auf und ab, so als ob Sie seilspringen übten«, meinte der Arzt. Prompt kam sein Patient außer Atem, sein Herz pochte und seine Kehle war wie zugeschnürt.

»Was kann ich dagegen tun?« fragte er. »Wenn Sie das Gefühl haben, ein Anfall stehe unmittelbar bevor«, erwiderte der Arzt, »dann können Sie entweder in eine Papiertüte blasen und die darin enthaltene Luft dann wieder einatmen, oder Sie halten einfach kurze Zeit den Atem an«, und mit diesen Worten gab er dem Patienten eine Papiertüte. Der junge Mann folgte der Aufforderung des Arztes — und sein Puls verlangsamte sich, sein Atem ging wieder normal und der Druck auf seine Kehle hatte sich gelöst. Er verließ die Klinik als ein glücklicher Mensch. Wenn sich von da an die Symptome seiner Krankheit wieder zeigten, hielt er jedesmal nur kurz den Atem an, und sein Körper arbeitete wieder normal. Nach einigen Monaten verlor er seine Furcht, und damit verschwanden auch die Symptome. Das war vor 15 Jahren. Seitdem brauchte er keine ärztliche Behandlung mehr.

Natürlich wird eine Heilung nicht immer so einfach sein. Unter Umständen müssen Sie das eine oder andere Mal alle verfügbaren Mittel erproben, bis Sie endlich eines finden, das Ihnen hilft. Das Klügste ist es jedoch, ausdauernd und mit einer positiven Geisteshaltung weiterzusuchen. Entschlossenheit und Optimismus führen gewöhnlich zum Erfolg — wie es bei einem anderen Verkaufsleiter der Fall war. Von ihm wollen wir Ihnen nun erzählen:

Es gibt immer ein Mittel — man muß es nur finden

Dieser Verkaufsleiter stieg im Hotel einer Kleinstadt ab. Als er sein Zimmer betrat, stürzte er und brach sich ein Bein. Der Geschäftsführer brachte ihn in das nächstgelegene Krankenhaus, wo ihm der diensthabende Arzt das gebrochene Bein einrichtete. Nach einigen Tagen wurde er in die häusliche Pflege entlassen.

Einige Wochen verbrachte er zu Hause unter der Aufsicht seines Hausarztes. Sein Gesamtzustand schien sich zwar zu bessern — aber der Bruch heilte nicht. Nach vielen Wochen eröffnete ihm der Arzt, daß sich der Zustand seines Beins ständig verschlechtern werde: Er würde zum Krüppel werden. Der Verkaufsleiter war darüber zutiefst beunruhigt, denn in seinem Beruf mußte er viel auf den Beinen sein.

Er besprach diese Angelegenheit mit einem der Autoren, der ihm riet: »Glauben Sie nur das nicht! Es gibt immer ein Mittel — man muß es nur finden! Hören Sie auf, herumzuraten. *Tun Sie es gleich!*« Er erzählte ihm auch die Geschichte von dem Automobilverkäufer, die Sie

gerade gelesen haben, und schlug vor, er solle sich in der Mayo-Klinik zur Untersuchung anmelden.
Auch er verließ die Klinik als ein glücklicher Mensch. Warum? Man hatte ihm gesagt: »Ihr Körper braucht Kalzium. Wir könnten Ihnen jetzt jede Menge Kalzium verabreichen, aber es würde bald wieder abgebaut. Trinken Sie einfach jeden Tag ein Glas Milch.« Das tat er auch, und nach einiger Zeit war das gebrochene Bein wieder so kräftig wie das unverletzte.
Wenn man seiner Gesundheit mit einer positiven Geisteshaltung gegenübersteht, rechnet man auch mit möglichen Unfällen. *»Sicher ist sicher«* ist sogar ein PGH-Motto. Es inspiriert Sie zur Wachsamkeit und stärkt Ihren Lebenswillen — es veranlaßt Sie, Leben und Eigentum zu schützen.

Vergewissern Sie sich, daß Sie nicht zu Ihrem eigenen Begräbnis fahren

Kürzlich erschien in einer Zeitung die Schlagzeile: »Sie wollten nicht zu spät zur Beerdigung kommen — und starben, weil bei 169 km/h ein Reifen platzte.« Der Bericht begann:

> Sechs Bestattungen verursachte am Sonntag ein Autounfall, weil der Fahrer — aus Angst, mit seinen Verwandten zu spät zu einem Begräbnis zu kommen — mit überhöhter Geschwindigkeit fuhr.

Fahren Sie vorsichtig, wenn Sie sich Ihre körperliche und geistige Gesundheit bewahren und länger leben wollen. Sind Sie Fußgänger, dann seien Sie auf der Hut vor unerwarteten Gefahren und beachten Sie die Verkehrsregeln. Nimmt Sie schließlich ein anderer Kraftfahrer mit, so denken Sie daran, daß Ihr Leben und Ihre Sicherheit von seinen eventuellen körperlichen und geistigen Mängeln, von seiner Fahrtüchtigkeit und von eventuellen Schäden seines Wagens abhängen. Haben Sie den Mut, eine Fahrt in einem Wagen abzulehnen, dessen Fahrer unter dem Einfluß von Alkohol steht, oder dessen Bremsen nicht richtig funktionieren — selbst wenn Sie der Eigentümer sind. »Sie retten damit vielleicht Ihr eigenes Leben!«

»Sicher ist sicher«, gepaart mit PGH, rettet Menschenleben

Obwohl für jedes der 41 Stockwerke des Prudential Building in Chicago eine Million Dollar bezahlt werden mußten, erwies es sich als das

billigste Gebäude seiner Art, das je errichtet wurde. Warum? Es kostete kein einziges Menschenleben — ja, es kamen überhaupt keine ernsthaften Unfälle vor! Einer positiven Geisteshaltung entsprechend baute man Sicherheitsvorkehrungen ein.
Die verschiedenen Komponenten einer negativen Geisteshaltung — darunter Unwissenheit und Nachlässigkeit — führten dagegen zu zahlreichen tragischen Unfällen:

> Ein tödlicher Unfall für je 30 Meter Höhe des Empire State Buildings!
> 110 tödliche Unfälle beim Bau des Hoover-Dammes!
> Ein tödlicher Unfall für je 33 Meter der Golden-Gate-Brücke von San Francisco!
> 80 tödliche Unfälle beim Bau der Colorado-River-Wasserleitung!
> 1219 Todesfälle beim Bau des Panama-Kanals! (Weitere 4766 Todesfälle beim Bau des Kanals gingen auf andere Ursachen zurück.)
> 97 tödliche Unglücksfälle beim Bau des Grand-Coulee-Dammes und während der Durchführung des Columbia-River-Basin-Projektes!

Natürlich weiß man nie genau, wann das Schicksal zuschlagen wird, aber es ist immer besser, darauf vorbereitet zu sein. Und mit einer positiven Geisteshaltung *werden* Sie vorbereitet sein. Tante Kitty war es jedenfalls.

Wenn das Schicksal zuschlägt

Tante Kitty verlor ihren einzigen Sohn, als er erst neun Jahre alt war. Wie viele gute Hausfrauen und Mütter hatte sie keine eigentliche Berufsausbildung — aber sie war tief religiös. Sie wußte, daß sie trotz ihres schweren Verlustes weiterleben und ihren Teil dazu beitragen mußte, um aus dieser Welt eine zu machen, in der es sich besser leben läßt. Wie sollte sie sich aber die nötige körperliche und geistige Gesundheit erhalten, um weiterleben und -arbeiten zu können?
Tante Kitty gelangte zu der Überzeugung, sie könne ihren Schmerz besänftigen und die große Leere in ihrem Leben nur ausfüllen, indem sie sich voll und ganz ihrer Tätigkeit widmete und alles in ihrer Macht stehende tat, um andere Menschen glücklich zu machen. Für ihren Sohn konnte sie dies ja nicht mehr tun.

Sie suchte sich also eine Stelle als Kellnerin in einem vielbesuchten Restaurant, wo sie eine sehr lange Arbeitszeit hatte. Es gehörte zu ihrer Tätigkeit, mit anderen Menschen zu sprechen und sie froh zu stimmen. Ihre tiefe Religiosität, ihr echtes Interesse an ihren Mitmenschen und die neue Tätigkeit, die sie ganz ausfüllte, stillten mit der Zeit ihren Schmerz und erhielten ihre körperliche und geistige Gesundheit.
Tatsächlich kann Ihre Gesundheit von zahlreichen seelischen Faktoren beeinflußt werden, von denen manche unter Umständen lediglich ein Produkt der Einbildung sind.

Eine Oberschülerin bekommt vor jeder Prüfung Schmerzen

Die engen Beziehungen zwischen Geist und Körper führen bisweilen zu scheinbar körperlichen Krankheitssymptomen, die in Wirklichkeit jedoch von seelischen Störungen verursacht werden und ein gewünschtes spezifisches Ergebnis hervorrufen sollen. Eine wahre Geschichte bestätigt diese These:
Eine Oberschülerin wurde morgens regelmäßig dann von heftigen Rükkenschmerzen geplagt, wenn sie in Deutsch oder Geschichte geprüft werden sollte. Keines der beiden Fächer gefiel ihr, und gut vorbereitet war sie auch nie. Die Schmerzen waren so stark, daß sie nicht aufstehen zu können glaubte. Sie simulierte nicht — sie litt wirklich.
Zu den besonderen Eigenheiten dieser Schmerzen gehörte es, daß sie jedesmal gegen 15.30 Uhr abklangen — also dann, wenn auch die Schulstunden für diesen Tag zu Ende waren, und wenn gar am selben Abend noch der Freund des Mädchens zu Besuch kam, verschwanden die Schmerzen spurlos!
Sie sagen sich jetzt wahrscheinlich, daß dieses Mädchen psychiatrische Behandlung benötigte, und so war es auch. Ihr und vielen anderen konnte durch Religion und Psychiatrie geholfen werden, die beide nicht so weit auseinanderliegen, wie manche vielleicht glauben. Warum?

Religion und Psychiatrie

Regeln und Vorschriften zur Erhaltung körperlicher und geistiger Gesundheit im Interesse eines langen Lebens waren schon längst in religiöse Lehrsätze verwoben worden, bevor Begriffe wie Physiologie, Psychologie und Psychiatrie in irgendeiner Sprache auftauchten. Dies gilt besonders für die Techniken zur Beeinflussung des Unterbewußtseins. Es ist daher auch verständlich, warum psychiatrische Kliniken und Beratungsstellen zu einem wesentlichen Bestandteil kirchlicher Organisationen, gleich welcher Konfession, geworden sind.

Der geistliche Helfer von Tausenden von Menschen hilft den Kranken!

Reverend Norman Vincent Peale und Smiley Blanton, M. D., gründeten zusammen die »American Foundation of Religion and Psychiatry« (Amerikanische Stiftung für Religion und Psychiatrie), eine nicht konfessionsgebundene Klinik in New York City, die keinen Erwerbszweck verfolgt. Wer immer mit einem inneren Problem zu kämpfen hat, kann dort Hilfe finden, gleichgültig, welcher Rasse oder Religion er angehört oder wie es um seine finanziellen Mittel steht. Heute verfügt diese Klinik über einen teils halbtags, teils ganztags beschäftigten Mitarbeiterstab von berufsmäßigen Psychiatern, Geistlichen, Psychologen und Sozialfürsorgern mit psychiatrischer Ausbildung. — Ähnliche Einrichtungen gibt es in allen Ländern.

Was liegt vor Ihnen?

Geistige und körperliche Gesundheit sind zwei der großen Güter, die Sie mit PGH erwerben können. Zwar erfordert es Mühe, Geduld und einige Übung, um eine solche Geisteshaltung zu entwickeln und aufrechtzuerhalten; aber ein festumrissenes Ziel, sauberes und klares Denken, ein schöpferischer Geist, mutiges Handeln, Ausdauer und ein klarer Blick — alles dies getragen von Begeisterung und dem unerschütterlichen Glauben an den Erfolg, wird Ihnen bei Ihren Bemühungen um die Gewinnung und Erhaltung einer positiven Geisteshaltung eine große Hilfe sein.
Und was liegt vor Ihnen, wenn Sie Ihren festumrissenen Zielen näherkommen?
Das Glück liegt vor Ihnen.
Sind Sie schon jetzt glücklich, dann werden Sie den Wunsch haben, sich dieses wunderbare Gefühl des Glücklichseins zu erhalten und es zu vermehren. Sind Sie es aber noch nicht, dann möchten Sie sicher lernen, wie Sie glücklich werden können. Gehen wir also über zum achtzehnten Kapitel mit der Überschrift »Wie man glücklich wird«. Dort finden Sie

weitere PGH-Erfolgsprinzipien, die für Ihr Streben nach Glück von Nutzen sein werden.

LEITGEDANKEN

1. Sie können vollkommen gesund werden und bleiben. Eine positive Geisteshaltung wirkt positiv auf Ihre Gesundheit — sie zieht gute Gesundheit magnetisch an. Eine negative Geisteshaltung bewirkt das Gegenteil.
2. Gute, positive und fröhliche Gedanken verhelfen Ihnen auch zu positiven Gefühlen und Empfindungen. Was aber Ihren Geist beeinflußt, beeinflußt auch Ihren Körper.
3. Eine positive Geisteshaltung gegenüber Ihren nächsten Angehörigen kann Ihnen vielleicht einmal das Leben retten. Denken Sie nur an den Vater, der das Leben seines kleinen Sohnes dadurch rettete, daß sein Handeln von einer positiven Geisteshaltung getragen war.
4. Lernen Sie PGH anzuwenden, anstatt — wie die Frau des Ingenieurs — in NGH zu verfallen. Ihre NGH liefert Sie dem Tode aus.
5. Entwickeln Sie eine starke positive Geisteshaltung, die Bewußtsein und Unterbewußtsein durchdringt. Sie werden dann die Erfahrung machen, daß sie in Zeiten der Not blitzartig wieder aus den unterbewußten Schichten Ihres Geistes aufsteigt — und das sogar in der äußersten Bedrängnis, der Sie in Ihrem Leben begegnen können: dem Tod.
6. Befassen Sie sich eingehend mit der Bibel und Erbauungsbüchern. Sie lehren, wie Sie sich zu positivem, wünschenswertem Handeln anspornen können. So helfen sie Ihnen, Ihre Ziele zu erreichen.
7. Lernen Sie die 17 Erfolgsprinzipien in Ihrem Leben anzuwenden.
8. Aller Reichtum der Welt kann gute Gesundheit nicht erkaufen, wenn man nicht selbst dazu beiträgt — aber Sie können gute Gesundheit erlangen bzw. sie sich erhalten, indem Sie die einfachen Regeln der Hygiene beachten und Gewohnheiten annehmen, die Ihrer Gesundheit zuträglich sind. Denken Sie daran, daß John D. Rockefeller sich wegen seiner angegriffenen Gesundheit mit 57 Jahren aus dem Geschäftsleben zurückziehen mußte, daß er aber mit Hilfe einer positiven Geisteshaltung und einer gesunden Lebensweise das hohe Alter von 97 Jahren erreichte.
9. PGH führt zu der Erkenntnis, wie wichtig Aufklärungsarbeit auf dem Gebiet der körperlichen, geistigen und Sozialhygiene ist, und daß Un-

wissenheit in diesen Dingen zu Sünde, Krankheit und Tod führen kann. Halten Sie sich auf dem Laufenden über die neuesten Forschungsergebnisse und Erkenntnisse, die Ihre geistige, moralische und körperliche Gesundheit beeinflussen können.

10. Geben Sie nie die Hoffnung auf, denn *es gibt immer ein Mittel — gegen jedes Leiden.* Entwickeln Sie PGH und hören Sie auf, an Ihrem Gesundheitszustand herumzurätseln: Suchen Sie zur rechten Zeit einen Arzt auf.

11. PGH stößt Unfälle und Tragödien ab, weil jeder, der über PGH verfügt, jederzeit auf mögliche Gefahren gefaßt ist. Sollte jedoch das Schicksal wirklich zuschlagen, dann hilft Ihnen PGH, solchen Unglücksfällen ruhig und gefaßt zu begegnen.

12. Es steht in Ihrer Macht, einen gesunden Geist und einen gesunden Körper zu erlangen — wenn Sie PGH für sich arbeiten lassen. Denken Sie daran: Mit PGH können Sie sich besserer Gesundheit erfreuen und länger leben.

ICH FÜHLE MICH GESUND! ICH FÜHLE MICH GLÜCKLICH! ICH FÜHLE MICH GROSSARTIG!

KAPITEL 18

Können Sie Glück magnetisch anziehen?

Abraham Lincoln bemerkte einmal: »Meiner Beobachtung nach sind die Menschen immer genau so glücklich, wie sie es sein wollen.«

Die Menschen unterscheiden sich nicht allzusehr voneinander. Aber *ein* kleiner Unterschied ist doch von großer Bedeutung: Sie unterscheiden sich durch ihre *Einstellung* zum Leben. Ihre Haltung ist *positiv* oder *negativ*.

Wer glücklich sein will, nimmt eine positive Geisteshaltung ein und läßt sich von der PGH-Seite seines Talismans beeinflussen. Auf diese Weise zieht er das Glück magnetisch an. Wer sich jedoch einer NGH zuwendet, ist geradezu von Berufs wegen unglücklich. *Er* zieht das Glück nicht an — er weist es zurück.

»I Want to Be Happy ...«

»Ich möchte glücklich sein«: Mit diesen Worten, die sehr viel Wahres enthalten, beginnt ein bekannter amerikanischer Schlager; »... doch das kann ich nur, wenn auch Du glücklich bist!«

Glück ist etwas schwer Faßbares, Vergängliches. Wenn Sie es suchen, werden Sie feststellen müssen, daß es sich Ihnen entzieht. Bemühen Sie sich, zum Glück eines andern beizutragen, dann wird es von selbst zu Ihnen kommen.

Claire Jones, Schriftstellerin und Gattin eines Professors an der theologischen Fakultät der Universität Oklahoma City, erzählt von einem Glück, das ihnen als jung Verheiratete widerfuhr. »Während unserer ersten beiden Ehejahre wohnten wir in einer kleinen Stadt«, erzählte sie, »und unsere Nachbarn waren ein sehr altes Ehepaar. Die alte Dame war schon fast blind und an ihren Rollstuhl gefesselt. Ihr Mann, der selbst nicht bei bester Gesundheit war, führte den Haushalt und sorgte für sie.

Es war einige Tage vor Weihnachten. Mein Mann und ich waren gerade dabei, unseren Christbaum zu schmücken, als wir aus einer plötzlichen Eingebung heraus beschlossen, einen Baum für die alten Leute herzurichten. Wir kauften also ein Bäumchen, schmückten es mit Rauschgold und Kerzen, machten einige Geschenkpäckchen zurecht und trugen am Abend des 24. Dezember alles zu den alten Leuten hinüber.

Die alte Dame weinte, als sie mit ihren halbblinden Augen das Funkeln der Lichter erkannte. Ihr Mann sagte wieder und wieder: ›Nun haben wir seit Jahren zum erstenmal wieder einen Weihnachtsbaum!‹ Von diesem Baum sprachen sie fast jedesmal, wenn wir sie im folgenden Jahr besuchten.

Als Weihnachten wieder herankam, stand das kleine Haus leer. Es war wenig, was wir für sie getan hatten, aber wir waren *glücklich* darüber.«

Das Glück, das dieses Ehepaar empfand, weil es den alten Leuten etwas Gutes getan hatte, war ein sehr tiefes, warmes Gefühl, an das sich beide immer erinnern werden. Es war eine besondere Art des Glücks, die sich bei allen einstellt, die Gutes tun.

Die verbreitetste und dauerhafteste Gestalt des Glücks entspricht jedoch eher einem Zustand der Zufriedenheit — man ist weder ausgesprochen glücklich noch ausgesprochen unglücklich.

Sie sind glücklich, solange sich in Ihnen jener positive Geisteszustand, den man als Glücklichsein bezeichnet, mit dem neutralen Geisteszustand, daß Sie sich nicht unglücklich wissen, verbindet.

Sie haben die Wahl, ob Sie glücklich, zufrieden oder unglücklich sein wollen. Entscheidend ist dafür, ob Sie unter dem Einfluß einer positiven oder einer negativen Geisteshaltung stehen, und über diesen Faktor können Sie entscheiden.

Körperliche Mängel schließen Sie nicht vom Glücklichsein aus

Wenn es je einen Menschen gab, von dem man eine Klage über sein Schicksal hätte erwarten können, dann war das Helen Keller. Taub, stumm und blind geboren und unfähig, sich auf normalem Wege mit den Menschen ihrer Umgebung zu verständigen, blieb ihr einzig ihr Tastsinn, um mit anderen Kontakt aufzunehmen und das Glück zu empfinden, zu lieben und geliebt zu werden.

Aber sie nahm diesen Kontakt auf, und durch die Hilfe einer ausgezeichneten Lehrerin, die sich hingebungsvoll ihrer Aufgabe widmete

und sich Helen Kellers überaus liebevoll annahm, wurde aus dem tauben, stummen und blinden kleinen Mädchen eine außerordentlich gescheite, frohe und glückliche Frau. Sie schrieb:
»Wer immer aus der Güte seines Herzens heraus ein hilfreiches Wort spricht, ein aufmunterndes Lächeln spendet oder einem anderen den Weg ebnet, weiß, daß die Freude, die er dabei empfindet, ein so wesentlicher Teil seiner selbst ist, daß er ohne sie nicht leben kann. Einst unbesiegbar geglaubte Hindernisse zu überwinden und die Grenze des Erreichten immer weiter hinauszuschieben — welche Freude könnte dieser gleichen?
Würden diejenigen, die das Glück suchen, nur eine kleine Minute innehalten und nachdenken, dann würden sie erkennen, daß die Freuden, die sie bereits erfahren, so zahlreich sind wie die Grashalme zu ihren Füßen oder die im Morgenlicht auf den Blüten funkelnden Tautropfen.«*
Helen Keller zählt die Segnungen, deren sie teilhaftig wird, und ist zutiefst dankbar dafür. Sie teilt das Wunder dieser Segnungen mit anderen und weckt in ihnen das Gefühl der Freude. Weil sie aber das Gute und Wünschenswerte mit anderen teilt, zieht sie noch mehr Gutes und Wünschenswertes auf sich selbst — denn je mehr Sie mit anderen teilen, desto mehr empfangen Sie. Und wenn Sie Glück mit anderen teilen, dann wird Ihr Glück wachsen und sich mehren.
Wenn Sie aber andere mit Trübsal und Unglück behelligen, dann ziehen Sie Trübsal und Unglück geradezu magnetisch an. Wir alle kennen Menschen, die ständig mit Unannehmlichkeiten zu kämpfen haben — nicht mit wirklichen Problemen (die ja verkappte Möglichkeiten sind), sondern einfach mit *Unannehmlichkeiten.* Was immer ihnen begegnet, nie ist es etwas Gutes. Warum? Weil sie immer ihre Unannehmlichkeiten anderen mitteilen.
Es gibt auf dieser Welt viele einsame Menschen, die sich nach Liebe und Freundschaft sehnen und die scheinbar doch nie in den Genuß dieser Dinge kommen. Einige dieser Menschen stoßen das Erstrebte von vornherein mit NGH von sich, andere wieder verkriechen sich in ihren Winkel und wagen sich nie heraus. Im Geheimen hoffen sie zwar auf irgend etwas Gutes, aber sie wollen das Gute und Schöne, das sie bereits besitzen, nicht mit anderen teilen: Sie erkennen nicht, daß sich ihr eigener Anteil an Gutem und Schönem verringert, wenn sie es anderen vorenthalten.

* Helen Keller: „The Open Door". Mit Genehmigung des Verlages Doubleday & Co., Inc.

Andere dagegen haben den Mut, etwas gegen ihre Einsamkeit zu tun. Und sie lösen ihr Problem, indem sie alles Gute und Schöne mit anderen teilen. Da gab es zum Beispiel einen kleinen Jungen, der wirklich sehr einsam und unglücklich war. Er kam auf die Welt mit einer zu einem grotesken Buckel geformten Wirbelsäule und einem verwachsenen linken Bein. Der Arzt untersuchte das Kind und versicherte dann dem Vater des Kleinen, daß sein Sohn durchaus lebensfähig sei.

Die Familie war arm, und die Mutter des Jungen starb, noch bevor er ein Jahr alt war. Später wichen ihm die anderen Kinder aus, weil er verwachsen war und an vielen ihrer Spiele nicht teilnehmen konnte. Der Junge — er hieß Charles Steinmetz — war wirklich ein einsamer, unglücklicher, kleiner Kerl.

Aber Gott, dem wir alles verdanken, hatte ihn nicht vergessen. Als Ausgleich für seinen mißgestalteten Körper war Charles mit einem außerordentlich wachen Verstand begabt. Nachdem er die Überzeugung gewonnen hatte, daß er gegen seine körperlichen Gebrechen doch nichts unternehmen konnte, beachtete er sie einfach nicht mehr und begann statt dessen, seinen größten Aktivposten auszuwerten: Er arbeitete, um sich geistig hervorzutun. Mit fünf Jahren konjugierte er lateinische Verben, mit sieben lernte er Griechisch und etwas Hebräisch, und mit acht wußte er bereits sehr gut in Algebra und Geometrie Bescheid.

Auch auf der höheren Schule zeigte er in allen Fächern hervorragende Leistungen und bestand seine Prüfungen mit Auszeichnung. Er hatte sich mit viel Mühe etwas Geld gespart, um sich für die Abschlußfeier einen schwarzen Anzug ausleihen zu können — aber mit jener unüberlegten Grausamkeit, die für Menschen unter dem Einfluß von NGH so oft bezeichnend ist, brachte die Schulleitung am Schwarzen Brett eine Notiz an, die Charles von dem Besuch der Abschlußfeier ausschloß.

Schließlich reifte in Charles ein Entschluß: Anstatt sich den Respekt seiner Mitmenschen erzwingen zu wollen, indem er seine geistigen Fähigkeiten ausspielte, würde er sich in Zukunft um ihre Freundschaft bemühen: er würde seine Fähigkeiten zwar einsetzen — aber nicht, um Aufmerksamkeit zu erregen und sein Geltungsbedürfnis zu befriedigen, sondern vielmehr, um zum Wohle der Menschheit beizutragen. Er wollte ein neues Leben anfangen und begann damit, indem er nach Amerika auswanderte.

Dort suchte Charles Steinmetz eine Stellung. Mehrere Male wurde er wegen seines Aussehens abgewiesen, aber schließlich fand er bei General

Electric eine Anstellung als Zeichner mit 12 Dollar Gehalt pro Woche. Neben seiner beruflichen Tätigkeit befaßte er sich intensiv mit Forschungsarbeiten auf dem Gebiet der Elektronik. Außerdem bemühte er sich um die Freundschaft seiner Kollegen, indem er versuchte, alles, was er an Gutem und Schönem besaß, mit ihnen zu teilen.

Nach einiger Zeit erkannte der Aufsichtsratsvorsitzende der General Electric Company Charles' Begabung und sagte zu ihm: »Hier haben Sie unser ganzes Werk: Tun Sie damit, was Sie wollen, meinetwegen träumen Sie den ganzen Tag — dann bezahlen wir Sie für Ihre Träume.« Charles arbeitete eifrig, hart und unermüdlich. Im Laufe seines Lebens ließ er über 200 elektronische Erfindungen patentieren und schrieb zahlreiche Bücher und Aufsätze über theoretische Probleme der Elektrizitätslehre und der Elektrotechnik. Er wußte, wieviel Befriedigung eine gut ausgeführte Arbeit verschafft und welche Befriedigung es bedeutet, so viel dazu beizutragen, aus dieser Welt eine zu machen, in der es sich besser leben läßt. Er kam zu Wohlstand und erwarb ein reizendes Haus, das er mit einem befreundeten jungen Ehepaar teilte. So erlebte Charles Steinmetz das Glück eines erfüllten und nützlichen Lebens.

Glücklichsein beginnt zu Hause

Jeder von uns verbringt den größten Teil seines Lebens zu Hause mit seiner Familie. Aus diesem Heim, das doch ein Hort der Liebe, des Glücks und der Sicherheit sein sollte, wird aber leider allzu oft der Schauplatz von Streitigkeiten, weil die Familienmitglieder nicht glücklich und harmonisch zusammenleben. Familiäre Probleme können die verschiedensten Ursachen haben.

In einem unserer Kurse »PGH — die Wissenschaft des Erfolgs« wurde ein sehr begabter, tüchtiger junger Mann von etwa 24 Jahren gefragt, ob er ein Problem habe.

»Allerdings!« war die Antwort. »Mein Problem hängt mit meiner Mutter zusammen. Ich habe mich entschlossen, dieses Wochenende zu Hause auszuziehen.«

Der junge Mann wurde aufgefordert, sein Problem genauer darzulegen, und es erwies sich, daß in den Beziehungen zwischen Mutter und Sohn nicht alles zum Besten stand. Dem Lehrgangsleiter wurde klar, daß die

energische, beherrschende Persönlichkeit der Mutter jener des jungen Mannes sehr ähnlich war.
Er setzte nun den Kursteilnehmern auseinander, daß die Persönlichkeit eines Menschen den Kräften eines Magneten vergleichbar ist. Wenn zwei ähnliche Kräfte übereinstimmen oder in derselben Richtung wirksam werden, ziehen sie sich gleichzeitig an. Wirken aber diese Kräfte einander entgegengesetzt, dann stoßen sie sich ab.
Nebeneinander und in gleiche Umwelteinflüsse gestellt, bleiben die Menschen — ähnlich wie Magneten — selbständige und getrennte Wesenheiten; ihre Fähigkeit, diese Einflüsse anzuziehen bzw. abzuwehren, steigert sich jedoch — auch wenn sie selbst einander feindlich gegenüberstehen.
Der Lehrgangsleiter fuhr fort: »Wie es scheint, sind Ihr Verhalten und das Ihrer Mutter einander so ähnlich, daß Sie aus Ihren eigenen Reaktionen auf das Verhalten Ihrer Mutter auch darauf schließen können, wie Ihre Mutter auf Sie reagiert. Wahrscheinlich verhilft Ihnen eine Analyse Ihrer eigenen Gefühle zu einer richtigeren Einschätzung der Gefühle Ihrer Mutter. Sie können also Ihr Problem sehr leicht lösen!
Wenn zwei kraftvolle Persönlichkeiten einander gegenüberstehen und ein harmonisches Zusammenleben dieser beiden Menschen wünschenswert ist, muß zumindest einer der beiden die Kraft von PGH verwenden.
Und das ist Ihre besondere Aufgabe für die kommende Woche: Wenn Ihre Mutter Sie um etwas bittet, dann tun Sie es fröhlich. Sagt sie ihre Meinung, dann stimmen Sie freundlich und aufrichtig zu — oder enthalten Sie sich jeden Kommentars. Sollten Sie sich versucht fühlen, irgendeine Kritik an ihr zu äußern, dann überlegen Sie sich, was Sie ihr an Angenehmem sagen könnten. Wenn Sie all diese Verhaltensmaßregeln befolgen, werden Sie eine außerordentlich angenehme Erfahrung machen: Ihre Mutter wird wahrscheinlich Ihrem Beispiel folgen.«
»Das wird alles nichts helfen« meinte der junge Mann. »Es ist einfach zu schwierig, mit ihr auszukommen!«
»Sie haben völlig recht«, war die Antwort. »Es wird auch nichts helfen — wenn Sie nicht mit einer positiven geistigen Einstellung an Ihre Aufgabe herangehen.«
Eine Woche später wurde der junge Mann gefragt, wie es mit seinem Problem stehe, und er antwortete: »Ich kann berichten, daß zwischen meiner Mutter und mir die ganze Woche über nicht ein einziges un-

freundliches Wort gefallen ist. Vielleicht interessiert es Sie, daß ich beschlossen habe, doch weiterhin zu Hause zu wohnen.«

Wenn Eltern ihre Kinder nicht verstehen

Jedermann neigt zu der Annahme, daß alle anderen seine Vorlieben und Denkgewohnheiten teilen, denn die Menschen schließen leicht von ihren eigenen Reaktionen auf die der anderen. Manchmal stimmt diese Schlußfolgerung — wie zum Beispiel in dem Fall des jungen Mannes, der nicht mit seiner Mutter auskam. Viele Eltern haben aber mit Erziehungsproblemen zu kämpfen, weil sie sich nicht klarmachen, daß ihre Kinder eine eigene und von der ihren völlig verschiedene Persönlichkeit besitzen. Es ist ihr Fehler, nicht zu erkennen, daß sie selbst *und* ihre Kinder sich mit der Zeit verändern. Ihre geistige Einstellung ist zu starr, um die Veränderungen ihrer eigenen Persönlichkeit und die ihrer Kinder auszugleichen.

»Ich verstehe sie nicht!« sagte ihr Vater.

Ein Rechtsanwalt und seine Frau hatten fünf prachtvolle Kinder — und doch waren sie unglücklich, weil ihre älteste Tochter, die die erste Klasse der Oberschule besuchte, sich ihren Eltern gegenüber nicht so verhielt, wie diese es von ihr erwarteten. Aber auch das Mädchen war unglücklich über diese Entwicklung.
»Sie ist ein braves Kind, aber ich verstehe sie einfach nicht«, sagte der Vater. »Sie interessiert sich nicht für die Arbeiten, die in einem Haushalt anfallen; statt dessen plagt sie sich stundenlang mit Klavierspielen. Letzten Sommer verschaffte ich ihr eine Stelle im Warenhaus, aber sie wollte dort nicht arbeiten: Sie will einfach den ganzen Tag Klavier spielen!«
Wir empfahlen den Eltern und ihrer Tochter, von einem der Autoren für jeden von ihnen eine Beschäftigungsvektoranalyse erstellen zu lassen. Im zehnten Kapitel mit dem Titel »Wie man andere ansport« haben Sie sie ja bereits kennengelernt. Wir entdeckten, daß die Ziele, Fähigkeiten und Charakterzüge des Mädchens den entsprechenden Eigenschaften ihrer Eltern so weit überlegen waren, daß die Eltern das Verhalten ihrer Tochter erst verstehen konnten, nachdem sie sich mit der Tatsache ihrer Besonderheit abgefunden hatten.

Die Eltern hielten das Klavierspiel zwar für einen hübschen Zeitvertreib, waren aber andererseits der Auffassung, daß es für ein Mädchen richtiger sei, sich im Haus nützlich zu machen und während des Sommers in einem Kaufhaus zu arbeiten. Der leidenschaftliche Wunsch, Pianistin zu werden, war in ihren Augen lediglich Zeitverschwendung. »Eines Tages heiratet sie doch, und dann wird sie einen Haushalt zu führen haben, also sollte sie sich lieber für praktische Dinge interessieren«, argumentierten die Eltern.
Vater und Mutter des Mädchens wurden über die Fähigkeiten ihrer Tochter und die Motive ihres Verhaltens aufgeklärt. Sie erfuhren, *warum* es für sie so schwierig war, ihre Tochter zu verstehen. Auch dem Mädchen wurde erklärt, warum die Meinungen zwischen ihr und ihren Eltern auseinandergingen. Als die drei sich nun bemühten, die tieferen Gründe ihres gemeinsamen Problems zu verstehen und Möglichkeiten zu finden, wie sich dieses Problem mit Hilfe einer positiven Geisteshaltung aus der Welt schaffen ließe, war der Weg frei für ein harmonisches Zusammenleben.

Möchten Sie ein glückliches Zuhause? Dann zeigen Sie Verständnis für Ihre Mitmenschen!

Möchten Sie glücklich sein? Dann bringen Sie Ihren Mitmenschen Verständnis entgegen! Machen Sie sich klar, daß der Energiepegel und die Fähigkeiten eines anderen oft nicht den Ihrigen entsprechen oder daß er eine andere Meinung als Sie vertritt. Versuchen Sie Verständnis dafür aufzubringen, daß sein Geschmack in eine andere Richtung geht als der Ihre. Haben Sie dieses Stadium erst einmal erreicht, dann wird es Ihnen leichter fallen, selbst PGH zu entwickeln und in anderen positive Reaktionen hervorzurufen.
Die entgegengesetzten Pole eines Magneten ziehen sich gegenseitig an. Dasselbe gilt für Menschen mit entgegengesetzten Charakterzügen. Wo ein gemeinsames Interesse besteht, können zwei Menschen ausgezeichnet miteinander auskommen — auch wenn ihre Charaktere einander in vielen Punkten widersprechen. Der eine Partner ist vielleicht ehrgeizig, aggressiv, vertrauensvoll und optimistisch und birst beinahe vor Tatendrang, Energie und Unternehmungslust. Der andere ist eher genügsam, furchtsam, ängstlich, scheu, taktvoll, anspruchslos und leidet möglicherweise unter einem Mangel an Selbstvertrauen. Oft fühlen sich solche

Menschen zueinander hingezogen, und haben sie sich einmal gefunden, dann ergänzen und inspirieren sie einander. Die beiden Persönlichkeiten verschmelzen miteinander und neutralisieren auf diese Weise die extremen Eigenschaften des Partners. So vermeiden sie, daß der eine in seiner allzu aggressiven Haltung verharrt, während sich der andere in sein Schneckenhaus zurückzieht.

Würde eine Ehe mit einem Menschen, dessen Persönlichkeit der Ihren wie ein Ei dem anderen gleicht, Sie glücklich machen und inspirieren? Seien Sie ehrlich mit sich selbst! Wahrscheinlich würden Sie diese Frage verneinen.

Auch Kinder kann man dazu bringen, ganz allgemein mehr Verständnis zu zeigen und insbesondere die Wohltaten schätzen zu lernen, die ihnen ihre Eltern erweisen. Es gibt viele unglückliche Familien, deren Schwierigkeiten lediglich in mangelndem Dank und Verständnis der Kinder gegenüber ihren Eltern beruhen. Aber wer ist daran schuld? Die Kinder, die Eltern, oder alle zusammen?

Vor einiger Zeit hatten wir eine Unterredung mit dem Präsidenten einer großen und erfolgreichen Organisation. In jeder großen amerikanischen Zeitung wurde sein Name lobend erwähnt und das Gute anerkannt, das er während der Zeit seiner öffentlichen Tätigkeit vollbracht hatte. Zur Zeit unserer Unterredung war er jedoch sehr unglücklich.

»Niemand liebt mich wirklich! Sogar meine Kinder hassen mich! Warum nur?« fragte er.

Im Grunde hatte dieser Mann die besten Absichten gehabt. Er gab seinen Kindern alles, was man mit Geld kaufen konnte. Aber er schirmte sie gegen alle jene Schwierigkeiten ab, die ihn in seiner Jugend gezwungen hatten, die moralische Kraft zu entwickeln, die er als Erwachsener in seinem Berufsleben einzusetzen vermochte. Weil er versuchte, sie vor allem Unschönen zu schützen, weil er ihnen jeden Kampf ersparte, den er selbst in seiner Jugend hatte ausfechten müssen, weil er von seinen Söhnen und Töchtern nie Dank in irgendeiner Form erwartet hatte, wurde ihm auch Verständnis und Dank seiner Kinder nie zuteil.

Natürlich wäre alles anders gekommen, wenn er seine Kinder gelehrt hätte, sich zu einer starken Persönlichkeit zu entwickeln, indem sie sich zumindest durch einen Teil der Schwierigkeiten selbst durchkämpften. Er war glücklich, weil er seine Kinder glücklich zu machen glaubte. Er lehrte sie aber nicht, wie sie auch glücklich werden konnten, indem sie andere glücklich zu machen versuchten. Aus diesem Grund fühlte er sich

von ihnen zurückgestoßen und unglücklich. Hätte er sich schon früher einmal mit ihnen ausgesprochen und ihnen von den Kämpfen erzählt, die er auch um ihretwillen auszufechten hatte, so wäre ihnen wahrscheinlich von Anfang an das Verständnis leichter gefallen.
Aber weder dieser Mann noch alle anderen, die sich in einer ähnlichen Lage befinden, brauchen deswegen zu verzweifeln. Er kann die PGH-Seite seines Talismans nach oben kehren und ernsthaft versuchen, bei seiner Familie Verständnis und Liebe zu wecken.
Er kann sich die Zeit nehmen, den Kindern seine Liebe dadurch zu zeigen, daß er sich ihnen selbst widmet, anstatt nur für jene materiellen Güter zu sorgen, die ihnen sein Reichtum ohnehin verschaffte. Wenn er sich ihnen ebenso großzügig widmet, wie er seinen Reichtum mit ihnen teilte, erwartet ihn reicher Lohn: die Liebe und das Verständnis seiner Familie.
Natürlich hatte dieser Mann in bester Absicht gehandelt, sowohl seinen Kindern als auch seinen Mitmenschen gegenüber — aber er hatte nicht auf ihre Reaktionen geachtet. Er hatte einfach Verständnis vorausgesetzt, ohne sich die Zeit zu nehmen, auch dessen Entstehung zu fördern.
Dieser Mann konnte sich durch die Lektüre von Erbauungsbüchern selbst helfen. Wir empfahlen ihm unter anderem *»How to Win Friends and Influence People«* (Wie man Freunde gewinnt und Menschen beeinflußt) und erklärten ihm, daß auch seine Kinder Persönlichkeiten seien, die er für sich gewinnen konnte.

Ob Sie anziehend oder abstoßend wirken, hängt ab von Ihrer Ausdrucksweise

Wer Sie auch sein mögen — Sie sind ein wundervoller Mensch! Manche sind aber vielleicht nicht dieser Meinung. Wenn Sie das Gefühl haben, daß diese Menschen auf viele Ihrer Worte und Taten mit unbegründeter Abneigung reagieren, dann können Sie etwas dagegen unternehmen, denn schließlich sind es im Grunde Menschen wie wir alle.
In Ihrer Macht liegt es, anziehend oder abstoßend zu wirken! Mit Bedacht angewandt, kann diese Kraft die richtigen Freunde anziehen und jene abstoßen, die einen unerwünschten oder schädlichen Einfluß auf Sie ausüben. Mit negativer Geisteshaltung neigen Sie automatisch dazu, alles Gute im Leben abzustoßen und alles Unerwünschte — einschließlich der falschen Freunde — anzuziehen.

Unerwünschte Reaktionen von seiten anderer sind möglicherweise auf das zurückzuführen, *was* Sie sagen und *wie* Sie es sagen, oder welche Gefühle, welche geistige Einstellung dem Gesagten zugrunde liegen. Wie Musik spiegelt die Stimme oft eine Stimmung, Einstellung oder heimliche Gedanken wider. Unter Umständen fällt es Ihnen genauso schwer, Ihre eigene Schuld zu erkennen, wie später die Initiative zu ergreifen und den erkannten Fehler auszumerzen — *aber Sie können es!*

In dieser Hinsicht können Sie viel von einem guten Vertreter lernen. Er muß sich nämlich dazu anhalten, ein feines Gefühl für die Reaktionen möglicher Kunden zu entwickeln — und entsprechend zu handeln. Erfolgreiche Kaufleute legen eine Haltung an den Tag, die man mit dem Satz *»Der Kunde hat immer recht«* umschreiben könnte. Für manche Menschen ist es sehr schwer, diese Haltung einzunehmen; aber der Erfolg gibt ihnen recht!

Wenn Sie versuchen wollten, Ihre Verwandten mit Hilfe derselben positiven Geisteshaltung glücklich zu machen, die einem Vertreter hilft, möglichen Kunden seine Ware zu verkaufen, dann würde sich der Umgang mit Ihrer Familie und in Ihrem Bekanntenkreis sehr viel glücklicher und harmonischer gestalten — das heißt, wenn Sie mit einem Problem zu kämpfen haben, das sich aus einer Konfliktsituation zwischen zwei oder mehr Persönlichkeiten ergibt.

Fühlen Sie sich häufig durch das verletzt, *was* andere Leute sagen und *wie* sie es sagen, dann wahrscheinlich deshalb, weil Sie ebenso häufig anderen aus denselben Gründen zu nahe treten. Versuchen Sie also, die wahren Ursachen für Ihr häufiges Beleidigtsein zu finden, und vermeiden Sie es dann, in anderen dieselben Reaktionen hervorzurufen.

Falls Sie sich durch Klatsch verletzt fühlen, ist anzunehmen, daß Sie selbst zu diesem Fehler neigen.

Falls Ihnen jemandes Stimme oder Haltung Ihnen gegenüber unangenehm ist, sollten Sie vermeiden, anderen dadurch zu nahe zu treten, daß Sie ebenso sprechen oder handeln.

Falls es Sie unglücklich macht, wenn jemand Sie anbrüllt, dann können Sie sicher annehmen, daß auch andere sich abgestoßen fühlen, sobald sie von *Ihnen* angeschrien werden — auch wenn es nur Ihr fünfjähriger Sohn oder ein sehr naher Verwandter ist.

Falls Sie sich verletzt fühlen, weil ein anderer Ihre Absichten mißversteht, dann ziehen Sie ihn ins Vertrauen und denken Sie an den Grundsatz: im Zweifel für den Angeklagten.

Falls Ihnen gewisse Argumente, Sarkasmus, Witze mit persönlichem Bezug, Kritik an Freunden, Verwandten oder gewissen Überzeugungen unangenehm sind, dann nehmen Sie es als erwiesen an, daß dies alles anderen ebenso unangenehm ist, wenn diese es aus Ihrem Munde hören müssen.
Hören Sie andererseits gerne einige freundliche Worte, möchten Sie gerne einen guten Eindruck machen oder macht es Sie glücklich, zu wissen, daß jemand an Sie denkt — dann können Sie mit absoluter Sicherheit annehmen, daß es auch Ihren Mitmenschen Freude macht, von Ihnen einige freundliche Worte zu hören, zu wissen, daß sie einen guten Eindruck hinterlassen, oder hin und wieder aus einigen Zeilen entnehmen können, daß Sie an sie denken.

Ein Brief kann Glück bringen! Trennung läßt die Liebe wachsen

— wenn Briefe hin- und hergehen. Viele Ehen kamen nur deswegen zustande, weil eine vorübergehende Trennung die Liebe zweier Menschen zueinander vertiefte.
Poesie, Phantasie, Romantik, Idealismus und Begeisterung werden durch regen Briefwechsel wachgerufen und vertieft. Jeder hat schon Gedanken zu Papier gebracht, die niemals über seine Lippen gekommen wären. Liebesbriefe brauchen mit der Hochzeit nicht einfach zu den Akten gelegt zu werden — und sollten es auch nicht. Samuel Clemens schrieb seiner Frau täglich einige liebe Worte, auch wenn sie beide zu Hause waren. Die beiden führten eine überaus glückliche und harmonische Ehe.

Sie sind, was Sie denken

Um schreiben zu können, müssen Sie zuerst nachdenken. Wenn Sie einen Brief schreiben, kristallisieren sich Ihre Gedanken auf dem Papier heraus. Sie entwickeln Ihre Vorstellungskraft, indem Sie die Erinnerung an die Vergangenheit wachrufen, die Gegenwart analysieren und einen Blick auf die Zukunft werfen. Je mehr Sie schreiben, desto mehr Freude werden Sie daran finden. Indem Sie Fragen stellen, lenken Sie als Schreiber des Briefes die Gedanken des Empfängers in die gewünschten Bahnen. Sie können ihm die Antwort leicht machen. Wenn Ihnen dies gelingt, wird Ihnen der andere schreiben, und sein Brief wird Ihnen neue Freude bringen.

Der Empfänger des Briefes ist gezwungen, sich mit Ihren Gedanken *auseinanderzusetzen.* Ein wohldurchdachter Brief kann seine Gedanken und Gefühle in die gewünschten Bahnen lenken. Inspirierende Gedanken werden sich seinem Gedächtnis unauslöschlich einprägen, denn während er liest, werden sie von seinem Unterbewußtsein aufgenommen.

Können Sie Glück magnetisch anziehen? Natürlich können Sie das! Wie das zu bewerkstelligen ist? PGH verhilft Ihnen dazu!

Eine positive Geisteshaltung wird alle Gesundheit, allen Wohlstand und alles Glück magnetisch anziehen, das Sie sich wünschen. Eine solche positive Geisteshaltung besteht aus Plus-Eigenschaften wie: Glaube, Hoffnung, Nächstenliebe, Optimismus, Frohsinn, Großzügigkeit, Toleranz, Takt, Freundlichkeit, Ehrlichkeit, Urteilsfähigkeit, Initiative, Wahrheitsliebe, Offenheit und gesundem Menschenverstand.

Zufriedenheit

Napoleon Hill, dessen Artikel jeweils gleichzeitig in zahlreichen, in ganz Amerika verbreiteten Zeitungen veröffentlicht werden, schrieb einmal einen Beitrag mit dem Titel »Zufriedenheit«, der Ihnen vielleicht auch von Nutzen sein kann:

> Der reichste Mann der ganzen Welt lebt im Tal des Glücks. Seine Reichtümer sind dauerhaft und unverlierbar und schenken ihm Zufriedenheit, gute Gesundheit, innere Ruhe und seelische Harmonie.
> Lesen Sie, welche Reichtümer das sind und wie er sie erwarb:
> »Ich fand das Glück, indem ich anderen auf den Weg zum Glück verhalf.
> Ich erwarb mir eine gute Gesundheit, indem ich maßvoll lebte und nicht mehr aß, als mein Körper wirklich brauchte.
> Ich hasse oder beneide niemanden, sondern liebe und achte alle Menschen.
> Ich widme mich einem Werk der Liebe und nehme mir genügend Zeit für Vergnügen und Entspannung — so werde ich selten müde.
> Ich bete täglich zu Gott, aber nicht um größere Reichtümer, sondern vielmehr um größere Weisheit, damit ich die Reichtümer, die ich bereits in Hülle und Fülle genieße, noch besser erkenne, erfasse und mich daran erfreue.

Ich spreche niemandes Name aus, es sei denn, um etwas zu seiner Ehre zu sagen, und spreche nie schlecht über einen anderen, gleichgültig, um wen es sich handelt.

Ich bitte niemanden um eine Gunst — mit Ausnahme des Vorrechts, alle Segnungen, deren ich teilhaftig werde, mit allen jenen zu teilen, die dies wünschen.

Ich bin mit meinem Gewissen im Reinen: Deshalb leitet es zuverlässig alle meine Schritte.

Ich verfüge über mehr materiellen Wohlstand, als ich tatsächlich brauche, denn ich bin frei von Gier und begehre nur jene Dinge, die ich, solange ich lebe, zum Wohle aller einsetzen kann. Mein wahrer Wohlstand kommt von allen jenen, denen ich dadurch Gutes tat, daß ich sie an den mir vergönnten Segnungen teilhaben ließ.

Der Wert meines »Tals des Glücks« ist unschätzbar. Es lebt in mir und besteht aus Reichtümern, die nichts mit materiellen Werten zu tun haben und daher nicht zwecks Besteuerung geschätzt oder in Anspruch genommen werden können — außer von denjenigen, die meine Lebensweise annehmen. Diesen Besitz schuf ich mir durch lebenslanges Mühen, indem ich die Gesetze der Natur beachtete und meine Gewohnheiten danach ausrichtete.«

Das Glaubensbekenntnis des Mannes aus dem Tal des Glücks ist nicht urheberrechtlich geschützt. Wenn Sie es übernehmen wollen, kann es Ihnen Weisheit, innere Ruhe und Zufriedenheit bringen.

In seinem Buch »*The Power of Faith*« (Die Macht des Glaubens) schrieb Rabbi Louis Binstock über das Glück:

»Der Mensch wurde als Ganzes geboren — er war im Einklang mit sich selbst. Seine Zerrissenheit ist das Ergebnis der Welt, die er sich schuf — einer Welt der Torheit, der Lüge und der Furcht! Laßt ihn mit Hilfe des Glaubens wieder zu sich selbst finden — des Glaubens an sich selbst, an seine Mitmenschen, sein Schicksal, seinen Gott. Dann, und nur dann, wird die Welt wieder wirklich eins mit sich selbst sein. Dann, und nur dann, wird der Mensch Glück und Frieden finden.«

Denken Sie daran: *Wenn ein Mensch in Ordnung ist, wird auch seine Welt in Ordnung sein.* Er zieht Glück ebenso magnetisch an, wie er Wohlstand, Unglück oder Armut herbeirufen kann. Ist Ihre Welt in Ordnung? Oder stehen Schuldgefühle zwischen Ihnen und dem gewünschten Erfolg? Wenn ja, dann lesen Sie das nächste Kapitel: Es wird Ihnen zu dauerhaftem Glück verhelfen.

LEITGEDANKEN

1. Abraham Lincoln bemerkte einmal: »Meiner Beobachtung nach sind die Menschen immer genau so glücklich, wie sie es sein wollen.«

2. Die Menschen unterscheiden sich nicht allzusehr voneinander. Aber ein kleiner Unterschied ist doch von großer Bedeutung: Sie unterscheiden sich durch ihre *Einstellung* zum Leben. Ihre Haltung ist *positiv* oder *negativ*.

3. Eines der sichersten Mittel, um selbst sein Glück zu finden, ist das Bemühen, andere glücklich zu machen.

4. Wenn Sie das Glück suchen, werden Sie feststellen müssen, daß es sich Ihnen entzieht. Bemühen Sie sich aber, jemand anderem Glück zu bringen, dann werden Sie selbst vielfaches Glück empfangen.

5. Wenn Sie Glück und alles Gute und Wünschenswerte mit anderen teilen, wird Ihnen Glück und alles Gute und Wünschenswerte zuteil werden.

6. Falls Sie aber anderen Trübsal und Unglück aufdrängen, dann ziehen Sie Trübsal und Unglück geradezu magnetisch an.

7. Glück beginnt im Schoß der Familie. Die Mitglieder Ihrer Familie sind Menschen wie alle anderen auch. Spornen Sie sie zum Glücklichsein an, wie ein guter Vertreter seine möglichen Kunden zum Kauf anregt.

8. Wenn zwei kraftvolle Persönlichkeiten einander gegenüberstehen und ein harmonisches Zusammenleben dieser beiden Menschen wünschenswert ist, muß zumindest einer der beiden die Kraft von PGH anwenden.

9. Achten Sie auf die Reaktionen Ihrer Mitmenschen.

10. Möchten Sie gerne zufrieden im Tal des Glücks leben?

WOLLEN SIE GLÜCKLICH SEIN? DANN MACHEN SIE ANDERE GLÜCKLICH!

KAPITEL 19

Befreien Sie sich von Ihrem Schuldgefühl

Sie leiden unter einem Schuldgefühl? Um so besser!
Aber Sie müssen sich davon freimachen.
Schuldbewußtsein ist gut, denn kein Mensch — gleichgültig, wie gut oder schlecht er ist — wird sich manchmal eines Schuldgefühls erwehren können. Dieses Gefühl wird verursacht durch eine »leise, innere Stimme«, die zu Ihnen spricht: die Stimme Ihres Gewissens.
Denken Sie nach: Was würde geschehen, wenn einer Verfehlung kein Schuldbewußtsein folgte? Denn wer eindeutiges Unrecht begeht und dabei kein Schuldgefühl empfindet, ist oft nicht in der Lage, zwischen Recht und Unrecht zu unterscheiden; oder er hat in bezug auf diese besondere Verfehlung nie gelernt, zwischen Recht und Unrecht zu unterscheiden; oder er ist geistig nicht gesund.
Viele Schuldgefühle werden ererbt, andere erworben.
Wie wir wissen, kommt es häufig zu einer geistigen Konfliktsituation, wenn ererbte Gefühle und Leidenschaften von der geltenden Gesellschaftsordnung an ihrer freien Entfaltung gehindert werden. Auch Angehörige zweier in unterschiedlichen geographischen Verhältnissen lebenden Gruppen werden einander ihre in unterschiedlichen Traditionen gewachsenen sittlichen Regeln und ethischen Grundsätze entgegenstellen. In beiden Fällen entwickelt jedoch ein Mensch, der spezifische sittliche Maßstäbe anzulegen gelehrt wurde und diesen — aus welchen Gründen auch immer — zuwiderhandelt, ein Gefühl der Schuld.
Manchmal aber erweist sich die Verletzung eines von der Gesellschaft gesetzten sittlichen Maßstabs als gut; dann nämlich, *wenn der Maßstab selbst schlecht ist.*
Lassen Sie es uns noch einmal wiederholen: Ein Schuldgefühl ist etwas Gutes. Es spornt selbst Menchen mit höchsten sittlichen Idealen zu edlem Denken und Handeln an.
Es war einmal ein rechtschaffener Mann, der die Angehörigen einer re-

ligiösen Minderheit unerbittlich mit seinem Haß verfolgte. Bis das in ihm zunehmende Gefühl der Schuld ihn zwang, das zuvor verübte Unrecht wiedergutzumachen — bis seine Schuldgefühle ihn zu wünschenswertem Handeln anspornten: Er wurde ein großer Evangelist, und seine Gedanken, Worte und Taten haben während der vergangenen 2000 Jahre die Weltgeschichte verändert. Sein Name war Saul von Tarsus.

Ein anderer Mann wurde von so bitterer Reue erfaßt, wenn er an die Missetaten seines Lebens dachte, daß auch in ihm der Ansporn zu wünschenswertem Handeln erwachte. Im Gefängnis nützte er seine Zeit, um ein Buch zu schreiben, das ein geradezu klassisches Nachschlagwerk für all jene wurde, die charakterlichen Adel und die Schönheit des Lebens suchen. Der Name dieses Mannes? John Bunyan.

Sie erinnern sich sicher auch an den Sünder, von dem im fünfzehnten Kapitel die Rede war: Er spendete eine halbe Million Dollar für die Chicagoer Boys Clubs und eine ganze Million Dollar für seine Kirche, um damit einen Teil seiner Schuld wiedergutzumachen. Das von ihm gespendete Geld sollte helfen, Burschen und Mädchen vor den Schlingen und Fallstricken des Lebens zu bewahren, denen er selbst zum Opfer gefallen war.

Sogar ein Wohltäter der Menschheit, Albert Schweitzer, wurde von einem Schuldgefühl zum Handeln veranlaßt: Er fühlte sich schuldig, seiner Verantwortung gegenüber seinen Mitmenschen nicht nachgekommen zu sein. Weil er noch nicht alle Möglichkeiten, Gutes zu tun, ausgeschöpft hatte, veranlaßte ihn sein Schuldgefühl, seine größte Aufgabe in Angriff zu nehmen.

Verstehen Sie nun, warum ein Schuldgefühl, gepaart mit PGH, etwas Gutes ist? Das genaue Gegenteil gilt jedoch für ein Schuldgefühl, sobald es sich mit NGH verbindet. Denn ein Mensch, der nicht mit Hilfe von PGH sein Schuldgefühl emporhebt und verwandelt, muß sich und seinen Mitmenschen immer größeren Schaden zufügen.

Der große Psychologe Sigmund Freud sagt: »Je weiter wir in unserer Arbeit fortschreiten und je tiefer wir in das Innenleben der Neurotiker eindringen, desto unmißverständlicher drängen sich uns zwei neue Faktoren auf, die als Quellen des Widerstandes unsere größte Aufmerksamkeit erfordern ... Beide lassen sich einreihen in die Kategorie ›des Bedürfnisses, krank zu sein‹ oder ›des Bedürfnisses, zu leiden‹ ... Der erste der beiden Faktoren ist das *Schuldgefühl* oder *Schuldbewußtsein . . .«*

Sigmund Freud hatte recht. Denn ihre Schuldgefühle veranlaßten schon manche Menschen, ihr Leben zu zerstören, sich selbst zu verstümmeln oder sich auf irgendeine andere Weise Verletzungen beizubringen, um so für ihre Missetaten zu sühnen. Heute sind diese Methoden glücklicherweise selten geworden, und zudem sind sie in zivilisierten Ländern verboten — aber ihr Gegenstück ist in anderer Form auch hier zu finden, denn viele Menschen fühlen sich im Unterbewußtsein schuldig, auch wenn sie sich dessen gar nicht wirklich bewußt sind.

Das Unterbewußtsein aber vergißt *nicht,* und sein Einfluß ist ebenso wirksam wie derjenige des Bewußtseins — denn es kommt dem unausgesprochenen Wunsch desjenigen nach, der sich seines Schuldgefühls nicht mit Hilfe von PGH entledigt. Es macht ihn krank und läßt ihn leiden.

Ein Schuldgefühl kann in Ihnen Rücksicht auf andere wecken

Rücksicht auf andere ist eine Eigenschaft, die sich jeder von uns aneignen muß. Ein neugeborenes Kind kümmert sich wenig darum, was seiner Umgebung bequem oder angenehm ist. Es will sofort seinen Willen haben, sobald es irgendein Bedürfnis fühlt. In diesem Entwicklungsstadium beginnt nun das Kind ganz allmählich zu lernen, daß es nicht allein auf der Welt ist und daß es anderen gegenüber zumindest ein wenig Rücksicht walten lassen muß. Aber Selbstsucht ist ein weitverbreiteter Charakterzug, den wir nur durch unablässiges Bemühen auslöschen können. Haben wir das Alter erreicht, in dem wir zu verstehen beginnen, daß solche Gefühle nicht gut sind, empfinden wir bei jedem Sieg unserer Selbstsucht Gewissensbisse. Dies ist jedoch gut für uns, denn das nächstemal überlegen wir uns gründlich, ob wir — vor die Entscheidung gestellt, ob wir uns selbst oder den anderen einen Gefallen schulden — wieder eigensüchtig handeln.

Zu Thomas Gunn aus Cleveland, Ohio, kam eines Tages sein Enkel, ein sechsjähriger Junge, zu Besuch. Jeden Abend lief der Kleine bis zur nächsten Ecke, um dort seinen Großvater abzuholen, wenn er von der Arbeit nach Hause kam. Der Großvater war sehr glücklich darüber und brachte seinem Enkel jeden Abend eine kleine Tüte Bonbons mit.

Eines Abends lief der Junge wieder seinem Großvater entgegen und begrüßte ihn aufgeregt und erwartungsvoll mit dem einen Satz: »Wo sind meine Bonbons?« Der alte Herr versuchte, sich seine tiefe Betroffenheit nicht anmerken zu lassen. »Bist du mir jeden Abend entgegengelaufen« — er zögerte, bevor er fortfuhr — »nur um eine Tüte Bonbons zu bekommen?«, und er zog die kleine Tüte aus der Tasche und gab sie seinem Enkel. Der Rest des Heimwegs verlief schweigend. Der Junge war verletzt und unglücklich. Die Bonbons aß er nicht; sie erschienen ihm nicht mehr begehrenswert. Wegen dieser Bonbons hatte er seinen geliebten Großvater traurig gemacht.

Als der Junge und sein Großvater an jenem Abend niederknieten und gemeinsam laut ihre Gebete sprachen, fügte der Kleine noch ein eigenes hinzu: »Bitte, lieber Gott, sage meinem Großvater, daß ich ihn liebhabe.«

Die Traurigkeit des kleinen Jungen und die Reue über das, was er getan hatte, waren gut für ihn. Warum? Weil sie ihn zum Handeln zwangen, um sich auf diese Weise von seinem Schuldgefühl zu befreien und sein Unrecht wiedergutzumachen.

Um sich von Ihrem Schuldgefühl zu befreien — machen Sie das Geschehene wieder gut

Schuldgefühle können die verschiedensten Ursachen haben, immer aber sind sie begleitet von einem Gefühl, daß man etwas schuldig ist . . . und dieses Bewußtsein einer Verpflichtung muß abgeschwächt und schließlich völlig ausgeschaltet werden.

Ein sehr aufschlußreiches Beispiel dafür bietet die Geschichte des jungen Arztes in Lloyd C. Douglas' Roman *»Die Wunderbare Macht«*. Sie werden sich daran erinnern, daß der Held dieser Geschichte das Gefühl hatte, er stehe der ganzen Welt gegenüber in tiefer Schuld, weil sein Leben auf Kosten eines großen Gehirnchirurgen gerettet worden war, dessen Wirken ein Segen für die gesamte Menschheit gewesen war. Eben dieses Gefühl des Verpflichtetseins veranlaßte den jungen Mann, selbst ein ebenso fähiger Gehirnchirurg zu werden wie derjenige, dessen Leben seiner Ansicht nach für ihn geopfert worden war. Aus dem Tagebuch des Verstorbenen aber lernte der junge Arzt eine Lebensphilosophie, die ihn dazu bewog, eine Wunderbare Macht in sich zu wecken. Sein Schuldgefühl ließ ihn also zu einem wertvollen Menschen werden. Jede Geschichte hat einen Helden, und jeden Tag können Sie in Ihrer

Zeitung die Geschichte irgendeines Menschen lesen — zum Beispiel eines Menschen wie Jim Vaus, dessen Leben in mehr als einer Hinsicht gerettet wurde, weil er es nicht bei seiner unwiderruflichen Entscheidung, sich von seinem Schuldgefühl zu befreien, bewenden ließ, sondern auch entsprechend handelte.

Um sich von diesem Schuldgefühl zu befreien — handeln Sie!

Manchmal verstrickt sich ein Mensch in ein Gewirr von Missetaten und glaubt schließlich, sich aus eigener Kraft nicht mehr befreien zu können. So gibt er seine ihm nutzlos erscheinenden Bemühungen auf. Er gerät immer tiefer in dieses Netz hinein, bis ihn schließlich nur ein zutiefst aufwühlendes Erlebnis daraus befreit. So erging es Jim Vaus.

Jim Vaus gehört zu den Menschen, die ihr Leben im wahrsten Sinne des Wortes der Besinnung auf ihre Willenskraft verdanken. Allerdings brach diese Erkenntnis verhältnismäßig spät in sein Leben ein. Viele Jahre lang war Jim gegen die zehn Gebote geradezu Amok gelaufen. Er schien den Versuch machen zu wollen, sie alle — eins nach dem anderen — zu brechen. Als er das erstemal dem Gebot »Du sollst nicht stehlen« zuwiderhandelte, besuchte er noch das College. Eines Tages stahl er 92,74 Dollar, ging zum Flughafen und kaufte sich eine Flugkarte nach Florida. Wenig später stahl er wieder — diesmal war es ein bewaffneter Raubüberfall. Er wurde verhaftet und zu einer Gefängnisstrafe verurteilt. Kurze Zeit danach wurde ihm die Strafe erlassen, damit er in die Armee eintreten konnte; aber auch dort kam er mit dem Gesetz in Konflikt: In dem Urteil des Kriegsgerichts hieß es ». . . wegen Entwendung von Regierungseigentum zu privatem Gebrauch . . .«. Und so ging es weiter. Jim Vaus sank immer tiefer. Je häufiger er Unrecht tat, desto stärker fühlte er seine Schuld. Schuld führt zu immer neuer Schuld, zu Lügen und Täuschungsmanövern, um sie zu verbergen. Jim Vaus war sich seines ständig wachsenden Schuldgefühls nicht *bewußt* — dafür waren die bewußten Schichten seines Geistes bereits zu sehr abgestumpft. In seinem Unterbewußtsein aber stauten sich seine Schuldgefühle unmerklich an. Bis sich — wie in den Geschichten, die man häufig in den Zeitungen liest — ein wahrhaft aufwühlendes Erlebnis entlud und Jim aufrüttelte.

Vaus war schließlich aus der Armee entlassen worden. Er heiratete und zog nach Kalifornien, wo er sich als beratender Elektronik-Ingenieur

niederließ. Eines Tages kam zu ihm ein Mann, der sich lediglich als »Andy« vorstellte, und erklärte ihm in großen Zügen einen Plan, wie man mit Hilfe einer elektronischen Vorrichtung die Rennergebnisse fälschen konnte. Innerhalb von wenigen Wochen war Jim bereits tief in die Geschäfte der Unterwelt verwickelt. Er fuhr einen 9000-Dollar-Wagen, besaß ein schönes Haus in einem Villenvorort, und sein Geschäft lief so gut, daß er es kaum bewältigen konnte.
Eines Tages hatte Jim Streit mit seiner Frau. Sie wollte wissen, woher das ganze Geld käme. Als er sich weigerte, ihre Fragen zu beantworten, begann sie zu weinen. Nun liebte Jim aber seine Frau, und ihre Tränen taten ihm weh. Sein Gewissen erwachte. Um sie zu besänftigen, schlug er deshalb einen Ausflug zum Strand vor. Unterwegs gerieten sie in eine Verkehrsstockung. Hunderte von Autos bogen auf einen Parkplatz ein.
»Schau doch, Jim«, sagte Alice. »Billy Graham spricht. Gehen wir hin, es ist vielleicht ganz interessant.«
Immer noch im Bestreben, auf ihre Wünsche einzugehen, folgte Jim diesem Vorschlag. Aber gleich nachdem sie einen Platz unter den Zuhörern gefunden hatten, fühlte sich Jim zutiefst aufgewühlt: Ihm schien, als spreche Graham allein zu ihm. Sein Gewissen erwachte und machte ihm so schwer zu schaffen, daß er sich des Eindrucks nicht erwehren konnte, er allein sei gemeint. Graham sprach über den Bibeltext:
»Was hülfe es dem Menschen, wenn er die ganze Welt gewänne und nähme doch Schaden an seiner Seele?«
Dann sagte Graham:
»Es ist ein Mann unter uns, der alles das schon einmal gehört hat, der aber sein Herz dagegen verhärtet. Stolz hebt er sein Haupt, und er ist entschlossen, zu gehen, ohne eine Entscheidung getroffen zu haben. Aber dies wird seine letzte Chance sein.«
Seine letzte Chance? Für Jim war dieser Gedanke erschreckend. Vielleicht stieg in ihm eine Vorahnung von irgendeinem Unheil auf — oder er war ganz einfach bereit zur innneren Einkehr. Was meinte der Prediger nur?
Wie immer forderte Graham dann seine Zuhörer auf, näherzutreten. Er wollte die Menschen damit veranlassen, einen wirklichen Schritt zu tun, der ihre feste innere Entschlossenheit symbolisieren sollte.
»Was geschieht mit mir?« fragte sich Jim. »Warum möchte ich am liebsten weinen?« — »Gehen wir, Alice«, sagte er laut zu seiner Frau, die

gehorsam auf den Mittelgang hinaustrat und sich dann dem *Ausgang* zuwandte. Aber Jim, der ihr folgte, ergriff ihren Arm und holte sie zurück.
»Nein, Liebes«, sagte er. »Nicht dorthin ...«
Viele Jahre später, als Jim sein Leben schon lange von Grund auf geändert hatte, hielt er in Los Angeles einen Vortrag, in dem er auch von seinen Erlebnissen mit der Unterwelt sprach. Er erzählte von jenem Tag der Entscheidung, an dem er den Auftrag erhalten hatte, nach St. Louis zu fliegen, um eine Telefonleitung anzuzapfen. »Ich ging nicht nach St. Louis«, sagte er. »Statt dessen fand ich den Mut, hinzugehen und demütig zum Gebet niederzuknien.«
In seiner Rede sprach Jim von den Segnungen, die ihm zuteil geworden waren, wie er Gott dafür gedankt und seine Vergebung erfleht hatte, wie er versucht hatte, seine Missetaten wiedergutzumachen und wie er an sein Handeln den Maßstab der Goldenen Regel angelegt hatte.
Nach dem Vortrag trat eine Dame zu ihm und sagte: »Mr. Vaus, vielleicht interessiert Sie folgendes: Zu der Zeit, als Sie nach St. Louis gehen sollten, arbeitete ich im Amt des dortigen Bürgermeisters. An jenem Morgen erhielten wir vom FBI über Fernschreiber die Nachricht, daß Sie, Mr. Vaus, in St. Louis von einer anderen Bande erwartet wurden und — erschossen werden sollten.«

Eine erprobte Formel, um sich seiner Schuld zu entledigen

Ihre eigene »letzte Chance« sieht vielleicht nicht ganz so dramatisch aus — und doch enthält die Geschichte von Jim Vaus eine wunderbare Lehre: Wie gelang es Jim, sich seiner Schuldgefühle zu entledigen: Indem er nach einem eindeutigen und klaren Plan vorging, den sich jeder von uns ebenfalls zu eigen machen kann.

... Zunächst hören Sie aufmerksam auf jeden guten Rat, jeden Vortrag und jede anspornende Predigt, die Ihrem Leben eine neue Richtung geben könnte.
... Dann legen Sie sich Rechenschaft ab über die Segnungen, die Ihnen zuteil geworden sind, und danken Gott dafür. Bereuen Sie Ihre Missetaten aufrichtig und bitten Sie um Vergebung. Sind Sie sich erst einmal über die Ihnen zuteil gewordenen Gnadenerweise klar geworden, wird es Ihnen nicht mehr schwerfallen, aufrichtiges Be-

dauern über das begangene Unrecht zu empfinden und es zutiefst zu bereuen. Dann werden Sie auch den Mut haben, Gott um Vergebung zu bitten.

... Sie müssen den ersten Schritt nach vorn tun. Das ist besonders wichtig, denn diese körperliche Geste symbolisiert jenen Schritt, mit dem Sie den Weg zu einem neuen Leben einschlagen. Als Jim den Mittelgang entlang nach vorn schritt, bezeugte er damit öffentlich, daß er seine Vergangenheit bedauerte und bereit war, ein neues Leben zu beginnen.

... Dann müssen Sie den zweiten Schritt nach vorn tun. Er bedeutet Wiedergutmachung: Beginnen Sie unverzüglich damit, jedes Unrecht ungeschehen zu machen.

... Der wichtigste Schritt aber ist folgender: Wenden Sie die Goldene Regel an. Das sollte Ihnen nicht schwerfallen, denn wenn Sie nun in Versuchung geraten, Unrecht zu tun, wird jene »kleine, leise Stimme« zu Ihnen sprechen. Dann halten Sie inne und hören Sie auf das, was diese Stimme sagt. Geben Sie sich Rechenschaft über die Ihnen zuteil gewordenen Segnungen. Stellen Sie sich vor, Sie seien an der Stelle des anderen — und dann entscheiden Sie sich für das, was Sie an seiner Stelle von sich selbst erwarten würden.

Das also ist die Formel, mit deren Hilfe Sie sich Ihrer Schuldgefühle entledigen können. Erliegen Sie einer Versuchung und hindert Sie diese Schuld daran, Ihre Kräfte nutzbringend einzusetzen, dann lernen Sie das oben dargelegte Schema auswendig, das Ihnen hilft, Ihrer Schuld ledig zu werden. Wenden Sie es auf Ihr Leben an — machen Sie sich auf den Weg zum Erfolg.

»Erfolg durch positives Denken« legt Ihnen eindringlich nahe, die Kräfte der bewußten und unterbewußten Schichten Ihres Geistes zur Erreichung der folgenden Ziele einzusetzen:

- Die Wahrheit zu suchen.
- Sich selbst zu nützlichem Handeln anzuspornen.
- Sich zu dem Streben nach den höchsten Idealen anzuspornen, ohne dabei jedoch an Ihrer körperlichen und geistigen Gesundheit Raubbau zu treiben.
- Ein vernünftiges Leben in Ihrem Lebenskreis zu führen.

- Sich mit Hilfe dieser Gaben alles dessen zu enthalten, was andere unnötig verletzen würde.
- Sie von Ihrer gegenwärtigen Stellung im Leben zu dem von Ihnen angestrebten Ziel zu bringen — gleichgültig, wer Sie waren oder sind.

Sie sollten alles abtun, was Sie an Ihrem Streben nach edlen Zielen hindert. Damit laden Sie aber gleichzeitig die Bürde auf sich, zu wissen oder zu erkennen, was Recht und was Unrecht ist, und unter gegebenen Umständen und zu gegebener Zeit das Gute vom Bösen unterscheiden zu können.

Sie kennen die Zehn Gebote, die Goldene Regel und andere Maßstäbe, an denen die Gesellschaft, in der Sie leben, das Gute mißt. An Ihnen ist es, die Maßstäbe zu bestimmen, die Sie den gewünschten Zielen näherbringen werden.

»Sein Ziel zu erkennen, ist eine Sache, aber es ist etwas völlig anderes, auf dieses Ziel hinzuarbeiten«, schreibt Msgr. Fulton J. Sheen in *»Life is Worth Living«* (Das Leben ist lebenswert). Erwählen Sie Ihre Ziele! Arbeiten Sie darauf hin! Geben Sie Ihren Gedanken eine Richtung, beherrschen Sie Ihre Gefühle, handeln Sie — und Sie bestimmen Ihr Schicksal! Sie werden die Antwort finden — wenn Sie die Suche nicht aufgeben. Wie? Sehr viel hilft es, wenn Sie aufgrund geeigneter Umweltseinflüsse einen guten Charakter entwickeln.

»Charakter ist eine Frage der Gewöhnung und nicht nur der Belehrung.« Dieser zum Nachdenken anregende Ausspruch Arthur Burgers, des Leiters der Bostoner Boys Clubs, erschien in einem in *»Reader's Digest«* veröffentlichten Artikel mit der Überschrift »400 000 Jungen sind Mitglieder des Clubs«.

Es gibt nun zwei Arten von Gewöhnung: eine, bei der sich das Subjekt passiv und unbewußt den Einflüssen der Umwelt überläßt, und eine zweite, die ein bewußtes Bemühen darstellt, sich eine wünschenswerte Verhaltensweise anzugewöhnen.

Eine wirksame Möglichkeit, auf beide Weisen einen guten Charakter zu entwickeln, besteht für Sie darin, für sich selbst oder Ihre Kinder eine Umgebung zu wählen, die wünschenswerte Gedanken, Motive und Gewohnheiten fördert. Falls sich die von Ihnen gewählte Umgebung nach einiger Zeit nicht als genügend wirksam erweist, dann nehmen Sie entsprechende Umstellungen und Veränderungen daran vor.

Charakter kann zusätzlich aber auch gelehrt werden, und wenn sich die Eltern mehr Zeit nähmen, ihre Kinder sowohl durch theoretische Unterweisung als auch durch das praktische Beispiel ihres eigenen Lebens Charakter zu lehren, würden ihre Kinder diese bewundernswerte Eigenschaft — eine der Vorbedingungen des Erfolgs — begreifen und in sich selbst entwickeln lernen.

Was macht einen Menschen zu einem Straffälligen?

E. E. Bauermeister, Ausbildungsleiter an der California Institution for Men in Chino, Kalifornien, sagte: »Unserer Jugend fehlt die Anleitung, Recht von Unrecht zu unterscheiden. Eigentlich sollte ihnen diese Art Anleitung im Elternhaus zuteil werden ... Wenn wir über Jugendkriminalität zu sprechen beginnen, sollten wir diesen ganzen Komplex eigentlich umbenennen und die Verantwortung wieder denjenigen übertragen, denen sie gebührt. Wir haben es heute in Amerika eher mit einer Elternkriminalität zu tun: Die Eltern entziehen sich den Pflichten und Verantwortlichkeiten, die ihnen eigentlich obliegen.
Jeder Mensch wird mit den Anlagen zu einem guten Charakter geboren ...«
J. Edgar Hoover erklärte: »So viele Bücher man auch über die Ursachen des Verbrechens lesen mag — im Grunde ist es doch nur darauf zurückzuführen, daß den Betreffenden das Gefühl einer moralischen Verantwortlichkeit fehlt.«
Dieser Mangel wiederum ist darauf zurückzuführen, daß manche Menschen keine Schuldgefühle kennen. Solche Menschen entwickeln dann keinen eigenen Charakter, denn ihr Gewissen ist abgestumpft und führt sie nicht auf den richtigen Weg. Wenn aber die Eltern einen fehlerhaften, unmoralischen und amoralischen Charakter haben, können auch ihre Kinder sich weder gute Charaktereigenschaften aneignen, die auf Umwelteinflüsse zurückzuführen sind, noch lernen, solche Wesenszüge bewußt zu entwickeln.

Wenn eine Tugend gegen die andere steht ...

Manchmal ist die Entscheidung zwischen »Ja« und »Nein« nicht eben leicht, denn die Lösung eines Problems ruft vielleicht einen Konflikt zwischen zwei oder mehreren Tugenden hervor. Jeder steht einmal vor einer solchen Frage und muß seine Entscheidung treffen. Er muß wählen zwischen eigenen Wünschen und moralischer Verpflichtung; oder zwischen persönlicher Neigung und Pflicht gegenüber der Gesellschaft. Eine derartige Wahl muß notwendigerweise zwischen Tugenden wie Liebe, Pflicht und Treue getroffen werden. Solche Konfliktsituationen können entstehen, wenn man sich zum Beispiel entscheiden muß zwischen a) Liebe und Pflicht gegenüber einem Elternteil und Liebe und Pflicht gegenüber dem Gatten oder der Gattin; b) zwischen der Treue dem einen Menschen gegenüber und der Treue einem anderen Menschen gegenüber; c) oder der Treue zu einem Menschen und der Treue gegenüber einer Organisation oder Gesellschaft.

Ein konkretes Beispiel dafür ist die Geschichte der Vertreter, die mit George Johnson zusammenarbeiteten — denn sie mußten sich entscheiden zwischen der Treue einem Menschen gegenüber und der Treue zu einem anderen Menschen bzw. der Organisation, die dieser vertrat.

George Johnson bildete einen Vertreter aus, den wir John Black nennen wollen. Er ermutigte und inspirierte ihn und unterstützte ihn sogar finanziell. George hatte vollstes Vertrauen in John. Er mochte ihn gern und gab ihm eine Chance: Er ließ ihn seine besten Kunden betreuen, die bereits lange Jahre mit der Firma in geschäftlicher Verbindung standen. Der Anstellungsvertrag mit der Gesellschaft enthielt eine Klausel, daß der Vertreter nach Abschluß des Arbeitsverhältnisses die Geschäfte der Firma in keiner Weise beeinträchtigen oder die Verkaufsorganisation behindern würde. Johnson gab Black das Buch *»Denke nach und werde reich«*. Er spornte John auch zum Handeln an — aber auf die falsche Weise! John las nicht das, was zwischen den Zeilen geschrieben stand: Er wollte einzig und allein zu Geld kommen. Seiner Ansicht nach heiligte der Zweck die Mittel. Seine negativen Wertmaßstäbe ließen ihn mit einer negativen Geisteshaltung machtvoll auf die in *»Denke nach und werde reich«* enthaltenen Ansporne reagieren.

»George Johnson ist wie ein Vater zu mir — ich sehe in ihm wirklich einen Vater«, sagte der Vertreter zwar nach außen hin, aber gleichzeitig versuchte er heimlich, die Kunden und die Verkaufsmannschaft der Gesellschaft zum Übertritt zu einer Konkurrenzfirma zu bewegen — für Geld.

Johns Kollegen nahmen ihn freundlich auf, wenn er sie besuchte — sie wußten ja nichts von seinen Gedanken und Plänen. Als er zu ihnen kam, verließ er sich auf ihre Ehrlichkeit und Anständigkeit und darauf, daß sie ein einmal gegebenes Versprechen nicht brechen und sein Geheimnis nicht verraten würden. Bei solchen Besuchen fragte er dann: »Möchten Sie nicht Ihr Einkommen verdoppeln? Möchten Sie nicht das Gefühl größerer Sicherheit haben?« Und gewöhnlich antworteten seine Gesprächspartner: »Das klingt nicht schlecht. Was wäre denn zu tun?« Black erklärte dann, er wolle nicht, daß jemand das ganze Unternehmen auffliegen ließe. Deshalb werde er erst dann Genaueres mitteilen, wenn der Gesprächspartner *feierlich und auf Ehre verspreche, niemandem etwas davon zu sagen.*

War das Versprechen gegeben, versuchte Black den Gesprächspartner zum Übertritt zur Konkurrenzfirma zu überreden. Er versuchte, die Gewissensbisse seiner Kollegen dadurch gegenstandslos erscheinen zu lassen, daß er auf wirkliche oder eingebildete Mißstände hinwies.

Die anderen Vertreter befanden sich in einer schwierigen Lage. Einerseits hatten sie John feierlich versprochen, niemandem etwas von seinem Vorschlag zu erzählen, andererseits aber wußten sie, daß sein Vorhaben ihren Arbeitgeber schädigen würde — und George Johnson und der von ihm vertretenen Organisation waren sie größere Loyalität schuldig.

Die Vertreter versuchten beherzt, die geistigen Spinnweben aus Johns Denken zu entfernen, indem sie ihm erklärten, sein Vorhaben sei nicht recht. Als er darauf nicht reagierte, sondern auf seinen Plänen beharrte, wußten sie, was sie zu tun hatten: Sie benachrichtigten George Johnson. Sie entschieden sich für die Treue gegenüber ihrem Arbeitgeber. Wie Abraham Lincoln es einmal ausdrückte, entschieden sie sich dafür, »an der Seite eines jeden zu stehen, der im Recht ist; so lange an seiner Seite zu bleiben, wie er im Recht ist, und sich von ihm abzuwenden, sobald er den Weg des Unrechts einschlägt.«

Mit dieser Entscheidung bewiesen die Vertreter ihren wahren Charakter. Sie erwiesen sich als mutig, ehrlich und treu. Sie wußten zwischen Recht und Unrecht zu unterscheiden, als eine Tugend gegen die andere stand.

Es gibt viele solcher Konflikte. Auch Sie werden im Laufe Ihres Lebens in Situationen geraten, wo Ihnen eine Entscheidung zwischen zwei Tugenden abverlangt wird. Wie werden Sie sich entscheiden? Vielleicht hilft Ihnen folgendes:

Horchen Sie auf die Stimme Ihres Gewissens, denn sie zeigt Ihnen klar die Handlungsweise, die keine Schuldgefühle entstehen läßt. Das ist das Rechte. Führen Sie im nächsten Kapitel die Erfolgsquotienten-Analyse durch: Das wird Ihnen helfen, unter solchen Umständen die richtige Entscheidung zu treffen.

LEITGEDANKEN

1. Sie leiden unter einem Schuldgefühl? Um so besser! Aber Sie müssen sich davon freimachen!
2. Um sich von diesem Schuldgefühl zu befreien — machen Sie das Geschehene wieder gut.
3. Eine empfehlenswerte Formel, um sich seiner Schuld zu entledigen:
   a) Achten Sie auf jeden guten Rat, jeden Vortrag, jede Predigt und ähnliches und machen Sie sich die zugrundeliegenden Prinzipien zu eigen.
   b) Legen Sie sich Rechenschaft ab über die Ihnen zuteil gewordenen Segnungen und danken Sie Gott dafür.
   c) Bereuen Sie aufrichtig Ihre Missetaten. Echte Reue bedeutet notwendigerweise auch den aufrichtigen Verzicht auf unrechtes Handeln.
   d) Tun Sie den ersten Schritt nach vorn: Bekennen Sie Ihre Schuld und tun Sie Ihre Absicht kund, alles wieder gutzumachen.
   e) Machen Sie den angerichteten Schaden ungeschehen, soweit es in Ihren Kräften steht.
   f) Wenden Sie die Goldene Regel an.
4. Sie sollten alles abtun, was Sie an Ihrem Streben nach edlen Zielen hindert.
5. Charakter ist ein Produkt der Umwelteinflüsse *und* kann zusätzlich gelehrt werden.
6. Was tun Sie, wenn zwei Tugenden gegeneinanderstehen?
7. Auf Ihnen lastet die Verantwortung, Recht von Unrecht zu trennen sowie unter gegebenen Umständen und zu gegebener Zeit das Gute vom Bösen zu unterscheiden.

SIE LEIDEN UNTER EINEM SCHULDGEFÜHL? UM SO BESSER! ABER SIE MÜSSEN SICH DAVON BEFREIEN!

TEIL V

Und jetzt handeln Sie!

Denken Sie daran: Ihre einzige wirkliche Grenze ist diejenige, die Sie sich selbst setzen oder als unüberwindlich hinnehmen.

KAPITEL 20

Jetzt ist es an der Zeit, Ihren Erfolgsquotienten zu untersuchen

Vor Ihnen liegen nun noch die drei letzten Kapitel von *»Erfolg durch positives Denken«*. Jetzt wäre die richtige Zeit, um Ihre eigene Geisteshaltung einmal unter die Lupe zu nehmen — und das können Sie selbst tun.

Die Bürde des Lehrens liegt auf demjenigen, der lehren will

Auf wem aber liegt die Bürde des Lernens? Vielleicht kann uns J. Milburn Smith diese Frage beantworten. J. Milburn Smith stieg vom Laufburschen zum Präsidenten der Chicagoer Continental Casualty Company auf. Er sagte uns:
Die Bürde des Lernens liegt auf demjenigen, der lernen will, und nicht auf demjenigen, der lehren will. Im Laufe unseres Gesprächs äußerte er auch folgende Überzeugung:
»Ein ›Habenichts‹ ist ein Mensch, der glaubt, eine Idee sei nur dann gut für ihn, wenn sie von ihm selbst stammt. Ich aber sage:
Ahmen Sie nach, was zum Erfolg führt! In allen meinen Handlungen bin ich dem Beispiel anderer gefolgt.« Weiterhin erklärte er:

»Achten Sie alle jene, die Erfahrung besitzen, und hören Sie auf ihren Rat.

Die Erfahrenen hatten etwas, was mir fehlte. Deshalb tat ich mich mit älteren und erfolgreichen Geschäftsleuten zusammen. Ich übernahm das Gute, das sie zu bieten hatten — ihr Wissen und ihre Erfahrung —, und vermied ihre Schwächen. Was ich von ihnen lernte, bereicherte meine bereits vorhandenen Kenntnisse. Auf diese Weise kamen mir sogar ihre und auch meine eigenen Fehler zugute.

Wer lernen will, muß *den Preis dafür bezahlen.* Ich war dazu bereit, denn mich lehrte man nichts. Ich lernte. Wissen? Das müssen Sie sich *suchen?«*

Ahmen Sie nach, was zum Erfolg führt! sagt J. Milburn Smith.

Fangen Sie gleich an, indem Sie einige Fragen an sich selbst richten: Bin ich bereit, *den Preis zu bezahlen?* Bin ich bereit, das Gute, das Wissen und die Erfahrung, jedoch nicht die Schwächen der Menschen zu übernehmen, die ich in diesem Buch kennengelernt habe?

Ist Ihre Antwort dafür »Ja«, dann möchten wir Ihnen einen Vorschlag machen, der Ihnen sicher helfen wird. Zunächst aber wollen wir Sie daran erinnern, daß Sie in diesem Buch schon häufig aufgefordert wurden, Fragen über sich selbst zu beantworten. Und möglicherweise haben Sie diese Fragen als sehr einfach empfunden — aber gibt es wirklich etwas Schwereres, als sich selbst richtig einzuschätzen? »Erkenne dich selbst« ist vielleicht der schwierigste Auftrag, der dem Menschen je erteilt wurde.

Um Ihnen dabei zu helfen, haben die Autoren einen Fragebogen zur Selbstanalyse vorbereitet, der schon vielen Männern und Frauen geholfen hat, diese Aufgabe zufriedenstellend zu lösen. Vermutlich haben auch Sie bereits viele Tests hinter sich, in denen Ihre Intelligenz, Befähigung, Persönlichkeit, Wortschatz und ähnliches untersucht wurden. Hier handelt es sich jedoch um etwas anderes. Wir nennen diesen Test »Erfolgsquotienten-Analyse«. Sie beruht auf den 17 Erfolgsprinzipien, die den wertvollen Leistungen aller hervorragenden Persönlichkeiten der ganzen Welt zugrunde liegen. Die Analyse hat vielerlei Aufgaben. Sie soll

- Ihre Gedanken in die gewünschten Bahnen lenken.
- Ordnung und Klarheit in Ihre Gedankenwelt bringen.

- Ihnen zeigen, an welchem Punkt des Weges zum Erfolg Sie sich gegenwärtig befinden.
- Sie zu einer klaren Entscheidung über Ihre Ziele ermutigen.
- Ihre Chancen für die Erreichung des gewünschten Ziels aufzeigen.
- Ihnen Klarheit über Ihre gegenwärtigen Bestrebungen und besonderen Wesensmerkmale verschaffen.
- Sie zu wünschenswertem Handeln mit PGH anspornen.

Unser Vorschlag: Versuchen Sie, die Fragen der Erfolgsquotienten-Analyse sofort aufmerksam und ehrlich, nach bestem Wissen und Gewissen zu beantworten. Vermeiden Sie jede Selbsttäuschung. Dieser Test ist nur dann von Nutzen, wenn Sie jede Frage wahrheitsgemäß beantworten.

ERFOLGSQUOTIENTEN-ANALYSE

	Ja	Nein
1. Zielstrebigkeit		
a) Haben Sie sich für ein klarumrissenes Hauptziel im Leben entschieden?	....	....
b) Haben Sie sich eine Frist für die Erreichung dieses Ziels gesetzt?	....	....
c) Haben Sie besondere Pläne für die Erreichung Ihres Lebensziels?	....	....
d) Haben Sie sich Gedanken darüber gemacht, welchen klarumrissenen Nutzen Ihnen Ihr Lebensziel bringen wird?	....	....
2. Positive Geisteshaltung		
a) Wissen Sie, was eine positive Geisteshaltung bedeutet?	....	....
b) Beherrschen Sie Ihre Geisteshaltung?	....	....
c) Wissen Sie, was Sie als Einziges voll und ganz unter Kontrolle haben?	....	....

d) Wissen Sie, wie eine negative Geisteshaltung in sich selbst und anderen festzustellen ist? ....

e) Wissen Sie, wie Sie sich PGH zur Gewohnheit machen können? ....

3. Der Wille, keine Mühe zu scheuen

a) Haben Sie die Gewohnheit, mehr und Besseres zu leisten, als eigentlich Ihrer Bezahlung entspricht? ....

b) Wissen Sie, wann ein Angestellter ein Recht auf höhere Bezahlung hat? ....

c) Kennen Sie jemanden, der in irgendeinem Beruf erfolgreich war und nicht mehr tat, als eigentlich seiner Bezahlung entsprach? ....

d) Glauben Sie, daß jemand ein Recht auf eine Gehaltserhöhung hat, wenn er nicht mehr tut, als seiner derzeitigen Bezahlung entspricht? ....

e) Wenn Sie Ihr Arbeitgeber wären, wären Sie mit der von Ihnen jetzt als Angestellter geleisteten Arbeit zufrieden? ....

4. Klarheit der Denk- und Vorstellungswelt

a) Machen Sie es sich zur Pflicht, ständig mehr über Ihren Beruf zu lernen? ....

b) Haben Sie die Gewohnheit, »Meinungen« zu Themen zu äußern, mit denen Sie nicht vertraut sind? ....

c) Wissen Sie, wie und wo Material zu finden ist, um Ihre Wissenslücken zu füllen? ....

5. Selbstdisziplin

a) Vermeiden Sie es, zu sprechen, wenn Sie ärgerlich sind? ....

b) Haben Sie die Gewohnheit, erst zu sprechen und dann nachzudenken? ....

c) Verlieren Sie leicht die Geduld? ....

d) Sind Sie im allgemeinen ruhig und gelassen? ....

e) Haben Sie die Gewohnheit, sich mehr von Ihren Gefühlen als von Ihrem Verstand leiten zu lassen? ....

6. Ein überlegener Verstand

a) Beeinflussen Sie andere, um sie so zu bewegen, Ihnen bei der Erreichung Ihres Lebensziels zu helfen? ....

b) Glauben Sie, daß ein Mensch ohne die Hilfe anderer im Leben Erfolg haben kann? ....

c) Glauben Sie, daß ein Mann in seinem Beruf ohne weiteres erfolgreich sein kann, wenn seine Frau oder andere Mitglieder seiner Familie gegen ihn sind? ....

d) Ist es von Vorteil, wenn Arbeitgeber und Arbeitnehmer harmonisch zusammenarbeiten? ....

e) Erfüllt es Sie mit Stolz, wenn eine Gruppe, der Sie angehören, gelobt wird? ....

7. Angewandter Glaube

a) Glauben Sie an die Allweisheit? ....

b) Sind Sie ein rechtschaffener Mensch? ....

c) Glauben Sie an Ihre Fähigkeit, Ihre Beschlüsse auszuführen? ....

d) Sind Sie in annehmbarem Maße frei von Furcht vor 1) Armut, 2) Kritik, 3) Krankheit, 4) Schwindender Zuneigung oder Liebe, 5) Verlust der Freiheit, 6) Alter, 7) Tod? ....

8. Angenehmes Wesen

a) Sind Ihre Gewohnheiten verletzend für andere? ....

b) Haben Sie es sich zur Gewohnheit gemacht, die Goldene Regel anzuwenden? ....

c) Sind Sie bei Ihren Kollegen beliebt? ....

d) Langweilen Sie andere? ....

9. Persönliche Initiative

a) Durchdenken Sie Ihre Arbeit? ....

b) Muß jemand anderer Ihre Arbeit für Sie planen? ....

c) Verfügen Sie über außerordentliche Fähigkeiten, die anderen Vertretern Ihres Berufs fehlen? ....

d) Haben Sie die Gewohnheit, Dinge aufzuschieben? ....

e) Haben Sie die Gewohnheit, sich planvoll um eine Erhöhung und Verbesserung Ihrer Leistungen zu bemühen? ....

10. Begeisterung

a) Sind Sie begeistert? ....

b) Verwenden Sie Ihre Begeisterung auf die Ausführung Ihrer Pläne? ....

c) Siegt Ihre Begeisterung über Ihr kritisches Urteilsvermögen? ....

11. Konzentrierte Aufmerksamkeit

a) Haben Sie die Gewohnheit, Ihre Gedanken auf Ihre jeweilige Tätigkeit zu konzentrieren? ....

b) Sind Sie leicht zu einer Änderung Ihrer Pläne oder Entschlüsse zu bewegen? ....

c) Neigen Sie dazu, Ihre Ziele und Pläne aufzugeben, sobald Sie auf Widerstand stoßen? ....

d) Fahren Sie in Ihrer Arbeit trotz unvermeidlicher Ablenkungen fort? ....

12. Bereitschaft zur Zusammenarbeit

a) Kommen Sie mit anderen gut aus? ....

b) Tun Sie anderen ebenso gern einen Gefallen, wie Sie selbst darum bitten? ....

c) Haben Sie häufig Meinungsverschiedenheiten mit anderen? ....

d) Bietet ein freundschaftliches Zusammenwirken aller Mitarbeiter große Vorteile? ....

e) Sind Sie sich des Schadens bewußt, der dadurch entstehen kann, daß Sie die Zusammenarbeit mit Kollegen verweigern? ....

13. Bereitschaft, aus Fehlschlägen zu lernen

a) Geben Sie nach einem Mißerfolg sofort auf? ....

b) Versuchen Sie es immer wieder, wenn Ihnen einmal ein Vorhaben nicht gelingt? ....

c) Ist ein vorübergehender Mißerfolg dasselbe wie völliges Versagen? ....

d) Haben Sie aus Ihrem Mißerfolg gelernt? ....

e) Wissen Sie, wie Sie einen Mißerfolg in einen Aktivposten verwandeln können, der Sie zum Erfolg führt? ....

14. Schöpferische Phantasie

a) Setzen Sie Ihre schöpferische Phantasie konstruktiv ein? ....

b) Treffen Sie Ihre eigenen Entscheidungen? ....

c) Ist der ewige Befehlsempfänger mehr wert als derjenige, der auch neue Ideen beiträgt? ....

d) Sind Sie erfinderisch? ....

e) Haben Sie praktisch anwendbare Ideen im Zusammenhang mit Ihrer Arbeit? ....

f) Lassen Sie sich, wenn nötig, von einem Fachmann beraten? ....

15. Sorgfältige Einteilung von Zeit und Geld

a) Sparen Sie einen festen Prozentsatz Ihres Einkommens? ....

b) Geben Sie Geld aus, ohne Rücksicht auf die Höhe Ihres Einkommens? ....

c) Haben Sie jede Nacht genügend Schlaf? ....

d) Haben Sie die Gewohnheit, in Ihrer Freizeit Selbstvervollkommnungsbücher zu lesen? ....

16. Gesunderhaltung von Geist und Körper

a) Kennen Sie fünf wesentliche Faktoren, die zur Erhaltung der Gesundheit beitragen? ....

b) Wissen Sie, wo gute Gesundheit beginnt? ....

c) Sind Sie sich über die Wechselbeziehungen zwischen Entspannung und guter Gesundheit im klaren? ....

d) Kennen Sie die vier wichtigen Faktoren, die für eine ausgeglichene Gesundheit unerläßlich sind? ....

e) Kennen Sie die Bedeutung der Begriffe »Hypochondrie« und »psychosomatisches Leiden?« ....

17. Einsatz des kosmischen Beharrungsvermögens in Zusammenhang mit Ihren persönlichen Gewohnheiten

a) Haben Sie Angewohnheiten, die Sie Ihrer Meinung nach nicht beherrschen können? ....

b) Haben Sie in letzter Zeit unerwünschte Gewohnheiten abgelegt? ....

c) Haben Sie in letzter Zeit neue, wünschenswerte Gewohnheiten entwickelt? ....

Und so bewerten Sie Ihre Antworten:

Alle folgenden Fragen sollten Sie mit »Nein« beantwortet haben: 3c, 3d, 4b, 5b, 5c, 5e, 6b, 6c, 8a, 8d, 9b, 9d, 10c, 11b, 11c, 12c, 13a, 13c, 14c, 15b, 17a. Alle übrigen Fragen erfordern ein »Ja«. Entsprechen Ihre Antworten voll und ganz dem obigen Schema, dann haben Sie 300 Punkte erzielt. Das wäre ein vollkommenes Ergebnis, das allerdings nur sehr wenige Menschen je erreicht haben. Wenden wir uns nun Ihrer Punktzahl zu:

Die Anzahl der mit »Ja« statt mit »Nein« beantworteten Fragen multiplizieren Sie mit 4: .... × 4 = ...
Für jede der verbleibenden Fragen, die Sie mit »Nein« statt mit »Ja« beantwortet haben, ziehen Sie je vier Punkte ab:
»Nein statt »Ja«: .... × 4 = ...
Addieren Sie die beiden so zustandegekommenen Zahlen und ziehen Sie die Summe von 300 ab: Das ist Ihr Ergebnis.

Beispiel:

»Ja« statt »Nein«:	3 × 4 = 12	12
»Nein« statt »Ja«:	2 × 4 = 8	8
falsche Antworten insgesamt	. . . .	20
vollkommenes Ergebnis	. . . .	300
minus Fehlerpunkte für falsche Antworten	. . . . . .	20
Ihr Ergebnis	. . . .	280

Bewertung:

300 Punkte	vollkommen (sehr selten)
275—299 Punkte	gut (über dem Durchschnitt)
200—274 Punkte	befriedigend (Durchschnitt)
100—199 Punkte	mangelhaft (unter dem Durchschnitt)
unter 100 Punkte	unbefriedigend

Damit sind Sie einen wichtigen Schritt auf dem Weg zu Erfolg und Glück weitergekommen

Sie haben nun versucht, die Fragen dieser Analyse gründlich und wahrheitsgetreu zu beantworten — wenn nicht, dann *werden* Sie es tun. Immer aber müssen Sie daran denken, daß diese Ergebnisse nicht endgültig und unveränderlich sind. Wenn Sie eine hohe Punktzahl erreicht haben, dann sind Sie in der Lage, sich die in diesem Buch enthaltenen Prinzipien verhältnismäßig rasch anzueignen. War Ihre Punktzahl aber nicht so hoch, dann ist das kein Grund zum Verzweifeln! Wenden Sie PGH an! Sie *können* im Leben großen Erfolg erringen!

Wenn Sie die Hilfe eines Berufsberaters benötigen, um herauszufinden, für welchen Geschäftszweig oder Beruf Sie geeignet sind, wird dieser Sie einer Reihe von Tests unterziehen.

Diese Tests mögen wohl ein Bild Ihrer besonderen Neigungen ergeben, aber der Berufsberater betrachtet das erzielte Ergebnis keineswegs als endgültig. Er wird immer noch in einem persönlichen Gespräch Antwort auf alle jene Fragen suchen, auf die ein Test die Antworten notwendigerweise schuldig bleibt.

Aufgrund der Schlüsse, die er aus den verschiedenen Tests und aus dem Gespräch mit Ihnen zieht, berät er Sie dann bei der Einschätzung Ihrer Fortschritte.

Auf dieselbe Weise können *Sie* die Punktzahl, die Sie das erstemal bei diesem Test erreicht haben, als Maßstab für Ihren ständig wachsenden Erfolgsquotienten benützen.

Lesen Sie *»Erfolg durch positives Denken«* noch einmal ganz durch. Lesen Sie dieses Buch wieder und wieder. Lesen Sie es laut, zusammen mit Ihrem Gatten, Ihrer Gattin oder einem guten Freund, und besprechen Sie es Punkt für Punkt mit ihnen. Lesen Sie es so lange immer wieder, bis jedes darin enthaltene Prinzip zu einem Teil Ihrer selbst geworden ist und jede Ihrer Handlungen bestimmt.

Wenn Sie diese Prinzipien drei Monate lang ernsthaft angewandt haben, dann unterziehen Sie sich erneut dem EQ-Test. Sie werden feststellen, daß Sie nicht nur viele früher falsch beantwortete Fragen nunmehr richtig lösen, sondern auch, daß Sie schon beim erstenmal korrekt erteilte Antworten nun überzeugter und nachdrücklicher wiederholen.

Ihr Erfolgsquotient bedeutet jedoch noch mehr für Sie als nur einen Gradmesser für Ihre Fortschritte auf dem Weg zum Erfolg: Aus ihm ersehen Sie die Gebiete, auf denen Sie sich am stärksten um Selbstvervollkommnung bemühen müssen, bzw. diejenigen, auf denen Ihre besondere Stärke liegt.

Denn Ihre Zukunft liegt vor Ihnen. In Ihrer Macht steht es, Ihren Gedanken eine bestimmte Richtung zu geben und Ihre Gefühle zu beherrschen. Sie müssen nur den schlafenden Riesen in sich wecken.

Wie?

Die Antwort finden Sie im nächsten Kapitel.

KAPITEL 21

Wecken Sie den in Ihnen schlafenden Riesen

Wecken Sie den in Ihnen schlafenden Riesen

Sie sind der wichtigste heute lebende Mensch.
Halten Sie einen Augenblick inne und denken Sie über sich selbst nach: In der ganzen Weltgeschichte hat es bis jetzt noch niemanden gegeben, der genau so war wie *Sie,* und bis in die fernste Zukunft wird es auch nie jemanden geben, der Ihnen völlig gleicht.
Sie sind das Produkt *Ihrer* Erbmasse, Ihrer Umwelt, Ihrer körperlichen Beschaffenheit, der bewußten und unterbewußten Schichten Ihres Geistes, Ihrer Erfahrung und insbesondere Ihrer Stellung und Richtung in Zeit und Raum ... Darüber hinaus sind Sie das Produkt vieler anderer Dinge und Mächte, bekannter und unbekannter.
Es steht in Ihrer Macht, auf all diese Faktoren einzuwirken, sie zu nutzen, zu kontrollieren oder zu harmonisieren. *Sie* können *Ihren* Gedanken eine Richtung geben, *Ihre* Gefühle beherrschen und *Ihr* Schicksal bestimmen.
Denn Ihr *Körper* ist nur die *Hülle Ihres Geistes.*
Ihr Geist besteht aus zwei unsichtbaren, gigantischen Kräften: dem Bewußtsein und dem Unterbewußtsein. Eine dieser Kräfte ist ein Riese, der niemals schläft — nämlich das Unterbewußtsein. Die andere dagegen ist ein Riese, der hilflos ist, solange er schläft. Einmal erwacht, verfügt er jedoch über unbegrenzte Macht. Dieser Riese ist das Bewußtsein. Wenn die beiden — Bewußtsein und Unterbewußtsein — harmonisch zusammenarbeiten, vermögen sie auf alle bekannten und unbekannten Kräfte einzuwirken, sie zu nutzen, zu kontrollieren und zu harmonisieren.

Was wünschst Du Dir?

»Was wünschst Du Dir? Ich bin bereit, Dir als Dein Sklave zu dienen — ich und die anderen Sklaven der Lampe«, sagte der Geist.

Wecken Sie den in Ihnen schlafenden Riesen! Er vermag mehr als alle Geister von Aladdins Wunderlampe! Die Geister sind ein Produkt der Phantasie — Ihr schlafender Riese dagegen ist Wirklichkeit!
Was wünschen Sie sich? Liebe? Gesundheit? Erfolg? Freunde? Geld? Ein Haus? Ein Auto? Anerkennung? Seelenfrieden? Mut? Glück? Oder möchten Sie aus Ihrer Welt eine solche machen, in der es sich besser leben läßt? Der schlafende Riese in Ihnen besitzt die Macht, Ihre Wünsche Wirklichkeit werden zu lassen.
Was wünschst Du Dir? Nenne es, und es ist Dein. *Wecken Sie den in Ihnen schlafenden Riesen!* Wie?
Denken Sie — *denken Sie mit einer positiven Geisteshaltung!*
Wie der Geist aus Aladdings Lampe muß auch der schlafende Riese durch ein Zaubermittel wachgerufen werden — aber Sie besitzen dieses Mittel bereits. Es ist Ihr Talisman mit den Symbolen PGH auf der einen und NGH auf der anderen Seite. Die Eigenschaften von PGH sind die Plus-Eigenschaften, wie zum Beispiel Glaube, Hoffnung, Ehrlichkeit und Liebe.

Sie stehen am Beginn einer großen Reise

Wir haben die Zusammenfassungen am Ende jedes Kapitels »Leitgedanken« genannt, weil Sie auf dem Weg sind und sich orientieren müssen. Sie stehen nicht still, Sie sind vielmehr unterwegs in stürmischen und oft unbekannten Gewässern. Um das Ziel Ihrer Reise zu erreichen, werden Sie viele seemännische Fähigkeiten brauchen.
Auf den Kompaß eines Schiffes wirken sich magnetische Einflüsse störend aus und zwingen den Lotsen, gewisse Toleranzen zu berücksichtigen, um das Schiff auf dem richtigen Kurs zu halten. Ebenso müssen auch Sie die mächtigen Kräfte in Rechnung stellen, durch deren Einflußbereich Sie Ihr Lebensweg führt.
Ein Kompaß wird eingestellt, um trotz Ablenkungen oder Abweichungen den richtigen Standort anzuzeigen. Dasselbe gilt für unser Leben, insoweit diese Abweichungen durch Umwelteinflüsse bedingt sind. Ablenkungen dieser Art sind auch auf die negative Einstellung der bewußten und unterbewußten Schichten Ihres Geistes zurückzuführen. Sie müssen diese Ablenkungen sofort korrigieren, sobald Sie sie bei der Auswertung Ihrer Fortschritte entdecken.
Manches Unangenehme mag vor Ihnen liegen — Enttäuschungen, Wid-

rigkeiten und Gefahren. An diesen Klippen und versteckten Untiefen vorbei müssen Sie auf Ihrem Kurs weitersegeln. Aber das ist nicht schwer, falls Ihr Kompaß Abweichungen von selbst ausgleicht. Denn wenn Sie die Korallenriffe und Gezeiten kennen, können Sie auch daraus einen Nutzen ziehen. Sie werden sich entschließen, dem Licht eines Leuchtturms oder dem Warnsignal einer Boje zu folgen und mit ihrer Hilfe einen Kurs steuern, der Sie ohne ernsthafte Unfälle sicher ans Ziel bringt.

Wenn Sie einen Kurs festlegen, müssen Sie sich auf die Genauigkeit Ihres Kompasses verlassen können. Ein solches Instrument läßt sich aber nicht ein für allemal regulieren. Deshalb ist die ständige Wachsamkeit des Schiffsführers unumgänglich notwendig. Einen Kompaß aber gibt es, der *immer* in die richtige Richtung weist:

Genauso, wie eine Magnetnadel immer in die Richtung des magnetischen Nord- bzw. Südpols weist, werden auch Sie Ihr Handeln automatisch nach dem höchsten Ziel und Ideal, nach dem vollkommensten Kompaß richten: *dem Willen Gottes.*

Dieses Buch wird Sie nun auf Ihrem Weg zum Erfolg begleiten: »Erfolg durch positives Denken« wird Ihnen Erfolg, Wohlstand, körperliche, geistige und seelische Gesundheit sowie Glück bringen — wenn Sie richtig darauf reagieren: Wenn Sie es *wollen!* Denken Sie an Andrew Carnegies Worte:

»Was so wertvoll ist, daß man es besitzen sollte, ist es auch wert, daß man nach ihm strebt!«

Wecken Sie den schlummernden Riesen! Im nächsten Kapitel mit dem Titel »Über das Lesen von Selbsthilfebüchern« werden Sie die Kunst erlernen, ein Erbauungsbuch so zu lesen, daß es Ihnen hilft, den in Ihnen schlummernden Riesen zu wecken.

LEITGEDANKEN

1. Was wünschst Du Dir? Liebe? Gute Gesundheit? Erfolg? Freunde? Geld? Ein Auto? Anerkennung? Seelenfrieden? Mut? Glück? Oder möchten Sie aus Ihrer Welt eine machen, in der es sich besser leben läßt?

2. Nennen Sie Ihren Wunsch, und er wird Ihnen erfüllt.

3. Denken Sie — *denken Sie mit einer positiven Geisteshaltung!*

4. Korrigieren Sie Ihren Kompaß, um Gefahren zu vermeiden und so Ihr gewähltes Ziel sicher zu erreichen.
5. *Der vollkommenste Kompaß, das höchste Ideal des Menschen ist der Wille Gottes.*

WECKEN SIE DEN SCHLAFENDEN RIESEN IN SICH!

KAPITEL 22

Über das Lesen von Selbsthilfebüchern

Dieses Kapitel will Sie zum rechten Lesen von Selbsthilfebüchern anleiten — möglicherweise finden Sie in ihm den versteckten Knopf, mit dessen Hilfe Sie die in Ihnen verborgene Kraft freisetzen können, die unangetasteten, ungenutzten Reserven, die Sie allein besitzen. Wir hoffen, daß damit eine Kettenreaktion beginnt, die Ihnen zum wahren Erfolg verhilft. Wenn Sie sich selbst und andere anspornen wollen, dann tun Sie es mit einem Buch!

Sagen Sie es mit einem Buch

In *»Erfolg durch positives Denken«* bedienten sich die Autoren einer Technik, die sich in ihren Schriften, Vorträgen und Beratungsdiensten als außerordentlich wirksam erwiesen hat: Wir empfehlen Selbsthilfebücher, die erfahrungsgemäß im Leser eine wünschenswerte und positive Reaktion hervorrufen.
Seit Beginn des 20. Jahrhunderts hatte vor allem Amerika das besondere Glück, eine Gruppe von Autoren hervorgebracht zu haben, deren einzigartiges Talent darin liegt, mit Hilfe ihrer Bücher eine Gedankensaat auszusäen, die alle jene zum Erfolg anspornt, die nach Selbstvervollkommnung streben. Der Leser reagiert mit wünschenswertem *Handeln.*
Zahlreiche solcher Bücher sind inzwischen auch auf dem deutschsprachigen Büchermarkt erhältlich. Ständig erscheinen neue.
Noch einmal möchten wir Ihnen daher ans Herz legen: Lesen Sie derartige Bücher! Lesen Sie alles, was Sie sich beschaffen können, über Menschen, die auf Ihrem eigenen Gebiet erfolgreich waren! Lesen Sie auch die Erfolgsgeschichte von Menschen, die auf anderen Gebieten Erfolg hatten, und suchen Sie den gemeinsamen Nenner!
Teilen Sie mit anderen das Gute und Wünschenswerte, das Sie besitzen! Genau das tut zum Beispiel Nate Lieberman: er teilt mit anderen Tau-

sende von Erbauungsbüchern. Nate Lieberman war es, der die enge Freundschaft zwischen Emerson und W. Clement Stone begründete, als er diesem Emersons »Essays« schenkte.

Es ist etwas Wunderbares, andere an Ideen und Idealen teilhaben zu lassen — Sie geben sie weiter und bewahren sie doch auch für sich selbst.

Auch Brownie Wise weiß das. Brownie mußte sich selbst und ihren kranken Sohn versorgen. Ihr schmales Gehalt reichte nicht aus für die Behandlung ihres Sohnes. Also nahm sie eine Teilzeitbeschäftigung als Vertreterin bei der Tupperware Home Parties, Inc., an, um ihr Einkommen aufzubessern.

Sie brauchte Geld, um ihrem Sohn die beste ärztliche Betreuung zu sichern. Sobald sie genügend Geld hatte, konnten sie und ihr Sohn in ein gesünderes Klima ziehen. Brownie Wise betete um Gottes Hilfe, und sie fand sie auch.

Sie las ein Erbauungsbuch — es hieß *»Denke nach und werde reich«*. Sie las es einmal und las es noch einmal. Genau genommen las Brownie das Buch sechsmal. Dann erkannte sie die Prinzipien, nach denen sie suchte, und plötzlich geschah etwas; sie selbst führte diese Wendung herbei! Sie erkannte, wie sie diese Prinzipien auf ihre eigene Situation anzuwenden vermochte, und setzte die in dem Buch enthaltenen Gedanken in die Tat um. Innerhalb von kurzer Zeit belief sich ihr Verdienst bei Tupperware auf mehr als 18 000 Dollar jährlich und stieg nach wenigen weiteren Jahren auf über 75 000 Dollar pro Jahr. Mit der Zeit wurde sie Vizepräsidentin und Generaldirektorin der Gesellschaft. Brownie Wise genoß die Auszeichnung, als eine der hervorragendsten Betriebsleiterinnen anerkannt zu werden. Sie setzte ihre erfolgreiche Laufbahn fort und ist heute Präsidentin der Viviane Woodward Cosmetics Corporation.

Der Erfolg dieser ungewöhnlichen Geschäftsfrau beruht also auf einem Buch. Ein Großteil ihrer Leistung ist darauf zurückzuführen, daß sie ihre Vertreter erfolgreich zum Handeln ansporntе. Sie teilte das aus *»Denke nach und werde reich«* Gelernte mit anderen und kaufte dieses Buch für ihr Verkaufspersonal. Brownie empfahl ihren Angestellten, dieses Buch ebenso oft zu lesen, wie sie selbst es getan hatte, und die darin enthaltenen Prinzipien auf ihr eigenes Leben anzuwenden. Brownie Wise teilte auch andere Erbauungsbücher mit ihren Angestellten.

Die Geschichte von Lee S. Mytinger und Dr. phil. William S. Casselberry ist ein weiteres Beispiel für die wertvolle Hilfe, die ein Buch auf dem Weg zum Erfolg leisten kann. Durch den Verkauf von Nutrilite (einer Zusatznahrung, die Vitamine und Mineralien enthält) verhelfen sie Männern, Frauen und Kindern auf natürliche Weise zu besserer Gesundheit. Ihre Umsätze belaufen sich jährlich auf viele Millionen Dollar.

Mytinger und Casselberry lasen ebenfalls *»Denke nach und werde reich«*. Sie verarbeiteten das Gelesene innerlich und handelten danach. Ein Teil ihres Erfolges beruht auf ihrer Fähigkeit, ihre Verkäufer mit geistigen und seelischen »Vitaminen« zu versorgen — mit demselben Buch, dem auch sie ihre Inspiration verdanken. Jeder neue Angestellte nimmt an einer Reihe von inspirierenden Vorträgen teil, in denen er mit den Grundlagen des Erfolges vertraut gemacht wird. Mytinger und Casselberry verteilen Tausende von Selbsthilfebüchern, weil sie die erstaunlichen Auswirkungen dieser Bücher auf die Produktivität und den Erfolg der Menschen kennen.

Auch W. Clement Stone verwendet in seiner Organisation umfangreiche Erbauungsliteratur. Seine Gesellschaft kauft Tausende von Büchern, die dann an die Angestellten, Aktionäre und Vertreter verteilt werden. Erfolg und Wachstum seiner Firmen kommen nicht von ungefähr.

Wie man ein Buch liest

Ein Selbsthilfebuch zu lesen erfordert eine gewisse Technik. Konzentrieren Sie sich beim Lesen. Lesen Sie so, als wäre der Autor ein guter, persönlicher Freund und habe es für Sie — und nur für Sie geschrieben! Sie werden sich daran erinnern, daß Abraham Lincoln sich zum Lesen Zeit nahm, um dann die neu erkannten Prinzipien in seine Lebensphilosophie aufzunehmen. Es wäre für Sie ratsam, seinem Beispiel zu folgen.

Außerdem müssen Sie wissen, *wonach* Sie in dem Selbsthilfebuch suchen, das Sie jeweils gerade lesen. Wenn Sie sich darüber im Klaren sind, finden Sie das Gesuchte nämlich leichter. Sie müssen sich auch die in einem Erbauungsbuch enthaltenen Ideen wirklich erarbeiten, wenn Sie den festen Willen haben, sie in Ihre Lebensphilosophie aufzunehmen. Ein Selbsthilfebuch kann man nicht einfach flüchtig überfliegen wie zum Beispiel einen Kriminalroman. In seinem Buch *»How to Read a Book«* (Wie ein Buch zu lesen ist) empfiehlt Mortimer J. Adler dem Leser, nach einem bestimmten Plan vorzugehen. Eine ideale Methode wäre folgende:

Erster Schritt: *Lesen Sie das Buch, um sich über den Inhalt zu informieren.* Beim erstenmal sollten Sie das Buch rasch lesen, um zunächst einmal die Gedankengänge des Autors zu erfassen. Nehmen Sie sich aber die Zeit, wichtige Wörter und Sätze zu unterstreichen. Schreiben Sie Anmerkungen an den Rand und notieren Sie die Gedanken, die Ihnen beim Lesen durch den Kopf gehen. Das ist natürlich nur möglich, wenn das Buch Ihr Eigentum ist; aber es wird durch diese Notizen und Anmerkungen für Sie wertvoller werden.

Zweiter Schritt: *Lesen Sie das Buch, um besondere Schwerpunkte zu erkennen.* Wenn Sie das Buch zum zweitenmal lesen, dann sollten Sie besondere Einzelheiten aufnehmen. Vor allem sollten Sie aufmerksam darauf achten, alle neuen Ideen, die Ihnen dieses Buch bringt, zu verstehen und in ihrem ganzen Umfang zu erfassen.

Dritter Schritt: *Lesen Sie das Buch für die Zukunft.* Wenn Sie das Buch ein drittes Mal lesen, so ist dies mehr eine Gedächtnisübung als eine Leseaufgabe. Lernen Sie Abschnitte auswendig, die für Sie besondere Bedeutung haben. Suchen Sie nach Möglichkeiten, sie mit den Problemen in Zusammenhang zu bringen, mit denen Sie gerade zu kämpfen haben. Probieren Sie neue Ideen aus. Wenden Sie sie an. Geben Sie nutzlose Gedanken auf und prägen Sie Ihrem Gewohnheitsschema die nützlichen unauslöschlich ein.

Vierter Schritt: *Lesen Sie das Buch nach einiger Zeit nochmals, um Ihr Gedächtnis aufzufrischen und Ihre Inspiration neu anzuregen.* Es gibt da eine bekannte Geschichte von einem Vertreter, der zu seinem Verkaufsleiter geht und sagt: »Nu fangense mal wieder mit der ollen Verkaufsmasche an, ick fühle mir allmählich ’n büschen mutlos.« Uns alle kann einmal der Mut verlassen. In solchen Fällen sollten wir unsere besten Bücher wieder zur Hand nehmen, um das Feuer der Begeisterung, das uns ursprünglich zum Handeln bewog, von neuem in uns zu entfachen.

Bevor Sie *»Erfolg durch positives Denken«* nun sogleich zum erstenmal durchgelesen haben, möchten wir Sie noch einmal daran erinnern: *Teilen Sie mit anderen das Gute und Wünschenswerte, das Sie besitzen. Und wecken Sie den schlafenden Riesen in sich!* Dann wird mit der letzten Seite dieses Buches nicht alles zu Ende sein, sondern Sie werden vielmehr einen neuen Abschnitt in Ihrem Leben beginnen.
Entscheiden Sie sich also, wie es weitergehen soll!

LEITGEDANKEN

1. Wie Brownie Wise, Mytinger und Casselberry, W. Clement Stone und viele andere Leiter erfolgreicher Verkaufsorganisationen können Sie sich selbst und andere mit inspirierenden Selbsthilfebüchern zu wünschenswertem Handeln anspornen — mit Büchern, deren Wert sich an den tatsächlichen Ergebnissen messen läßt.

2. Brownie Wise mußte *»Denke nach und werde reich«* sechsmal lesen, bevor sie die auf ihre Situation anwendbaren Prinzipien fand. Dann aber geschah etwas — weil sie handelte.

3. Wenn Sie ein Selbsthilfebuch lesen:
   a) Konzentrieren Sie sich!
   b) Lesen Sie so, als wäre der Autor ein guter, persönlicher Freund und schriebe für Sie — und nur für Sie!
   c) Werden Sie sich darüber klar, was Sie suchen!
   d) Handeln Sie — probieren Sie die empfohlenen Prinzipien aus!

4. Schätzen Sie ein Selbsthilfebuch danach ein, was Sie — nach der Lektüre dieses Buches — unternehmen, um aus sich selbst einen besseren Menschen und aus Ihrer Welt eine solche zu machen, in der Sie selbst und andere glücklicher leben können.

5. Sie sind ein besserer Mensch geworden, und in Ihrer Welt wird es sich glücklicher leben lassen, weil Sie *»Erfolg durch positives Denken«* gelesen haben. Haben wir nicht recht?

SEIEN SIE ERFOLGREICH MIT EINER POSITIVEN GEISTESHALTUNG!